# 守望传统的价值

陈来二十年访谈录

中华书局

图书在版编目(CIP)数据

守望传统的价值:陈来二十年访谈录/陈来著. —北京:中华
书局,2018.9
ISBN 978-7-101-13318-9

Ⅰ.守… Ⅱ.陈… Ⅲ.陈来-访问记 Ⅳ.K825.46

中国版本图书馆 CIP 数据核字(2018)第 142547 号

| | | |
|---|---|---|
| 书　　名 | 守望传统的价值:陈来二十年访谈录 | |
| 著　　者 | 陈　来 | |
| 责任编辑 | 焦雅君 | |
| 出版发行 | 中华书局 | |
| | (北京市丰台区太平桥西里 38 号　100073) | |
| | http://www.zhbc.com.cn | |
| | E-mail:zhbc@zhbc.com.cn | |
| 印　　刷 | 北京瑞古冠中印刷厂 | |
| 版　　次 | 2018 年 9 月北京第 1 版 | |
| | 2018 年 9 月北京第 1 次印刷 | |
| 规　　格 | 开本/880×1230 毫米　1/32 | |
| | 印张 10⅝　插页 2　字数 260 千字 | |
| 印　　数 | 1-10000 册 | |
| 国际书号 | ISBN 978-7-101-13318-9 | |
| 定　　价 | 39.00 元 | |

# 目　录

## I　社会转型期的反思

社会发展必然带来文化上的转型。20世纪以来，中国有过几次文化转型。在每次转型的过程中，都会出现文化激进主义与文化保守主义两种倾向……

## II　中国世纪与中国价值

传统的复兴绝不是要回到过去……传统的延续更依赖于诠释，而诠释总是反映着时代的新变化，包含着新发展。

## III  访谈录

中国这一百年来的政治、社会和文化的实践，其实走的是一个特定的步伐。我们并不是完全按照西方的办法走，当然也不是按照传统走，但是从中国的步伐中你能够看到传统的一些影响。

# 代序　我们每天都在传承文化

优秀传统文化的发展不能闭关自守，它一定是跟全面吸收世界文明中的有益营养联系在一起的。在这个过程中，文化的主体性也不断地得到丰富和发展。

近年来，党和国家高度重视中华优秀传统文化传承与发展，社会共识度也在不断提升。其实，我们每天都在做文化传承与发展工作，只是百姓日用而不觉。比如我们的饮食，像川菜，这些年虽然有"新川菜"，但川菜的核心味道没有变，这就是对传统的继承和创新。传统文化"润物无声"例子还有很多。比如毛泽东诗词精神、周恩来人格气质，都是对中华优秀传统文化的传承发展。再比如当代歌曲尤其是民歌，虽不是对唐代乐舞的传承，但仍然可以从中看到中华民族特有的审美精神、中国人所希望达到的美的境界。

习总书记关于中华优秀传统文化的系列重要讲话和 2017 年

中办、国办印发的《关于实施中华优秀传统文化传承发展工程的意见》，都在引导人们把日常生活中对传统文化的不自觉传承上升为自觉传承。不自觉传承比较分散，缺乏强有力的内在支撑；有了文化自觉，就会有比较强的内生动力和凝聚力。

呼吁传承传统文化要有自觉意识，还在于当代生活形态减少了和传统文化直接相关的具体载体。在这种情况下，我们更要自觉把古典精神世界显现出来，进而提供给广大人民，让人们的精神生活有更多样的选择。

生活是传统文化的载体，但这也不是绝对的。比如，今天我们在日常生活中不再使用毛笔，但是学习书法乃至从事书法创作的人不少，书法这个文化传统一直在传承。这就是说，文化传统一旦形成，就有相对独立性，只要它符合人类对真善美的追求，就会不断有人去追求、去传承，传统就会不断发挥作用。再比如，当代社会中诗词与生活的相关性和古代不能相比，但是全国各地喜欢写旧体诗词的人很多，特别是南方有很多民间诗社。与消费主义追求的东西不同，诗词更多指向精神的、文化的世界，对社会有良性导引作用，对个体汉语写作和语言表达更有直接影响。我们从事文化传承的人，一定要摆脱机械决定论，要能够看到精神和艺术世界有其自身生命。我们要去自觉地传承它、彰显它，推动它向所有现代人开放。

在当代生活中改革、更新传统中的陋习，让传统为当代世界所用，还需要我们对传统文化有甄别意识，并健全标准，还要有积极转化的态度。传统文化中有精华，也有糟粕。能够流传至今的，已经过千百年的锤炼和过滤，主体是好的、正面的，但也有不适宜的、需要被淘汰的，比如官本位思想、不重视法制、轻视妇女等。我们要通过筛选、鉴别，从传统文化这个"大筐"中找到真正属于这个时代的"菜"，为今天所用。筛选、鉴别的标准是关键，之前一些提法有些片面。比如，曾经一度把科学、民主作为文化传承的主要标准。这个标准在甫一提出之时具有针对性，放到今天看就不够全面了，中华民族世界观里有很多智慧远远超越民主、科学这个标准。此外，有些旧有观念是可以转化的，而不必完全抛弃。比如，五四时代批评"忠""孝"观念。而在今天，孝是社会公认价值标准；忠被转化成对民族的忠、对国家的忠。

在生活中传承传统文化，最核心的是传承优秀传统价值观，与读经、吟诵诗词、学习书法相比，这是根基性的精神传承，是涵养社会主义核心价值观的源泉。习总书记指出："中华优秀传统文化已经成为中华民族的基因，植根在中国人内心，潜移默化影响着中国人的思想方式和行为方式。今天，我们提倡和弘扬社会主义核心价值观，必须从中汲取丰富营养，否则就不会有生命力和影响力。"

# I 社会转型期的反思

社会发展必然带来文化上的转型。20世纪以来，中国有过几次文化转型。在每次转型的过程中，都会出现文化激进主义与文化保守主义两种倾向……

# 20世纪90年代访谈录

　　传统价值的断裂自20世纪初提出"反传统"起至"文革"发展到顶点。当旧有的、源远流长的、已经内化为人的行为准则的传统的神圣性破碎以后，价值的危机就不可避免了。但事实上，人类对于价值理性的追求，是不会因为人为地破坏某种传统的权威而中断的。

## 理性·反叛·继承

　　市场经济对文化观念的冲击主要有两方面：一是传统价值观念受到冲击，这主要表现为人们行为的功利准则和利益驱动：一切为赚钱，一切向钱看。按中国传统价值来看，人的行为准则应当是与"利"相对的"义"。人们在追求利的同时，由"义"所代表的社会规范体系起着强有力的制约作用，使其在个人发展的同时，能想到他人和社会。二是表现在文化层面上，中国的传统观念体系很重视文化的品位，这套标准是不以市场为依据的。雅文化对市场文化一是不屈服，二是有提升。像侯宝林的相声、金庸的武侠小说都是高品位的，里面包含了多少文化！而现在在绝对的市场经济冲击下，文化的判断标准失衡，显现一种庸俗化、市井化倾向，今天的一些影视、文学、曲艺，甚至语言也在庸俗化、市井化。

马克斯·韦伯曾经说过，现代化的特征主要是理性的发展，包括工具理性和价值理性。韦伯认为，工具理性表现为追求效率，价值理性则代表人对价值的肯定，对理想的追求。合理的现代化社会不仅仅要实现工具理性，也必须实现价值理性。在中国，五四运动高扬起理性的旗帜，但由于鸦片战争以来造成的中国的积贫积弱，导致对工具理性的追求更为膨胀。经济现代化实际上仍是工具理性的发展，价值理性始终未得到重视，或者说是未来得及得到重视。这很自然，也有它的合理性。但现代化的主体是人，社会必须满足人对生活价值和生活理想的追求。打个比方，社会像汽车，工具理性只不过是它的动力，价值理性才是它的控制系统。

处于经济起飞前夜的社会阶段，这种滞后应该说是必然的。但这种必然的合理性在很大程度上是一种历史合理性。从文化的角度则应对此持批判的眼光。对利益的追逐是人性中固有的东西，只要提供一个良性的社会结构，比如说从大锅饭转入能调动人的积极性的经济机制，人自然会发挥自身的最大能量去追求最大经济利益，但理想的价值体系却必须靠社会来建立，并赋予其权威。价值不具有权威性，就无法对社会进行引导，对个体进行约束。

在韦伯看来，西方的文明发展可以说是良性的。韦伯认为，资本主义发展的精神动力并非贪欲，它在资本主义产生之初恰恰与基督教有关。怎样证明上帝拯救了你？就是靠你在经济活动中的努力和精打细算，以致富来证明。韦伯的思想中的确有美化资本主义的成分，但仅靠贪欲绝对不可能成就现代资本主义也是事实。在西方，总统就职要用手按着《圣经》宣誓，代表了社会对人的精神价值的要求和对这种取向的肯定。张东荪先生说过，西方文明是"希腊文明由以推之，希伯来文明由以挽之"，西方文明是一个整体文明，经济价值和精神价值没有割裂。


蔑视一切思想权威，横扫一切思想禁忌的社会文化现象在影视文学中表现最突出：一切神圣都可以拿来调侃；一切权威都可以被嘲笑。人们一反"文革"的迷信心态，不再有绝对信仰，断言"上帝死了"。

传统价值的断裂自20世纪初提出"反传统"起至"文革"发展到顶点。当旧有的、源远流长的、已经内化为人的行为准则的传统的神圣性破碎以后，价值的危机就不可避免了。但事实上，人类对于价值理性的追求，是不会因为人为地破坏某种传统的权威而中断的。这种需要会借助于另一种权威，如意识形态或政治领袖的权威展示出来。比如在20世纪50—60年代，存在着共产主义理想这样一个价值补偿物；在"文革"中，"小红书"起到了传统经典的作用。但是，由于被借用的权威同时是政治权威，这种借用就要付出代价。价值必然会随着意识形态和政治运动的剧烈变化而产生动摇。于是，必然造成现在这种状况：价值缺少了形式，没有了一个稳定的东西来支撑。而价值如果不能取得一种外在的权威形式，或通过某种权威性的途径，其内化形式——人内在的行为准则和制约必然是不充分、不完善的。

中国哲学一直高度尊重"过去"与"传统"。今天我们能够做的，恐怕是应该重新考虑对"过去"的态度。无论如何，民族的精神权威应当植根于深厚的文化传统之中。

## 传统与今天

从朱熹、王阳明到现代哲学与现代文化，再返回到上古儒家的思想起源，我们要从原始的背景来看中国古代文明在缓慢的发展过程中产生的特质和发展路径。从远古到今天，要追溯、检讨中国文化与儒家哲学的不解之缘，进而探讨现代文化问题对儒家文化传统的挑战以及儒家传统对现代文明发展的意义。

科学、民主、个人权利以及市场经济等可称为现代性的诸要素，以彻底摧毁传统的方式拥抱新的要素，被西方现代化的历史经验奉为正途。然而，二战后，特别是20世纪70年代以来的东亚经验告诉我们，那些发展得最迅速的恰恰不是排斥传统最彻底的国家。从中可以看出，现代性诸要素只是现代社会区别于传统社会的要素，而现代社会不能仅仅靠这几个特殊性而存在。传统在某种程度上可以说也是现代生活得以存在并继续发展的重要因素。

利用固有的文化资源应对生活中的挑战，是良性发展和建立秩序的共同需要。当然，传统也有一个创造性转化的问题。在文明发展的过程中，对传统人们应该学会如何应用、选择，从而做到批判地继承传统。那种完全排斥传统的心态是不可取的。

秩序的建立要求重新确立价值体系。以个人主义和个人权利为基础的西方价值观念与以责任、义务为取向的东方价值观念并不一定相互排斥，两种价值取向应该可以走到同一高度。

现代化人格突出对利益的诉求，同时销蚀着精神信仰的领地，因此可能导致一种平面化的人生。而儒家的教化传统，首先预设了人在现实性上的不完美，认为人仅仅依靠天生的自发倾向不可能达到完美，那么就要靠启发其内在的道德自觉来建立并维护一个祥和、有良好秩序的社会。这也许会比仅仅靠法律的硬性约束更为合理和有效。

合理利用各种可以利用的资源，应该说意味着拥有更多的能量、更多的思考和选择以及更多的创造的机会。更有效的秩序和规则也许就在其中孕育并逐渐成熟。


## 社会转型时期的文化关怀

社会发展必然带来文化上的转型。20世纪以来，中国有过几次文化转型。在每次转型的过程中，都会出现文化激进主义与文化保守主义两种倾向。我觉得这两种倾向在社会变迁中都需要，缺一不可。没有文化激进，社会变迁就缺少推动力；而没有文化保守，就会缺乏稳定性。但是历史前进往往会偏向一边。例如五四时期偏向激进，20世纪80年代"文化热"时激进的思路也占主导。我主张这两种倾向应该保持一种合理的张力，不能太偏向一边。因此，在很大程度上，这些年来我的工作是批评文化激进主义。

文化保守主义这个概念是中性的。美国有一位学者叫史华慈，他认为中国的学者保守却不守旧，因此他把这种现象叫作文化保守主义。在社会变迁过程中，人们的政治、经济、文化观点并未整合，文化上保守，但在政治、经济上并不保守。梁漱溟先生就是一个例子。他提出政治民主化、军队国家化，全盘承受西方文化，离"西化"仅差一步。但他文化上很保守，主张东方文化论。因此可以说，这种文化保守的观点是一种对文化的关怀。我们在讲文化保守时，要把它与政治保守分开。

韦伯关于资本主义产生的观点是基于发生学的研究，一种事物的发生与再生、模拟过程并不同质。在分析韦伯观点时要注意到这一点。韦伯说，由于儒家传统文化的特质，中国没有、也不可能发生资本主义。但在20世纪的条件下，已经不是发生而是再生的问题了。不管韦伯的观点对不对，即使当时对经济发展起不好作用的文化传统，不等于今天也仍然妨碍再生经济发展过程。我们看到日本通过良性批判儒家文化，充分发挥了自己的传统。从东亚看，几乎大部分华人的经济活动都很成功。这其中当然有中国文化的作用。所以，套用韦伯的观点是不行的。在当代开放的政治、经济活动空间中，接受中国传统文化的人可以有很成功的表现。

我总的感觉就是，最大的问题在于功利主义。它对人文科学影响极大。在过去，五四时期的文化激进主义者认为，文化不能富国强兵就没有价值，他们对科学、民主的肯定是从其功能上出发的。1949年以后，文化受政治功利主义干扰较大。用政治标尺来衡量人文学术活动，就会变成政治实用主义，从而造成不良影响。改革开放以来，特别是党的十四大以来，确立以经济建设为中心，建立社会主义市场经济体制，这些当然很好，但从目前的实际来看，要警惕经济功利主义的现象。现在不少地方只讲经济功利，对人文学术、文化艺术活动的冲击很大。

在当前，市场经济的法则比其他法则的影响更深刻。在经济领域中就得讲功利，这一点毫无疑问。问题在于，对整个社会要避免一元化的理解。在经济领域可以使用功利原则，而如政治、文化等其他领域必须有与之相适应的法则。丹尼尔·贝尔曾说，经济的核心原则是效益；政治领域的原则应该是平等；文化领域的原则应该是创造，这很有道理。由于经济的力量大，它的法则会向各个领域延伸，所以，要通过法则意识、道德建设、文化批判等把经济功利主义限制在经济领域。不能把功利原则变成各个领域普遍的口号。在这里，我举一个例子，我不能同意文化"适应需要"的提法。中国人的文化需要与发达国家的文化需要不同。片面地提"适应需要"，就容易在文化上媚俗。同样，"观众是最好的裁判人"的提法也要辩证分析。这里面有一个提高和引导的问题。

中国在当前转型时期有不少不规范、甚至失范的事情。就连学术研究领域也难逃功利因素的影响。有的学者在文章中大段大段地抄别人的观点。因此，功利思想的渗透是不可避免的事情。但绝不能放任，人文活动必须积极参与转轨过程。现代文化不能简单地市场化，在价值指向上要保持清醒。从人类思想发展史看，工具理性是近代才有的。而价值理性古今都有，它是自信心的一部分，忽视它就会碰到难题，打破它则可能会造成价值断裂、社会解体。而我所说的文化保守主义，正是注重中国传统文化中的价值意义，并希望在现代条件下创造性地转化这些传统的价值资源。

## 建设当代的人文精神

有关人文精神的讨论，现在已经很多，提法也很多，诸如"人文精神失落""人文精神危机"等，我认为人文精神的危机与困惑在现实中是存在的。这一点，我想处于工商传统下的上海以及商品经济前沿广州的知识分子体会要比北京这个文化中心更深刻。

这两个城市近两三年来下海经营的知识分子比较多，高等院校暴富的不少，这必然对学术队伍造成不小的冲击。这是社会体制转型期的一个必然的现象。成熟的市场经济和僵化的计划经济都不会有此种现象产生。这是因为处于转型期的人才需要有一个较大的调整变化，各种公司的涌现造成了人才的较大缺口，使得到处都充满了机会与诱惑，从事人文学术研究的知识分子心动身也动，这在中青年知识分子中尤为显著。因而我觉得人文精神的危机是真实存在的，这并非意味着人文精神会顷刻垮掉，而是说一种危机感是共存于知识分子心中的，不仅包括下海的知识分子，也包括从事学术研究的知识分子。

人文精神的危机可以分为三个层次：其一是体现在社会文化层面上的文化价值不再为人所看重；其二是体现在群体回应这种局面时所显示的随波逐流以及媚俗等，没有保持一种对社会文化守护、批判的功能；其三是知识分子个人的信念、自我价值的认定发生了偏差。

我们必须正视这个问题。我以为，单纯说"重建"还远远不够，因为重建有"恢复"的意味，而传统人文精神中有其精粹的一面，也有其不适于社会发展的一面，所以对它既要有传承，又要有转化、创新和调整。继承传统人文精神对人类文化价值深切关怀以及执著追求的一面，消解调整它中间的乌托邦观念以及浪漫主义东西。因为它对中国知识分子影响很大，表现在当今，就是浪漫的社会主义、浪漫的自由主义以及浪漫的市场主义。把市场经济理想化，只看到它给社会经济带来的繁荣，而没有预见到它给文化带来的负面影响，这也是人文精神危机的主观原因之一。

谈到 20 世纪 90 年代人文精神的建设，还应看到，20 世纪 90 年代的知识分子不同于 20 世纪 80 年代的知识分子之处在于：知识分子越来越专业化。像 20 世纪 80 年代那样仅靠自己敏锐的感觉触及到社会共同关注的问题而引起社会文化影响的时代已经过去，脱离专业化的一般知识分子已经不具有权威性。这就要求知识分子群体在专业化的同时能够保持群体批判的自我意识，这是人文精神面对的新课题，即"学""道"的结合。"学"这个层面现在看来只要教育和科研体制存在就不会丧失，而"道"的丧失则很有可能。"道"就是指价值理想，保持了群体对社会文化价值的终极关怀，即保持了价值理想。

　　维护"道"的同时，推进现代化仍是国家所要面临的新问题。如何推进？对于知识分子来说，就是既要肯定现代化的正面价值，又要对它的负面影响进行建设意义上的批判。这是建设当今意义上的人文精神应该做，也是必须做的。

　　最后我要说的是，对于人文精神的发展我并不悲观，北京的一批青年学者一直在关注和努力探索人文精神的继承与革新问题，这体现了青年学人对于文化价值的自觉关怀，人文精神会通过他们发扬光大的。

# 道德的反思

温、良、恭、俭、让是什么？正是伦理，正是道德。把这些都革除了，就只能把粗俗和野蛮当作时尚。像"拨乱反正"之初许多人讨论"主观为自己，客观为别人"对不对的问题等等，都说明一代人甚至几代人在经历了那场文化也是道德的浩劫之后，已经发生了"道德迷惘"的问题。

## 佛山两岁女童被轧事件的道德反思

长久以来，我们以为现代社会只需要关注公民道德、职业道德，而传统文化中重视的个人基本道德完全被社会学家所忽略。佛山女孩被轧的事例有力地证明，只重视合法性行为、法律观念、公民社会公德、职业道德等现代文化教育，是绝对不够的。所谓公民道德的建设，终究不能取消或代替基本的道德要求。在现代社会，人仍然必须有基本的良心、德行、同情心。

梁启超早就指出,《礼记》中说,有可得与民变革者,有不可得与民变革者,他认为伦理是可得与民变革者,而道德是不可得与民变革者。因为在他看来,道德的根本是良知。

良知是人人本有的,但为什么良知会被遮蔽、蒙蔽,显露不出来呢?古人认为或是天生的气质,或是社会环境的"风习"所影响,以及私意、人欲阻碍下的"放失"。因此,在现代社会,培养、养护人的良心,仍然是一项重要的教育工程。这是一个综合性工程,包含许多方面,除了各级学校德育的加强外,还要增加对各行业的道德意识的强调,特别是司法、法律界,如果司法判决者缺乏道德意识和最基本的道德观念,就会使社会的良善行为得不到保护,导致道德行为不敢出场的后果,造成社会行为的混乱。法律必须维护主流价值,维护道德行为,这是司法、法律界承担的道德责任。长期以来,司法、法律界把法律和道德割裂开来,道德意识严重缺失,法律判决不体现对道德的维护,这样的局面必须改变。

汪洋同志说得好:"物质贫乏不是社会主义,精神空虚也不是社会主义,道德堕落更不是社会主义。"文化建设最重要的是道德价值观的树立。那种"只管自己,不管他人,不沾麻烦"的观念,虽然在生活中一般可不受谴责,但由此养成习惯,在重要场合就要出问题。在这种情况下,"不"字当头,就是不道德的,有悖于社会通行道德。不少学者用陌生人社会来说明类似行为,有人说是熟人的孩子就会救,认为传统道德文化是熟人文化。但是,这不是我们的大中华的文化传统,这只是某些乡民文化的习俗。古代儒家孟子早指出,人的良知本来是普遍的,不是为熟人的:"今人乍见孺子将入于井,皆有怵惕恻隐之心;非所以内交于孺子之父母也,非所以要誉于乡党朋友也,非恶其声而然也。由是观之,无恻隐之心,非人也。"儒家的要求并不是对熟人和亲戚才发恻隐之心,良心是普遍的。儒家主张道德意识要主导一切,贯穿一切。但现实中的良知淹没在各种理由之中,这些理由归根结底还是"私意"。

同时应该看到,外来务工经商工作人员社区,是没有任何社会建设的商业城区,在商业的生存法则下生活,沉沦于"只管自己不管他人"的习俗中,人的良知的确往往被习惯深埋、蔽塞。佛山两岁女童被碾轧,十八个旁观者见死不救这一典型事件揭示了二十多年来全国处处都有的这种打工社区的精神状况。政府和社区的责任就是在加强组织自治管理中点醒良知,要调动各种精神、信仰的力量,使精神文明的建设深入这些地区,发生作用。改革开放以来,广东是沿海开放的地区,开放早,经济发达,但社会治理与精神文明建设一直跟不上经济发展步伐,广州市火车站的秩序不佳,多年来社会治理不力,抢包习以为常,就是一个最明显的例子。加强和开展"信仰建设",是开放前沿地区在经济发达的阶段应该提到议事日程上来的问题。

## 重建道德以挽世风

"道德滑坡"这种提法现在有些人不是完全同意。不过在我看来，这种现象是确实存在的。现象还是观念所致，"道德观念"的滑坡可以从以下几个方面来说明：一是"个人品格"的观念淡薄。以前人们对自己要成为一个什么样的人都有一种内在的要求，比如要做一个真正的人、高尚的人等等，现在这种观念不知不觉淡薄了。二是家庭伦理趋于冷淡。不少家庭关系紧张，家人之间也常发生利益之战。三是职业伦理观念淡化，假冒伪劣品屡禁不止。四是团体伦理观念通俗地讲就是集体主义观念淡薄。五是社会伦理、公共道德观念严重滑坡。六是爱国主义观念远不如以前。从道德心理学的角度看，这些变化反映的是人的羞耻心或羞耻感方面出了问题。社会道德的维系依靠的最重要的一点是人有起码的羞耻感。现在有些人可以说是已到了"寡廉鲜耻"的地步。这个词儿在过去是句让人很受不了的、骂人的话，敏感的人说不好就死在这句话上。但今天你再用此批判一些丑人、丑相，你会发现不灵了，这更说明问题的严重。

市场经济有一套完整的机制，相应的也有一套价值为市场机制服务。这一套价值主要是功利主义的，也就是社会学所讲的"工具理性"。企业或个人追逐利益倒也无可厚非，问题出在相当多的人不善于将工作伦理同个人、家庭、团体和社会的伦理加以"分殊"，将竞争和效益最大化的观念带到了日常生活中，种种不利于人际关系的东西便很自然地弥散到伦理层面。近几年出现制售假冒伪劣品（连药品也有假的）的行为，已是对钱以外的一切都不管不顾了，这种麻木不仁是非常可怕的。

德国社会学家韦伯曾把资本主义的发展分为投机性的资本

主义和理性化的资本主义两个阶段。简单地说，西方的市场经济也经历了一个不断理性化的过程。在西方早期的市场经济中，投机行为、不道德不规范的情况也比比皆是。我们国家的市场经济才刚刚起步，各种法律规范都不健全，市场上又到处充满着冒险的刺激和机会的诱惑。因此，短期的投机性的功利行为就比较多，进而也影响到人的品格，功利主义弥散到社会伦理生活的各方面。

我也到过一些搞市场经济时间不长的国家和地区，比如说菲律宾。菲律宾的经济发展不如我们，但它的社会公德给我的感觉还不错。原因在哪儿？我想冰冻三尺非一日之寒。从近的来讲，"文革"后期我们的道德生活就出现了许多问题。首先就是"道德权威"的失落。道德是要靠内在权威来支撑的，有权威，才有秩序，有秩序，才知道怎样做方为道德。"文革"期间道德权威是建立在政治权威之上的，领袖的话就是道德指向。"文革"后期，道德权威也出现了真空的问题。其次是道德规范的瓦解。"文革"是坚决反对所谓"温、良、恭、俭、让"的。温、良、恭、俭、让是什么？正是伦理，正是道德。把这些都革除了，就只能把粗俗和野蛮当作时尚。像"拨乱反正"之初许多人讨论"主观为自己，客观为别人"对不对的问题等等，都说明一代人甚至几代人在经历了那场文化也是道德的浩劫之后，已经发生了"道德迷惘"的问题。

一个民族的道德权威是蕴含于本民族的文化传统之中的。对文化传统的冲击，特别是过度的否定，是极容易损伤文化和道德的内在权威的。自从鸦片战争迫使我们打开国门至今，相当多的人对西方现代文明的理解实际上是走了"特殊主义"（specialism）的路子。他们把西方现代文明简单地分解为民主、科学、市场经济等几个"现代性"（modernity）并加以引进。殊不知，在西方社会现代化过程中，一直延续至今的、作为西方文化价值和道德规范载体的基督教的传统起了不可或缺的作用。我刚才提到的韦伯就写过一本著名的书，叫《新教伦理与资本主义精神》。其核心就是论述二者相辅相成的关系。与西方哲学相比，我们对自己的文化传统的态度是粗率了些。今天人们痛感社会上存在"道德滑坡"。对"道德滑坡"追根溯源，不能不说与近代不注重价值理性，只注重工具理性有关。我总觉得，一个社会中，工具理性提供动力，价值理性提供规范，二者加以配合，社会才能得到健康合理的发展。

改善我们社会的道德现状是一个综合治理的系统工程。我想强调的是，知识分子（尤其是从事文化价值和道德规范创造和传承的人文知识分子）对此必须多做努力，这样才能为改革开放创造良好的社会文化环境。今天有些知识分子有一种"躲避崇高"的倾向。一个社会不必人人都崇高，但如果不提倡崇高，这个社会就会处处弥漫着苍白庸俗的文化现象，社会就会出现孔子所说"礼崩乐坏"的问题。我们的文化传统最富于整合与教化的力量，这是世界上唯有我们的文化能延绵几千年不辍的根本所在。很好地挖掘这一遗产，在市场经济的海洋里"再使风俗淳"，是时代给人文知识分子提出的一个课题。

# 大学的人文精神与独立、自由之思想

我们今天在大学讨论人文精神，我以为首先要肯定人文精神就是独立之精神，自由之思想。

就当代的状况而言，中国大学的问题来自"内在的缺陷"，即管理制度的缺陷。中国大学的人文学问题，其根源是"技术理性和官僚系统的双重宰制"。

人文精神包含甚广，我今天想强调的一个方面是，"人文精神就是独立之精神，自由之思想"，以下分三层来说明：

一

陈寅恪所撰《海宁王静安先生纪念碑碑铭》说："先生之学说，或有时而可商。惟此独立之精神，自由之思想，历千万祀，与天壤而同久，共三光而永光。"这是大家都熟知的。碑文的铭词一开始就说，"士之读书治学"，这就开宗明义地指明，碑铭通篇的思想是针对"读书治学"而言的。"士"在这里即指大学师生。而全篇就是强调，大学师生在学习和研究上要秉持独立之精神，自由之思想，并认为这种精神、思想具有永恒的价值。可见，碑铭文中的"独立之精神，自由之思想"是陈寅恪提出的一种大学的学术精神，而不是指社会的、政治的或其他的追求。我们今天在大学讨论人文精神，我以为首先要肯定人文精神就是独立之精神，自由之思想。

陈寅恪所说的独立自由是相对于"俗谛"而言，"俗谛"即世俗的、既有的、流行的成见，这些在碑文作者看来，是妨碍探求真理的，而大学师生的天职就是自由探求和发扬真理。在陈寅恪看来，坚持"独立之精神，自由之思想"需要一种意志，这种持守独立自由的意志，对寻求真理、发扬真理而言是最重要的。马克思在《资本论》第一版序言中说："任何的科学批评的意见我都是欢迎的。而对于我从来不让步的所谓舆论的偏见，我仍然遵守伟大的佛罗伦萨诗人的格言：走你的路，让人们去说罢！"陈寅恪所说的"俗谛"也就是马克思所说的"舆论的偏见"。马克思所强调的，正是一种学术研究上的独立精神和意志。

20世纪50年代陈寅恪对他自己撰写的《海宁王静安先生纪念碑碑铭》作了清楚的、明确的说明："我认为研究学术最主要的是要具有自由的意志和独立的精神。"亦即他在碑文中所说的"独立之精神，自由之思想是就"研究学术"而言。他认为："没有自由思想，没有独立精神，即不能发扬真理，即不能研究学术。"他的这些主张是用来昭示"研究学问的人"要有这样的思想、精神。可见陈寅恪这里所说的独立自由不是就社会、政治而言，乃是强调学术研究的独立自由，其所主张的是学术的独立和自由。"独立之精神，自由之思想"是就学者的学术精神而言。因此，我们今天重温这个碑文的核心命题，可以忽略其特殊的语境和具体的背景，而提炼、抓住其具有普遍意义的大学的学术精神，加以诠释和发扬。事实上，不仅在清华早期提出了这样的大学精神，北大亦然。蔡元培先生五四时期为北大奠定的"兼容并包，思想自由"的精神，今天仍然是北大推崇的大学精神与学术传统。

另外，把大学作为自由思想的园地，把"独立之精神，自由之思想"作为大学精神，近年来也渐渐成为社会文化的共识，如上海交通大学校长张杰在2011级新生开学典礼的讲话中指出："大学所具有的独立精神和自由思想，确保大学的教师和学生能够潜心地研究高深学问，不断地追求和认识客观真理，并在这个基础上传承和创新文化，这正是大学的生机和活力所在。"

独立自由也是马克思终生坚持的价值观。陈寅恪所说的"独立之精神，自由之思想"，与马克思主张的"自由个性""自由发展""从宗教解放出来的自由"是相通的。就连与蔡元培、陈寅恪同时的非马克思主义者胡适也说过："这种人根本就不懂得维多利亚时代是多么光华灿烂的一个伟大时代。马克斯（马克思）、恩格尔（恩格斯），都生死在这个时代里，都是这个时代的自由思想、独立精神的产儿。他们都是终身为自由奋斗的人。"①
即使在当代政治层面，我们也必须承认自由是社会主义民主的
内涵之一。

二

　　一般大众对人文学的认识受到市场经济环境下功利主义的
价值观的影响，这正是人文精神所反对的。就当代的状况而言，
中国大学的问题来自"内在的缺陷"，即管理制度的缺陷。中国
大学的人文学问题，其根源是"技术理性和官僚系统的双重宰
制"。目前大学文科的评价体系高度量化，研究成果空洞化，研
究成果不论学科一律推崇以英文发表。这些管理措施严重阻碍
了人文学科有质量的发展，构成了人文学发展的重要障碍。海
德格尔曾批判技术理性对生活世界的"宰制"，我们目前的数量
指标的评价体系就是技术理性的宰制。同时教育行政机关权力
集中，以这种评价体系作为指挥棒，大学无力抵制，任其指挥。
长此下去，人文学将越来越缺乏生命力。大学人文精神必须追
求独立于技术理性和官僚权力的自由。蔡元培1919年提出的——
大学应独立于教育管理部门的官僚体制的思想，今天也仍然具
有价值。

　　人文学科的功能可以分为三个方面：历史、社会和个人方

----

① 　胡适《个人自由与社会进步——再谈五四运动》，载1935年5月12日《独立
　　评论》第150号。

面。就历史方面而言，人文学科的功能是促进人类思想、文化、历史经验的延续，实现文明和知识的传承；就社会方面而言，人文学科的功能是发展和培养学生对社会历史的理解能力、伦理分析的能力，以及批判的能力，使他们有能力参与社会事务；就个人而言，人文学科关注培养人的道德品性，增长人的智慧，帮助人们进行人生意义的探究，提高生活的素质，过有意义的人生。然而，在技术理性思维的"宰制"下，也有一种学术倾向，只崇尚发展技术性分析，忽视思想，缺少文化意识，没有人文精神，这脱离中国文化的人文传统，北京大学应该带头自觉抵制这种倾向。

三

冯友兰先生在《中国哲学史新编》第五册的道学通论中曾指出："人一生都在殊相的有限范围内生活，一旦从这个范围解放出来，他就感到解放和自由的乐（这可能就是康德所说的'自由'）。"的确，站在康德哲学的立场，人作为理性存在，其自由在于挣脱了人作为生物的感性存在的自然因果性。自由意味着我们不受生物的、机械的世界法则制约，意味着对自然因果性的超越。一个存在者的意志，就其属于感性世界而言，他属于现象，他可能经常不得不服从自然的因果法则；但就其属于理性世界而言，把他作为自在之物看，他是本体，也就具有本体界的属性——自由，这个自由即先验意义下的自由，即能独立于全部感性世界的自由。就是说，他不再被感性世界所奴役和支配，他可以自己决定自己。

不仅如此，康德还区分了"消极意义下的自由"和"积极意义下的自由"，前者指实践理性摆脱感性法则而独立，后者是指理性的自立规矩与法度。从这个角度看儒家伦理学的发展，可以说儒家始终围绕着这个意义的"自由"展开的，这表明儒学对道德自由了解的深度。在这个意义上，我们也许才能了解王阳明晚年对良知的赞叹与康德对头上的星空和内心道德法则的赞叹是如何相通的：他们都是把自由作为人生的目的。今人只知道以赛亚·柏林的两种自由观，不知道康德早有更深刻的两种自由观。

消极意义的自由加上积极意义的自由，合起来就是康德自律原理的全部意义。事实上，整个儒学都是向往这个道德的自由之境。陆象山的"自作主宰"，其真正含义不在于对经典权威的挑战，而在于确立道德主体性，使意志摆脱感性自然法则的统治，获得自己的自由。在他看来，摆脱自然的因果性而自作主宰、自我立法，这就是自由。朱子《论语集注》："盖有以见夫人欲尽处，天理流行，随处充满，无少欠阙，故其动静之际，从容如此……其胸次悠然，直与天地万物上下同流！"[①]朱子学肯定的这个境界，毫无疑问也是摆脱了感性自然因果性的自由境界。

---

① 朱熹撰《论语集注》卷六《先进》。

需要指出，"自由"一词也不能滥用。德国启蒙运动针对的是宗教压制自由思想和自由批评。18世纪80年代的德国，门德尔松和康德先后回答了"什么是启蒙"的问题，康德的论文针对宗教和检查制度，强调理性的公共使用应当不受限制，力求把思想从神学和教会的监察下解放出来，要求的是"思想上的自由"。而20世纪中国的文化启蒙运动，以针对儒家的道德传统为特色，新文化运动在反对君主专制之外，强烈批判中国儒家的道德传统，表面上突出的是"道德上的自由"和脱除传统的自由，其实违反了康德所说的道德的自由。中国启蒙运动对道德权威的破坏，使人们不再珍惜传统，忽视了社会价值体系、道德风俗和社会凝聚力对共同体的作用，这使得在欧洲启蒙运动中被推崇为以自然理性为基础的儒家道德体系在中国近代启蒙中却被视为封建的礼教，儒学的道德体系由欧洲启蒙的助缘变为启蒙的对象。今天，发扬人文精神，需要重新认识中国文化的人文道德传统，这是社会转型期伦理重建的根本，曾浸润于新文化运动的北京大学更应该深刻认识这一点。

以上就是我所理解的人文精神就是"独立之精神，自由之思想"：作为学术精神的独立自由，即独立于既定成见的自由；作为教育方向的独立自由，即独立于技术理性宰制的自由；作为道德精神的独立自由，即独立于感性世界的必然的自由。

# "尊师日"的普遍性意义

老师的责任是教，教就是教育，其宗旨、目的不能仅仅是授业解惑，而一定要尊道传道。今天，全社会在尊师日也应该重温教育的本质就是培养人、塑造人。

2004 年联合国教科文组织的年会就有人提出，要定期举办世界性的尊师活动，杜维明先生参加了这个会，他提出要把孔子的诞辰日 9 月 28 日作为一个世界性的尊师日。杜维明先生也提到，尊师重道是中国教育史上很重要的一个观念，同时也是一个普遍价值，就是说，对整个世界的文化教育来讲，尊师重道是有普遍性意义的。这些观点我都同意，我再补充几个观点：

第一，"尊师"的概念在中国古代思想中是很重要的，特别是在儒家教育思想中，它是非常重要的观念。我们一般讲儒家的教育思想，有两个观念非常重要，一个是"好学"；另一个就是"尊师"。儒家教育史上，孔子在《论语》里就特别主张"好学"，但是孔子本人并没有提出"尊师"。原因是，孔子自己就是第一个在民间讲学的老师，学无长师，所以在他那个时代，并没有提出一定要尊师。但是在孔子的弟子辈开始提出"尊师"以后，儒家的教育理论、教育思想就一直在讲"尊师重道"的观念。这一观念的影响非常大，不仅影响到中国古代教育的理念，而且非常强烈地影响到了每一代的君主，特别是皇帝。皇帝从小到大受到的教育就是要培养其"尊师重道"之心，这是中国古代政治里很重要的一个观念，虽然皇帝有权势，有财富，但是上面还有更高的价值，就是一定要尊师重道。

第二，尊师的概念提出非常早。在孔子弟子那一代，《礼记》的《学记》篇中，就提出了尊师的概念，"大学之礼，所以尊师也"，意思是大学的很多规定，为什么要这么规定，目的就是要尊师。荀子时代离孔子时代已经有两三百年，荀子也提出类似的观点——"贵师而重傅"，他不是说"尊师"，而是"贵师"，其实这跟我们说的"尊师"的概念是一样的。可见，在先秦，从孔门弟子的那一代到荀子时代就明确提出尊师的概念了。到先秦后期，《吕氏春秋》中专门有一篇《尊师》，强调尊师。再到汉代，大家都知道，就提出了尊师重道、尊师贵道，《后汉书》《晋书》里都提到这些观念。到隋朝以后，尊师重道成为深入人心的观念。

第三，在古代尊师的观念里，一定是带着另外一个观念——尊师不仅是尊重老师，它一定是和尊道连在一起的。道就是孔子讲的"朝闻道，夕死可矣"中的"道"，道是终极的真理，最高的人生价值、最高的真理。道指的这个真理，不仅仅是科学意义上的真理，它是整个宇宙的最高真理，也是最高的人生的价值。尊师的概念和尊道联系在一起，比如《礼记》的《学记》篇中就有"师严而后道尊"，之所以需要严师，是因为只有老师严格了，学生才能看出道的崇高，道的尊贵。古代把尊师跟尊道放在一起是很关键的内容。后来韩愈的《师说》，是对师道本身的重要规定和理解。在《师说》中，就指出要"传道授业解惑"。老师很重要的一个使命就是传道，这和《大学》的思想是一致的，《学记》也阐述这一思想。为什么要尊敬老师，需要严格的老师？这是为了我们追求最崇高的真理，所以老师的第一使命也是传道，这是儒家传统里一贯的讲法。古代就有师道的概念，我们今天在讲尊师的时候一定要补充这点，这涉及教育的理念。道本身可以说是真理，而传道就是培养人、教育人。教师的职责不仅仅是授业、解惑，完成知识上的传递，而且他们是要传道的，是要培养人的，培养人的品格、道德，使学生具有追求永恒真理的志愿。这才是老师和教育的重要任务。

尊师，从中国传统来讲，是要尊重一个个具体的老师，要尊重他们在文化传承中扮演的重要角色，即向我们传递人类积累的知识。但是同时，尊师日还有一个意义，就是尊崇师道。师道一方面是教师的职责所在；另一方面是教育的宗旨和本质。所以，不仅仅是尊敬老师，学生包括老师也应该在这个节日里重温师道的尊严。师道尊严不是老师严格要求学生，师道尊严是要你重温老师和师道的责任，重新理解教育的本质。老师的责任是教，教就是教育，其宗旨、目的不能仅仅是授业解惑，而一定要尊道传道。今天，全社会在尊师日也应该重温教育的本质就是培养人、塑造人。

尊师日的确立确实有很重要的意义，一方面尊师是中国教育思想，特别是儒家教育思想中很重要的观念。它在两千多年前，就已经被提出来，一直传承不断，它的观念很悠久，在中国文化中占很重要的地位。而且，在强调尊师的同时，要跟尊道、师道的观念联系在一起，也就是跟我们培养人的目标，对教育本质的理解联系在一起。我要补充的是，尊敬老师，是尊师、敬师的一种心情的表达；另一方面，让全社会，包括老师本人也重温师道的责任、师道的尊严。师道的责任不仅是老师严格要求学生，而是说教育的责任，老师职责本身具有的意义，以此来促进全社会对教育的理解。

自从"文化大革命"以来，一方面尊师的传统被破坏了，现在在逐渐恢复；另一方面功利主义越来越深地影响到大家对教育的理解，对师生关系的理解。把师生关系理解为顾客和卖主的关系，老师只是出卖知识，学生只是交学费来购买知识，这样一种经济功利主义的理解，和我们中国古代"尊师"所包含的师生之间的人文主义内涵是完全不同的。这一点在尊师日也特别提出来，因为"尊师"本身是充满着人文精神的口号，今天为了纠正泛市场主义对文化的侵袭，有很重要的意义。

# 什么是中国哲学？

我们近代学习西方，西方根据它自己的历史文化经验发展、沿袭下来的学科的划分，也被我们作为近代化的标准移植过来了。移植过来以后，当然就遇到一些问题。自然科学没有这个问题，文学、历史问题很小，但哲学一开始就涉及到这个问题。

什么是中国哲学？这个问题可以说困扰了中国人一百多年。中国历史上有"哲人"和"哲"，但没有"哲学"这个词，现在汉字里的"哲学"是日本人翻译西文 philosophy 一词时，用中国的汉字所构造的一个词。有些词是中国历史上有过的，比如说"科学""宗教"，当然这些词并不是现代"科学""宗教"的意义，而"哲学"这个词在中国历史上就没出现过。

一般说哲学，都是指从西方，主要是从欧洲发展起来的一种学问，这门学问在欧洲历史上有它自己的问题，有它自己的特点，有它自己的历史。这样的"哲学"在历史上发展成为西方知识门类的一种。

哲学是属于文化的一部分，哲学并不是科学的一种。科学从某种意义上说受民族性和地区文化的影响不是那么大，普遍性比较强。可是哲学作为文化的一部分，一定和民族语言、地方性都有一些连带关系。但近代以来，因为西方是强势文化，所以全世界后发展的各个地区都是以西方为楷模。所谓西方楷模就是全面地学习西方，其中最重要的就是在文化和教育上学习西方，比如学习西方建立大学，建立大学制度就要移植西方大学对近代知识体系的门类划分。西方的这些划分有些完全具有普遍性，比如说物理、化学这些自然科学的门类。当然自然科学也在不断发展，这些科学的门类也在不断分化。另外，从人文社会方面来说，特别是人文学，这些门类不是科学，它带有西方的一些特点，比如哲学就是，因为哲学作为一门独立的学问，在世界其他地方没有像西方那样独立地发展。中国可以说有哲学思想，但它没有独立的这么一门学问，西方是把哲学作为知识的一个门类，独立发展起来的。

我们近代学习西方，西方根据它自己的历史文化经验发展、沿袭下来的学科的划分，也被我们作为近代化的标准移植过来了。移植过来以后，当然就遇到一些问题。自然科学没有这个问题，文学、历史问题很小，但哲学一开始就涉及到这个问题。你把哲学移植到中国，我们可以学习西方那些叫哲学的东西，但碰到一个问题，就是中国有没有这个哲学。如果说建立历史系，除了讲西方的历史以外，还可以讲中国历史，中国有中国的历史。文学，中国有小说、有诗歌、诗歌理论等等。但是哲学，中国历史上有没有哲学？因为西方的哲学是一套理论体系，西方的这一套理论体系虽然是研究宇宙、社会、人生，但它有一些特别的西方的问题。比如说它是受制于西方的语言，像西方哲学研究的"是"的问题，在中国哲学里没有这样的问题。可见"是"的问题就成为西方哲学的一个重要的基本特征。你要拿这个"是"的问题作为哲学基本问题的话，中国就没有这样的讨论。另外西方其他各种各样的讨论，像古希腊哲学里对"相"的讨论，因为"相"讲的是个共相，比如圆是一些不太圆的东西的一个抽象的共相，但对古希腊人来讲"圆"不是一个概念，它是一个客观存在的东西，这个叫"相"。西方哲学有自己的一套专有的概念、问题、体系。如果要这样看，在中国哲学中找不到这样的东西，所以有的人认为中国没有哲学。也有些人认为中国有哲学，只是我们没有更好地了解中国古人的那种讨论方式，比如说冯友兰先生说中国古代也讨论共相的问题，也讨论存在的问题，只是说中国的哲学不是自然成为体系，它分散在思想的各个结构里。所以我们要把它抓出来捏在一块，这是中国哲学。

## 中国哲学的合法性

"中国哲学合法性"这一命题实际是说"中国哲学"这个说法到底成立不成立，如果说中国没有哲学，那么你叫中国哲学不就成笑话了。法国的哲学家德里达近年说中国没有哲学，引来了大家的重新讨论。中国到底有没有哲学？我的看法是这样的："中国有没有哲学"这个提法我不是很赞成，我认为这个提法应反过来，就是在我们这样一个时代，经过 19 世纪、20 世纪世界文化的相互交流，在当今全球化的时代，问题应该怎么提呢，应该是"西方式的对哲学理解的合法性"问题。

我们以前很多人，包括西方人，是以西方式的那种对哲学的理解来认识哲学。什么叫哲学？你必须讨论西方的问题，以西方人的那种方式去讨论，才叫哲学，这就是西方式的对哲学的理解。这实际上是西方中心主义的一种表现，这种理解到今天如果还是如此的话，它有没有合法性？我的想法是，在哲学观上要把哲学看成文化，哲学本身就是一种共相。哲学不能仅仅是西方意识及其文化经验所规定的那种东西，应该以全部的人类文化的视野来看待哲学。

哲学在这个意义上我们用维特根斯坦的讲法，它是一个家族相似的概念。为什么？西方人有西方人对宇宙、人生的思考；中国人有中国人对宇宙、人生的思考；印度人有印度人对宇宙、人生的思考；日本人有日本人对宇宙、人生的思考，所以一切关于宇宙、人生、人心、实践的、各个地方的理论性的思考就是哲学。这种思考在中国叫义理之学，我们古代没有哲学这个词，义理之学就是对宇宙、人生、人心、实践在理论上的探究。世界各地具体讨论的问题不一样。比如中国人讨论"道"的问题，西方人不讨论；印度人讨论"梵"，西方人也不讨论。中、西、印哲学有各自的问题。

因为哲学是文化，文化是很特殊的，以前我们受一些传统思想文化的影响，认为所有哲学的基本问题一样：精神和物质的问题，思维与存在的问题。其实我觉得就哲学的具体讨论和问题意识来说，在直接意义上不一定是这样。在直接意义上，西方人和中国人讨论的就是不一样的。在抽象意义上说，都是对宇宙的一种研究，都是对人生的一种研究，但具体来看，比如中国人讲"天人关系"，讲"道"、讲"理"的问题，这些西方人不讨论，西方人讨论"是"的问题、"在"的问题，讨论"相"的问题，这个中国人也不讨论，印度、日本都有他们的独特的问题。在这个意义上，世界各民族自然、社会、人生的理论思考，就是哲学。

我觉得在历史上西方哲学讨论的话题和讨论的方式并不是哲学之所以成为哲学的标准，在这个意义上西方哲学也是哲学的一个特例。中国哲学也是一个特例，比如说苹果它是一个共相，有烟台苹果，有大连苹果，有河北苹果，这是个体特点，不能说烟台的苹果就是苹果，是标准苹果，别的地方的苹果不标准，不能这样讲。就像今天我们理解全人类的文化，不能仅仅站在西方文化的立场，把西方文化完全作为标准。中国当然有哲学，只是中国哲学不是都讨论西方的那些东西，它有自己的一套概念体系。"哲学"这个概念它不应该仅仅是西方传统的一个特殊的东西，它应该是在世界多元文化里有包容性的一个普遍概念，在这点上西方人到现在还没有变过来。西方人认为他们历史发展的那个形态才叫哲学，我们认为不行。

现在我们非西方哲学家重要的工作就是我们要发展这种广义的哲学概念。西方式的理解是一种狭义的哲学，它是以一种西方的经验，以西方人讨论的问题来界定哲学。我们要发展广义的哲学概念，要在世界范围内破除那种在哲学概念理解上的西方中心主义的立场，这样做才能真正促进跨文化间的文化对话，发展21世纪整个人类的智慧。如果说我们把哲学还是仅仅理解为西方或欧洲传统的哲学，甚至像美国一样，理解得更窄，把哲学理解为英美的一种分析哲学，那就赶不上时代的发展。在这一点上，我强调"哲学"必须是立足于人类全部文化的一个概念，各民族对宇宙、社会、人生、自然都有系统的理论思考，这就是哲学。在中国思想史上，我们对这些问题的思考就是中国哲学。我觉得现在对中国哲学合法性问题的提法是有问题的，还是把西方作为一个标准，来说我们中国哲学合法不合法。我们要反过来问，今天这个时代，19世纪以来马克思称其为走向世界史的时代，从现代化来讲叫全球化的时代，从后现代来说是多元文化论的时代，那种西方中心的文化意识还要统治哲学领域多久？我们必须立足于全部人类文化发展出一个包容性更大的哲学观念，这样我觉得才有意义。

中国哲学就是中国历史上的中国"哲人"对自然界、对人生、对社会，对人心、对实践的一些理论的思考。"中国哲学"这个词，有不同的概念，现在我谈的两面性这个结构，主要讲作为学科的"中国哲学"。作为人类智慧的一个部分，中国有中国哲学，比如孔子的思想体系是哲学的一个组成部分，比如老子思想那是中国哲学的一个部分，这些是就中国哲学本来的思想体系而言。

但是作为学科的中国哲学概念，比如说我们现在的学科概念有西方哲学，有中国哲学，有科学哲学，有伦理学，学科都分化了。作为学科概念的中国哲学，是指对孔子的研究、对老子的研究等。作为中国哲学智慧的体系，孔子思想、老子思想等是中国哲学。但是作为学科的中国哲学是指对孔子的研究、对老子的研究，对众多中国古代历史哲学思想家的研究。学科的概念就不一样了，因此，我们说中国哲学学科是近代教育体制里的一个领域，科研体制里的一个领域，比如现在我们有好些学科点：有博士点、硕士点，这些学科点所开展的工作就构成了我们现在所谓的中国哲学学科的基本内涵。

培养和研究的问题意义何在？在于掌握我们学科发展、学科建设关系的一个区分。我们现在讲的中国哲学学科，就教育的层面来看，我们现在本科教学里设有中国哲学的课程，有硕士点的开设硕士生中国哲学的课程，有博士点的也开设这个课程培养博士生。从上述这些方面来讲，我们的主要工作是培养人。在这样一个"培养"的方向上的工作的性质跟"研究"的性质是不同的，这种不同当然是跟我们国家的历史条件有关系的。我们国家的中国哲学学科的各个学科点，都是从以前的大学里的中国哲学史学科演变过来的，以前都叫中国哲学史，现在是叫中国哲学了，但是实际上作为培养的内容没有变。我是强调，虽然我们是叫中国哲学，但就培养人来讲，我们就是教中国哲学史的，我们开的课程就是讲中国哲学史的课程，所以中国哲学学科的内容主要是以中国哲学史为专业的这种教学和培养。

在中国哲学学科中，我们给本科生和研究生所提供的就是中国哲学史的训练，特别是注重对古典文本的解读和分析，这是我们始终强调的。为什么强调这一点呢？因为我们中国哲学的教学不是教学生如何当哲学家。这就好像我们中文系教学生，我们的目的不是教学生如何当作家，而是教他们许多文学的知识。中国哲学也是这样，不是把每一学生都培养成为哲学家，而主要是提供哲学史的训练，使他们能够具有独立地研究中国哲学史的能力，这是我们现在对这个学科的理解。

和培养相对的就是研究，我刚才讲的主要是教学，教学主要是培养，培养主要是讲中国哲学史。但这个学科的另一部分就是研究。研究人员主要就是大学的老师和研究所的科研人员，一大部分也是做中国哲学史研究，但也有一部分学者以自己熟悉的中国哲学史研究为基础慢慢就发展出自己一套哲学思想。比如说冯友兰先生，最早他是做中国哲学史的，到了抗战期间他写的《新理学》等六本书，《新理学》就是讲他自己的一套哲学。但是他不是跟中国哲学没关系，为什么叫《新理学》呢？他以传统的理学作为一个根基来加以翻新，因此是新理学，它不是纯粹西方的东西，纯西方的话那就不能叫中国哲学了。所以中国哲学就研究的那一面来讲，它不仅仅是研究中国哲学史，还有一种从中国哲学出发以中国哲学为基础发展出的哲学研究，这是培养和研究最大的不同。明确这一不同，我们就可以知道，做哲学家是在研究里边一小部分人做的事情。

说到培养，作为中国哲学的硕士点、博士点一定要明确，我们就是要扎扎实实地练好中国哲学史研究的基本功，这是我对国内中国哲学学科的建设和发展最重视的原因。我之所以强调它，是因为国内有些学科点在这个方面的意识不是很强，比如说学生写一篇硕士论文和博士论文是讲他自己的一套哲学，这是不行的。在我们现在这个环境里边是不行的，在西方也是一样。另外你也没有这个条件，做哲学家还是要有一定条件的，因此中国哲学、西方哲学，学科和培养的目标一定要明确，还要以中国哲学史作为它的内容和特点，否则的话你做出的东西离开了哲学史，就变成了一种没有根的，一种自说自话的东西，这是我们现在不赞成的。另外从全国中国哲学学会来讲，对中国哲学的理解和把握也是这样的，就是要促进我们对中国哲学的研究。

几千年的中国哲学体系本身是非常庞大的，近代以来这个体系要进入一种学术研究的状态。以前大家都是自己讲自己的，即使是叙述或研究别人的东西也是采取非常简单的方法，像宋元学案、明儒学案是这样的。现在的学术研究不是那样了，所谓近代大学的学术研究就要把古典的东西放在现代的学术语言环境里，用现代的方法来研究。这个任务非常沉重，我们过去一个世纪根本就没做完这件事情。现在的学科体制里有中国哲学史，这一学科就是要做这件事情。我们要很好地来整理祖国的哲学遗产，这是我强调的。

中国哲学学科的建立其实还不到一百年，因为古代是中国哲学的一个本来就有的发展时期，现在的中国哲学学科是研究那些中国历史上的中国哲学思想。中国哲学学科是对孔子、老子、朱熹、王阳明等的研究。这一个世纪以来，中国哲学研究总体来讲，它的任务是整理和重述的工作，这项工作还没有完成。这项工作是一项非常重要的基础工作，之所以称其为基础工作有三个原因：第一个原因是，对中国哲学的研究属于近代学术研究。古代也有一些对传统学术的研究、分析，那个不是近代的学术。我们对古代哲学思想系统客观的整理，是近代学术的一个新任务。古代没有这样的任务，古代都是简单的分分类，这个是江西的学者，那个是福建的学者，按地域分分派就完了。现在这种系统客观的对古代思想的整理是近代大学教育里才有的，这是个新任务，任务很重，需要许多年做系统客观的整理。第二个原因是，在新文化运动以后，我们的语言有了很大变化，即从文言文到白话文，因此我们的一些整理也好，重述也好，都是以现代白话来整理、来重述。我们现在讲中国古代哲学，不能用古话来讲，如《中庸》讲的："天命之谓性"是什么意义？你要用现在的白话把它分析清楚。语言上的变化是个根本性的转变。怎么把古典的语言用现代的白话语言进行整理和重述，这是第二个重要的原因。第三个原因是，现在重述的现代白话语言，使用的概念是在一个世纪的发展中跟西方哲学有转译关系的这套语言。我们现在用的哲学概念不是本土造的，大部分是从西方翻译、介绍过来的哲学概念，也就是说我们在重述和整理的时候不仅是要用现代白话语言，而且是要用现代哲学的语言。从西方翻译过来的这些东西在这一个世纪的发展中，已经成了我们现在中国哲学语言的重要组成部分，你不能不用。

为什么我说这个工作既重要又困难呢？因为历史那么长久，两千多年的庞大体系，你把它作为近代学术来研究，学术的转型有很大的困难。整个用白话语言重新来说明整理，这也有很大困难，你要用西方转译过来的现代哲学语言也是比较难的。

最主要的困难还在于整理和重述的过程中要以一个内在的理解为基础。西方哲学有"存在""是""相""理念"等概念。我们用西方的这些哲学基本问题去套中国哲学问题，那是不行的。中国老一辈的哲学家就有这样的说法，他们认为西方哲学的问题就是中国哲学问题，所以就武断地把中国哲学史的讨论用西方的哲学概念去套，这是不对的。当然，还有一些我们自己对西方哲学理解的偏差，造成了理解方面的一些问题。作为"内在的理解"，是强调世界各个文化中每一种哲学都有它自己的一套体系，你一定要到它内在的体系中边去了解、去摸索，内在地去掌握它的问题意识是什么，它的固有的问题、本来的体系是什么。

世界上各个哲学系统的问题意识是不一样的。以前我们有些老学者老是先入为主地认为世界的哲学问题都一样，都是精神和物质的问题，都是思维和存在的问题，其实不是。现在实事求是地讲，中国哲学直接讨论的哲学范畴所构成的那些哲学问题，其实都有自己的特点，因此要强调要在"内在的理解"中来了解中国哲学自己的问题意识是什么，它自己的体系构造是什么，否则我们的研究就只能把中国哲学当成了论证欧洲哲学的例子。以前我们很多的老先生就这样说：研究中国哲学是干什么呢？就只是论证辩证唯物主义。这是不对的。张岱年先生始终强调，我们要有"好学深思，心知其意"的精神。心知其意是一种还原的精神。你要真正了解中国古人讲的是什么，不是表面的一看，随意地去比附它。你要内在了解这个问题到底是个什么问题，揭示出中国哲学固有的问题意识是什么。中国哲学有的问题是西方没有的，像"道""理"等等都是中国哲学特有的问题。我强调内在性就是这个意义。另外，这样的研究当然也就是强调中国哲学研究的主体性。我们不要不经过研究就把西方的问题当作自己的问题，我们要善于发现中国哲学自己的问题是什么。

所谓丧失主体性就是说总是把别人的问题当作自己的哲学问题，把西方中国的哲学问题当作中国的哲学问题。这其实是忽略了我们固有的哲学问题的意义，比如说"道"是个哲学问题，一定要把道说成一个"思维"才是哲学问题，或者把道说成"精神"才是哲学问题，这就是主体性的丧失。因此内在的研究是强调中国哲学主体性的一个方面。我觉得在冯先生、张先生的早期思想中这方面强调得都不够，好像觉得东、西方哲学问题差不多。因为冯先生、张先生生活的时代与今天的时代不同，西方的文化力量比较强，多元文化主义、多元化的世界格局没有出现，而且中国民族文化自信心不强。我想现在随着研究的深入，我们应该理直气壮地把这个问题提出来，不能把中国哲学只当作欧洲的哲学的一些达不到标准的例子。

强调中国哲学的主体性，冯先生当时也这样讲，问题是一样的，西方人讲得清楚，中国人没有讲清楚，这样我们还是完全以西方人的意识为标准。我们没讨论他们那个问题，自然就不符合他们的标准了，比如说西方对"存在"、对"相"的问题的强调，我们没有。但是如果我们看自己的问题，不是跟着他们的问题走，而是跟着我们自己的问题走，按自己的方式，那我们自己就说得很清楚了。从治学的方法来说，我想内在性、主体性是跟客观性联系在一起的，但只有了解内在，不丢失中国哲学的主体性，你才能客观地把中国哲学的特点、面貌、格局、体系客观地呈现出来，否则就不能客观地呈现。

## 中国哲学如何走向世界

中国哲学走向世界，首先最重要的是我们要有世界眼光，以世界眼光来看，首先应关注的是学科的边界。我们国内的学科点，中国哲学学科的从业人员，怎样理解学科的边界，把边界划在哪儿，就决定了你自己的研究必须要涉猎和参考的文献的范围。比如，我们有些学者只看自己学校老师的著作、论文，别人的都不看，那就比较狭隘了；还有些学者只看我这个地方的，比如我在北京、上海，就只看这些地方学者的研究，这也不行；更好一点的是全国都看，但这也还不行。如果你仅仅把你的学科的边界划在国内，你就只能了解国内这一块，那你是不能走向世界的。因此我说的世界眼光，就是要把边界划到全世界。这和科学一样，不能说你参考的文献只参考中国的，外国的都不看。在中国哲学研究中，把学科边界划在什么地方，就会去留心什么地方的研究。我们现在很多的学者对中国之外的研究完全不了解，也没有想去了解的意愿，当然在客观条件上是有些差别。比如，我们想了解日本、美国的一些文献不一定能找得到，有一定困难，但不是不能解决。比如，你在河北，可以到北京国家图书馆查资料，信息比较全，也比较广；在江苏，你可以到上海去查，条件总会有；你就是在云南，也可以到北京去查。关键是我们的学科意识要走向世界，现在有些人不仅国内信息不了解，就是中文世界如中国的香港、台湾地区和新加坡等华文世界的出版物也不了解，就认为我最好，自说自话，孤芳自赏，这其实是坐井观天。这些人必须有跳出井口的心态，了解世界上中国哲学研究的发展。

其次眼光有了，接下来就是怎么做的问题。这个"做"要有一个评价的标准。你的评价标准必须是世界性的，不能仅仅以一个学校的水平作为评价的标准，要在整个世界范围内来了解相关的评价的体系。到底什么是高水平的研究，什么是低水平的研究，要放在整个世界学术体系来看。这样的话，你才能站得高，看得远，才能取法乎上。

如果不在一个世界性学术社群上来取得这个标准，只是把自己局限于一个很狭隘的地方，学术境界不会很高的。这不是一个简单的接轨问题，而是眼光的问题。没有世界眼光，别人研究什么都不知道，人家怎么评价好坏也不知道，只认为自己研究就是最好的，这是很可怕的。而且不了解世界会导致你的学术根本没法进行交流，人家当然也没办法对你的成果进行评价,这样的情况在我们学界是比较多的。我并不是说外国的都好，各地方都有自己的所长。比如说日本的研究，日本的中国哲学研究在很长一段时间遥遥领先于我们。在 20 世纪 80 年代以前，整个世界的中国哲学史研究是由日本来主导的，因为日本的中国哲学研究起步早，人员也多，配备也很得力，所有中国哲学的专人、专书、专题，它都有很好的、很扎实的实证研究。我们对人家的研究都不了解，都不看，那你写的东西，人家一看就觉得都没有价值，因为你不仅没有参考人家，没有吸收已有的学术成果，你根本没有达到人家已经达到的成就和水平。英美在学术的实证研究上不一定比日本强，但英美善于提出一些大的分析范式，有些东西在学术界已形成一种很有影响的东西，特别是欧美学科之间的交叉越来越多，所以他们会运用当代西方社会科学、人文科学的重要理论来处理中国问题。如果对此都不了解，那你的整个学术眼界，看问题的视角就比人家差多了，你也就没有办法在这样一个世界体系里边得到同行的积极评价，我想这两个方面是最基本的。

最后一个方面就是我们的理想境界。就是说不仅我们要了解世界的中国哲学研究，而且期望中国哲学研究应该由中国人来主导，我们应该走在世界的前头，我们要负起领导中国哲学学科的责任，我们要有这种心胸，要能够应对整个世界范围内在中国哲学研究过程中出现的各种挑战，这是我们走向世界的一个更高的境界。日本、美国现在都有一些新的研究对我们很有挑战性，我现在做的工作其实很多方面都是要应对这些挑战。现代世界范围内对中国哲学研究范围的挑战我自己了解稍微多一些，另外我也有这样的一个责任意识做这些工作。我多年来做的不少工作都是回应中国思想史的挑战，因为现在日本和美国研究中国思想史的学者占多数，不是研究中国哲学史的占主流。虽然中国哲学史和中国思想史是相通的，但还是有差别的，现在日本和美国流行的都是中国思想史研究。中国思想史研究有它的特点，它从那个角度对我们中国哲学研究提出一个挑战，我们要回应这个挑战。掌握中国哲学研究的主导权，我们才能走向更高的境界。

## 冯友兰、张岱年先生的哲学研究方法

冯友兰、张岱年先生是我们北大学派比较有代表性的前辈，他们的哲学方法有一致性，这个一致性就是都很强调理论的分析。如果用 20 世纪的哲学语言来讲就是很重视运用逻辑分析的方法。把逻辑分析的方法运用到中国哲学史的研究中，是冯先生和张先生的共同特点，这个特点来自于老清华大学哲学系。老清华哲学系和老北大哲学系不一样地方的是，清华强调哲学的逻辑分析，这是受罗素等20世纪初西方哲学的影响。冯先生和张先生等作为清华学派的成员，他们的中国哲学研究很重要的一个特色是贯彻逻辑分析的方法，因为逻辑分析的方法能把概念分析得非常清楚。你看冯先生说"天"有几种含义，张先生对"理"等都分析得非常细致，这就是逻辑分析的方法。冯先生的特点除了用逻辑分析方法来分析中国哲学固有的概念之外，对于中国文化的精神和境界，他有一种体会，他的研究是跟这个体会联系在一起的，这样他就能够掌握到中国哲学的一些精髓，能够达到比较高的境界。冯先生不是完全西化的学者，他对中国文化有一种心灵上的深刻理解。到底什么是中国哲学的精神、中国哲学的境界？他有一种内在的理解。这不是一般人，也不是一个西方的知识型的哲学家，所能达到的境界，我觉得这是冯先生很难得的一点。

与冯先生相比，张先生在哲学史方面所做的工作其实更多。张先生除了逻辑分析之外，最重要的是强调："好学深思，心知其意。"我叫它"八字真经"。作为张先生的学生，我所学来的方法就是这八个字，就是对古代文本你要细致的研究，你要了解它的意思到底是什么，不能随便看看，就望文生义，随便地比附，一定要有一种深入地还原的精神。近代以来，研究中国哲学时遇到的很大的一个问题是乱用西方的术语，不顾中国哲学问题讨论的本来意思。西方的很多术语虽然有助于我们分析，如本质、现象等，但在中国哲学的语言叙述里边，哪些可以用这些语言叙述，哪些不可以用，你要做很细致的文本解读。张先生强调对文献深度的解读和还原的精神。冯先生不是特别强调这些，但在实践上也是贯穿着这种精神的。我认为张先生这一方法论的示范意义非常重要。大家现在都不太强调张先生的这一点，很多人都讲张先生的综合创新的文化观，这个意义要在另一个地方讨论。我觉得就中国哲学的研究来讲，最重要的是张先生的治学方法。

我自认为跟张先生学到了一些治学方法。如果说我的研究有些成就的话，那就是比较好地运用了张先生提倡的这些方法。张先生讲的"好学深思，心知其意"，一方面，是对文献的一种深入细致的解读，掌握它原来的意思，这是张先生治学的方法和特点；另一方面，你掌握了意思以后要用清晰的逻辑分析的方法把它一层一层讲出来，不能囫囵吞枣，说得糊里糊涂，人家都不知道。这种清晰的逻辑分析方法在中国古代叫作"辩明析理"。朱伯崑先生也继承了老清华大学的传统。我们现在虽然是北大学派，北大学派实际是融合、发展了老清华的传统，就是很注重"辨明析理"，但是我们也不完全是老清华传统，也有北大的一些传统，比如我自己也很注意对资料的考证。

对文献资料的全面把握和考证也很重要。为什么我们要做这个工作呢？这个工作跟眼界有关系。你的眼界盯着谁呢？你眼界盯着日本学术界，你要比他们做得更好，你才能做这样的工作。你眼睛只看着一个很小的圈子，你怎么去工作？世界上谁做得最好，就盯着谁，这样你的成果才能达到较高的水平。

冯先生、张先生是 20 世纪奠基性的大师，为什么说奠基呢？

因为老先生们在奠基的时代给我们打下了好基础。冯先生的中国哲学史研究，主体上是通史研究。"三史"论今古，"六书"纪贞元，这是冯先生讲的。"三史"就是指冯先生的《中国哲学史》《中国哲学简史》《中国哲学史新编》，都是通史性质的著作。张先生写《中国哲学大纲》也是以问题为纲的一种中国哲学通史。可是学科的发展不能年年写通史，只有做教材才需要再写中国哲学史。学科的发展是指从通史的时代进步到专题研究的时代。

　　20世纪80年代以来，中国哲学研究已经深入了，已经告别了通史的时代。当然为了教学的需要还可以写通史，但是学者真正需要去做的是专题性研究，要做深入细致的工作。今天我们和张先生、冯先生已经是在一个不同的阶段了，或者说我们所做的工作已不是张先生、冯先生时代所要做的工作了。比如说我自己做了很多专门的研究，像宋、明、清大的哲学家我都研究过，比如朱熹、王阳明、王船山的专门研究。这以前都不是冯先生、张先生专门做的，他们那个时代不强调专门研究，但到了我们这一代要进行专门研究。随着学科的深化，不仅中国这样，全世界也这样，或者说世界上早就是这样。我们已经进入了和冯先生、张先生不同的时代，在这个时代怎样继承和发扬张先生、冯先生的哲学方法？我想，虽然研究的问题不一样，但处理问题的基本方法还是一样的，"好学深思，心知其意"、逻辑分析还是一样的。我是张先生的学生，我又是冯先生的助手。我今天的工作更希望把冯先生、张先生治学的优点结合在一起，不是仅仅吸收冯先生，也不是仅仅吸收张先生，而是把老先生好的东西都吸收过来，运用到我自己的专题研究中去，做出最好的成绩，这是我对张先生、冯先生治学方法的态度。

## 我的宋明理学研究经验

我的研究从来是在世界性的一个学科里边来找它的标准，给自己定任务。我的第一条经验是要站得高，看得远，这是很重要的。比如说对朱熹的研究，做研究的时候，我就注意了解世界上特别是日本学者的研究已经达到了哪个程度，你如果不了解别人已经研究到哪个程度，就很难比别人做得更好。我的特点是在比较早的时候就注意到中国哲学史研究在世界上的发展，不仅仅看中国人写的东西，还要了解中国哲学史学科在国际上已经达到的标准，知道人家做到什么程度，知道人家做什么，没做什么，然后做自己的，这是第一条经验。

第二条是要扎实，从基础性工作做起，在最基本的工作上下功夫。我做的研究都是从一些最基本性的工作做起。做朱熹的研究我是从资料的考证开始的，别人以前都没做过的资料考证我来做。比如说朱熹的两千多封书信我都考证了它的时间、年代。不考证这些时间、年代你怎么用这些材料？你要用这些材料，就要下功夫。下功夫以后，你就会知道，自己的水平已经比别人高了，别人没做过这个研究，没有这么深入地去做材料的工作，这不仅保证了你的水平，而且也比别人做得更好。对王阳明的研究，我也是从很小的地方做起，从他的讲学地阳明洞这个地方进行考证，从很多地方志材料入手来做深入研究，这些都是以前的人讲错的，或者没做过的工作。我的工作特点比较多的是从材料入手，从材料的考证入手。但是材料考证是基础，不能满足于材料的考证，考证是为了使你有了雄厚的材料基础，保证你以后开展哲学分析有基础，哲学的研究分析才是落脚处，即用张先生、冯先生的方法进行辨明析理的分析。

第三条就是比较留心西方哲学的发展。我写王阳明的时候，当时所能看到的 19 世纪以来的西方哲学的书我都看了，但我对西方哲学的研究基本是为我所用，不是要跟着它走，看它能够帮助我们把中国的问题阐发得更清楚，我就用。如果不用西方的东西可以讲清楚，我就不用。西方哲学一个是给我提供了一个理解中国哲学问题意识和特点的参照系；另一个是它可能成为一种工具，帮助我把中国哲学的问题阐述得更清楚。如果不是这两个目的我不会盲目跟着西方哲学走，这是我研究的一个特点。

第四条是我对研究什么问题，在把握本质方面可能有一定特点。我比较注意的是一些别人没想到的问题，比如这本《诠释与重建——王船山的哲学精神》，我是从王船山对"四书"的解释来研究王船山对"四书"的义理诠释，这一主要部分占全书三分之二，以前没人想到研究这个问题。我抓住这个大问题当然和现在的流行趋势也有关系，现在不是流行经典诠释吗？我就用王船山做例子。当然王船山的经典诠释很多，我的选择是有目的的，我研究和道学有密切关系的经典诠释。我一方面研究他的经典诠释；另一方面通过经典诠释来研究它跟整个宋、明、清道学的关系，因为我做的这些都是道学的经典诠释，而不仅仅是古代经典。可以说我的研究比较注意抓住大的问题，比较注意以世界性的眼光来了解趋势，注意从文献资料扎实做起，给自己的研究提供一个学术性的基础。此外，我也比较能够结合整个学术界的发展来选择题目。

最后一条是我比较注意交叉学科的知识对研究的促进，像我对儒家思想根源的研究，就用了人类学、宗教学、社会学、考古学、历史学等多方面的、交叉学科的知识，这样就有了自己的特点。另外，在宋明研究方面，我很少受新儒家的影响，我有一个研究的独立性，就是自己直接从文本出发，现在很多人受牟宗三等台湾新儒家的影响。我有张先生、冯先生这套方法，仔细地读原始文本，自己了解了文本，不用通过牟宗三的观点来加深了解。现在很多人受牟宗三的影响，其实有些问题牟宗三讲得并不恰当，但是没有读过原始文本，你就不知道他讲得对不对，就不能摆脱他的影响，所以你就失去了自己的独立性。台湾学者也承认我是自成一家，当然他们有好的研究我也吸取。正因为如此，我才可以做出自己的成绩。当然，我能够做出成绩来，最重要的我想还是继承冯先生、张先生的研究方法，即冯先生强调的对中国文化的体会，张先生强调的对原典文献的那种深入的解读与还原的精神。

# 替传统文化讲话

我是研究中国哲学的一个专业学者，当时参加文化的讨论是不得已的，因为 20 世纪 80 年代后期全盘反传统的思潮席卷全国，那时也没有人替传统文化说话，大家的想法是一定要把传统文化全部打倒，彻底推翻，这样我们国家才能搞好现代化。我不赞成这样的想法跟我对儒家文化的了解比较多有关系，我不是像一般的人只通过看巴金的小说来了解中国文化，通过看鲁迅的小说来认识儒家传统。另外在 20 世纪 80 年代我出国比较早，对这些问题有一些对比性的思考。所以到 20 世纪 80 年代末 90 年代前期我身不由己地就参加了一些讨论，我想也因为这个问题当时也是国家文化领域的一个焦点，即传统文化和现代化的问题。但到了 1994 年我已经开始留意其他问题了，因为我当时认为把传统的问题作为一个焦点来讨论的时代已经快过去了。所以 1994 年我就讲，伴随着中国社会新的发展所产生的新的问题应引起我们的关注，而对传统文化进行科学的分析这个问题，在我看来虽然当时还有些人有糊涂的认识，但对社会整个来讲已经不是主要问题，它正在让位给其他新的问题。新的问题我能不能参与，主要看跟我的专业关系的远近，跟我的专业关系很近，我当然乐于参与讨论。假如我们面临的新问题和我的专业不那么直接，我想我没有必要一定参加，跟这些问题有关的专业学者从他们那个角度来谈更合适，比如与经济有关的问题，经济学者更有发言权。当然 20 世纪 90 年以来我出国多一些，有这样的认识与出国的经历也有一定关系，但总体来讲我认为每个时代有每个时代的问题，关于传统和反传统的问题在我看来到 20 世纪 90 年代中期以后已经不是多大的问题了。所以你看这几年随着国家整体经济实力的上升，已经与 20 世纪 80 年代"河殇时期"的那种完全鄙薄民族文化，完全没有民族自尊心的状态不一样了。当然，20 世纪 90 年代后期以来，我更多的是关心中国哲学学科本身的发展。这方面我想多做些工作，我做的这些工作就是要给中国哲学学科做一些样子，做一些引导，我对学科发展本身考虑的更多一些。除了学科以外，对社会文化的问题关注的相对少一点，但还是写了一些文章。比如跨入新世纪的时候我给《人民日报》的杂志写了篇文章《世纪之交话传统》也讲了传统；我在香港科技大学写的一篇文章谈民族主义思潮的问题；香港回归我也写了文章等，也写了一些跟传统文化有关的文章。但我认为特别需要关心传统的那个时代已经过去了，现在关心这个问题的人很多，比如"经典诵读工程"都有人做了。这在 20 世纪 90 年代初是不能想象的，那个时候我还是冒着被各种各样的势力攻击和打击的风险，当然现在已经没有这个风险了。虽然有关"传统"的问题现在已不像以前那样急迫，但是在文化教育领域与"传统"相关的问题我还是比较关心的。

# 挑战与使命

我认为指出中西哲学之间不同的取向是有必要的，西方形成的学科分类与中国古代是不一致的，而且中国古人对于宇宙、人生、人心的认识也不局限于西方人的框架。但是这并不一定就是放弃使用哲学这个概念的充分理由。

## "中国哲学"研究的挑战

中国哲学作为一种学科建制已经有近百年的历史，但中国哲学的合法性问题似乎从这一建制出现之始就已经存在。这个问题的确是一个十分重要的问题。与近代建立起来的其他学科概念相比，中国哲学似乎略显尴尬。不过问题的核心不在于中国古代是否有"哲学"这个词，而是在中国古代的学术体系分类中，并没有一个独立的系统与西洋所谓哲学是相当的学科。对于这个问题，冯友兰、金岳霖等在20世纪30—40年代就有专门的讨论。问题最初提出来是在金岳霖为冯友兰《中国哲学史》所作的审查报告之中。当时金岳霖就提出了所谓的中国哲学史是中国哲学的历史还是在中国的哲学史，这可以说是极具穿透力的问题。而冯友兰也专门提出"中国底哲学"和"中国的哲学"来区分"中国哲学"和"哲学在中国"的问题。

在后五四时代，人们对于中国哲学的讨论，其核心问题就是哲学的"近代化"和"民族性"问题。从当时的哲学发展来看，将这两个问题统一起来显然是十分困难的。

我在这里并不想展开讨论冯先生和其同时代人对这个问题的不同解答，而是要提出这样一些看法：首先，中国哲学的问题和其体现的智慧，与西方或其他民族哲学有所不同，这不仅不妨碍它成为中国的"哲学"，而且这正体现出它是"中国的"哲学。其次，"中国底哲学"的讨论，决不应该被理解为主张当代中国哲学只应当追求"中国底哲学"。事实上，对中国现代社会文化来说，"哲学在中国"的贡献和影响可能更为突出，在这个方面继续大力发展也是我们所期望的。从佛教中国化的例子中我们可以看出，"哲学在中国"经过漫长的濡化之后，就可能参与构成"中国底哲学"。

胡适、冯友兰先生的工作是极其重要的。首先，这是一种自觉地承接中国古典哲学传统的努力。面对西方哲学的引进和西方文化的冲击，他们一方面在文化上坚持肯定中国文化传统的价值；另一方面在理论上吸收西方哲学对传统哲学进行重构。其次，即使是从现在的目光看，冯友兰等人的方式仍是最合适的方式。这里面有两个原因：其一，这是历史的必然选择。近代中国处于民族文化的根本性的转型时期。以胡适为代表的白话文运动，使得学术研究的基本语言变了，所有的范畴和概念都西化了。这不是一个孤立的事件，它是受整个教育体制变化的影响。因此说是"理无不然，事有必至"。其二，这种选择有其合理性。近代文化的发展必然要经历一个"出入"的过程，比如宋明理学之出入"佛老"。

我认为指出中西哲学之间不同的取向是有必要的，西方形成的学科分类与中国古代是不一致的，而且中国古人对于宇宙、人生、人心的认识也不局限于西方人的框架。但是这并不一定就是放弃使用哲学这个概念的充分理由。对此，张岱年先生将哲学视为"类称"的说法，比较有发挥的余地。即"哲学"是一个共相，是一个"家族相似"的概念。而西方哲学和中国哲学一样，只是一个殊相，一个例子。据此，中国哲学虽然在范围和讨论问题的方式上与西方哲学有所不同，但这并不妨碍其为中国的哲学。非西方的哲学家的重要的工作之一，就是提倡一种广义的"哲学"观念，解构"哲学"概念理解上的西方中心主义立场，这样才能真正促进跨文化的哲学对话，发展21世纪的人类哲学智慧。

如果简单地拒绝使用"哲学"这一概念，这其实是没有自觉地站在文化多元主义的立场，等于是承认西方文化的强势的影响。这种做法不好，显得比较保守和封闭。我认为应将哲学的概念加以扩大。哲学史和思想史、社会史之间的界限日渐模糊，其实这种现象的出现有其内在的历史原因，也有其外在的因素。首先中国哲学自学科建制之日起，就没有在自觉层面厘清"中国哲学史"和"中国思想史"之间的区别。其次是受自20世纪80年代起美国、日本等国的中国哲学研究转向的影响。美国的中国哲学研究多设立在东亚系或历史系，中生代的中国思想研究者不再注重把握思想、概念、命题本身，而要求把思想放入当时的社会文化环境中，有机地把握思想和社会的关联，从而使思想的研究更多地表现出历史学的取向，而不是哲学的取向。

中国学术界由于多年来过分强调唯物史观的影响，所以对上述取向并不感到陌生。相应的结果是，中国哲学史的范围，在这样的背景之下，有越来越模糊的趋向，以至于中国哲学史的从业人员面临"同行迷失"的困难，从而有必要重新讨论中国哲学的范围。跨学科研究当然是一种好的现象，但是前提是我们必须明确中国哲学的界限，比如中国哲学专指中国古代哲人对宇宙、人生、人心、知识的理论化思考以及形成的概念性组织体系。只有明确各学科的主要任务，才能有真正的跨学科研究。

儒家在传统中国社会的作用问题，的确是一个十分重要的问题。但是这个问题本身存在着一个陷阱。有些人在讨论这个问题时，已经有了这样一个"预设"，即将制度化看作是儒家观念的一种"落实"，这里面便存在着许多问题。严格地说，具体的制度设计并不是某种观念的具体化，因为首先制度本身有传统，所以即使在儒家独尊之后，也不仅仅是儒家的制度化。任何制度的确立和政策的制定都是当时政治环境下的一种制度选择，政治理性往往是一种博弈的结果。许多学者早就开始研究儒家和制度之间的关系，如瞿同祖先生的《中国法律和中国社会》中，就讨论了法律的儒家化问题。在我看来，儒家制度化最重要的是体现在法律和伦理规范上。法律其实处理的就是人与人之间的关系，而在中国传统社会，处理关系时实行的是儒家的原则，比如性别、长幼和等级。但是中国历史上的许多制度与儒家的关系非常复杂，比如说科举制度，从发生学上说，科举制不是儒家的设计，是文官铨选制度的一种创新。科举制不必然和儒家捏合在一起。即使是与儒家关系最为密切的明经科，随着科举的发展，其与儒家之间的关系也越来越紧张。当儒学成为考试科目之后，它就已经不是"为己之学"了。再比如政治制度中的君主制度，这套制度的形成不完全是儒家的设计。儒家的确不断在为君权的合理性论证，但也不是无条件的，其中存在着一定的紧张度。儒家一直试图在君主之上设定更多的制约性原则。儒家是对君主制度整体上的支持，并非是对某一个具体的政权的支持。

儒家和权力之间的关系也很复杂。我们知道历史上有许多儒者是不求仕进的。在现实中，儒家所掌握的权力也不一定是国家的权力，也有可能是宗族的权力。儒家不可能无所不在。制度化的分析应有一定的限度，不能将所有的制度都贴上儒家的标签。我自己并不排斥对经学和儒家制度化的研究，如我还专门写过蒙学方面的文章。但如果我们站在哲学史和思想史的立场上来说，经学史可以研究很多没有思想的文献学家，这些文献学家对于儒家经典的流传十分重要，但是这些人不是以产生思想作为其特色。汉唐经学史上出现的大部分都是这类人。当然也有一些思想家，在注释经典时，注重发挥，即通过经典的解释，来阐发儒家思想。经学研究是儒家研究的重要部分，但对于哲学史而言，则未必。

虽然我的研究方向不断在改变，但我的研究始终有一个出发点，那就是站在中国的角度，回应世界范围内对中国哲学、世界哲学的挑战。这意味着这样的一种情形，就是要把自己的研究置于世界范围的学术标准之上。比如说我们都知道日本学者擅长考证，我写《朱子书信编年考证》就是要说明，中国人也能做这样的工作，而且能做得更出色。

从整个中国哲学学科的发展来看，我认为现在我们对中国哲学这套义理系统，还没有用现代哲学的语言做出清晰的梳理，同时中国哲学史的内部还有许多人物没有专书和专门的资料整理，这样就没有为我们发展现代意义上的中国哲学打下一个基础。这些都是我们急需考虑的问题。

冯友兰先生指出自己是"接着讲"，而不是"照着讲"。冯先生一直站在世界哲学的立场，他所考虑的背景比较大。但就其根本精神而言，可以用他自己常说的"旧邦新命"来概括他的文化情怀。他所关注的是如何使中国文化具有更强的生命力。"抽象继承法"和《中国哲学史新编》都体现着这样的使命感。

相比之下，张岱年先生更关注哲学本身，他想建立一个新的哲学体系，《中国哲学大纲》是张先生的哲学体系的基础。无论如何，每一个时代的学者，都应为中华民族的现代化、中华文化的伟大复兴，表达自己的这份关切。

## 应重建中国哲学

随着文化交流与合作，我想20世纪90年代大陆、台湾地区哲学界的时代使命应是中国哲学的重建。在20世纪，大陆、台湾地区哲学界或先或后介绍西方哲学有很长时间，也有很大成绩，但回顾过去，如在20世纪50年代前的大陆及其后的台湾，在中国哲学的建设上，虽有发展，但和现代西方哲学的发展相比，有相当大的差距。可以说20世纪是批判、启蒙的世纪，批判传统、推动现代化的工作在台湾已完成；大陆地方大、推动慢，但在1979年后也加快这方面的工作，目前工作应告一段落。

对中国哲学来说，21世纪所面对的一定是复兴、创造和建设，可首先由台湾带动，大陆同时进行整个中国文化、哲学的复兴，这对知识分子来讲是很艰巨的工作。在这方面，大陆、台湾有很多交流的工作可做，如共同探讨过去这个世纪，在西方文化的冲击下，我们如何调适自己建设中国哲学。在此过程中，有何经验教训，在未来有何方向可开拓，我们可以共同寻找。

总体来看，台湾的哲学界是比较西化的。无论是在英美分析哲学占主导地位的学校，或以天主教为背景的学校，中国哲学的发展都是不令人满意的。这与大陆的情况不同。如在北京大学,尽管马列主义哲学更重要,但中国哲学仍是相当重要的一支,占有很重要的位置,力量比较强。我认为,在整个大环境下,台湾这种现况难以避免,但在一些私立大学和民间学者中,也有许多人为中国哲学研究的发展而努力,如新儒家等,近十年来他们也很有很好的成绩。我认为这样发展下去,台湾继续注重中国哲学的发展,其前景应是看好的。

大陆马克思主义研究的历史比较长。台湾过去由于意识形态的关系,这方面的研究基本上是空白的。近来台湾虽有一些人研究"新马克思主义",但对"老马克思主义"的研究仍不够。其实"老马克思主义"的研究是人类文明共同的资源,西方学术界都承认其地位。而台湾若要发展这方面的研究,绝对有能力发展得很好。因为大陆已将所有马列资源都译成中文。另外,台湾学者都受过传统学术的严格训练,没有特别教条主义的意识形态立场,若其学术态度平稳、客观的话,马克思主义哲学的研究应该有相当好的发展。哲学研究对统一的效用不是直接的,哲学是两岸文化交流中的重要组成部分。目前两岸应多进行这方面的学术交流,促进合作,共同发展,发扬中国哲学及中国文化。

我受马克思主义的影响,不认为哲学的发展会影响现代化。但是现代化建设的发展会促进哲学的繁荣,也会促进中国哲学的繁荣。我认为,可以期待未来会有一个新形态的中国哲学出现。不是一个学说,而是由多个学说组成的新的中国哲学形态。

# 在今天这个时代研究哲学适逢其时

怎么对待父母、朋友、师长、陌生人、领导，以及别人侵犯了，你该怎么办等等问题，在大的革命论述里找不到一个基本规诫，给人以日常的有力支持。大多数人比较容易接受本土文化资源，所以如果中国传统文化能参与到我们的道德伦理重建中，会是非常自然的。

## 我们的道德和伦理一定要重建

当下的青年并不看好哲学，几乎没人认为哲学是自己能从事一生的职业，最优秀的人都争先恐后地去学经济、法律、管理、外语了。哲学不能吸引最优秀的青年，怎么能说是哲学的黄金时代呢？但20世纪50—60年代，拥有第一流头脑的人，都会选择去学数理化、文史哲。但从机遇上来讲，今天的中华民族在世界上的地位不一样了，我们搞哲学的人也有了一个比较从容的态度，不像原来那样受西方文化的挤压，每天很焦虑地去学习西方。现在我们想的是怎么把这么多年领会的西方的东西与我们传统的东西结合起来，化成一种新的哲学思考。所以，在今天这个时代研究哲学适逢其时。

在古代，中国人有自己的一套价值体系和伦理生活法则。近代以来，我们很多人，特别是知识分子，热烈地拥抱西方，批判自己的传统，在新文化运动中就曾提出伦理革命。但把过时的旧东西弃置容易，怎么确立新的东西？我想这是五四一代人没能完成的任务，所以后来又只好慢慢走回来。到"文革"时期，又是伦理革命把传统的东西再次全部革除。这就造成了现在我们社会伦理生活法则的缺失——没有权威，没有经典，没有方向，没有指引，道德滑坡等现象就都出现了。因此，我们的道德和伦理一定要重建。怎么对待父母、朋友、师长、陌生人、领导，以及别人侵犯了你，你该怎么办等等问题，在大的革命论述里找不到一个基本规诫，给人以日常的有力支持。大多数人比较容易接受本土文化资源，所以如果中国传统文化能参与到道德和伦理的重建中，会是非常自然的。

一战时，梁启超去欧洲，一个外国人说："你来干吗？"梁启超说："是来学习"。可对方说："你还来学习什么？我们还等着你们来救我们呢！"西方人总是说得比较夸张，但他的心情也可能是真的，反映了当时西方人的一种反思——他们觉得自己的文明出了问题。这种反思我觉得是珍贵的，虽然结论不一定是正确的。

在整个近代化、现代化的过程中，应该说西方文明领先我们一步，对现代化发展的贡献也是比较多的，但它确实也有些问题，比如国际金融危机暴露的问题，需要不同文明之间的互相补充。一两句话不能救世，也未见得说得清楚，当然某些话可能有其独特的价值，譬如"和而不同"对解决"文明冲突"问题有一定帮助。"和而不同"追求不同东西的融合，不是一个战胜另一个，而是要多样性统一，这是适应时代要求和当今世界发展状况和趋势的。从某种意义上讲，"和而不同"追求的是不同文明的一种和平共处关系，不管对中国、对西方世界，或者对阿拉伯世界等不同文明，应该都比较适合。

## 我们现在的哲学教育应该越来越中国化

社会上有一种观念，学哲学的人好像就应该专门搞研究，但真正的哲学家一个世纪才出几个啊！现在很多大学毕业生，从事的都不是和自己所学专业相关的工作。从这个意义上来说，学哲学的学生可能更适合就业的需要。他们应该什么都可以做，就业的路最广。他们的思维训练应该也是最好的——概念、理论的思维能力强，逻辑性分析和解决问题方面突出是他们的长处，各个行业都需要这样的人才吧。我们现在的哲学教育是顺着西方哲学的思路来进行的，但它应该越来越中国化，要把中国哲学几千年的历史和特色贯穿在哲学教育里面。

中国哲学有自己的概念，比如"道""理"等，这些都不是西方哲学的重要概念，而且很难翻译，但中国古代的哲学思想在今天仍然具有现实意义。比如，我们常说："你这个人怎么那么不讲理呀？"你看，它已经渗透到我们的文化和生活中了。我们的哲学教育就是要针对中华民族的传统思维习惯，把优秀的思想吸收进新的时代和语言里，甚至可以做创造性的转化和发展。

中国哲学追求的目标，跟西方也不一样，它不是追求理论的明晰，而是一种实践的智慧。实践是跟我们做事联系在一起的，更多的是对人生境界和目标的理解。因此一个学哲学的人，还要知道古往今来的圣贤所提示的那些人生境界。比如，《庄子》里面讲"至人无己，神人无功，圣人无名"，至人、神人、圣人都有不同的境界，都是超越世俗的功利达到精神的某一种高度。哲学至少能为大学生在四年学习中提供这种鉴往知来的圣贤思想，包括圣贤是怎样追求的，他们有哪些境界。至于能不能达到那样的境界，那是一生的事情，不是在大学学几年就能学到的。

不要觉得生活在21世纪的我们就很聪明，古人虽然没见过电脑等高科技的东西，但是就对人生的思考而言，我们不见得就能超越他们。今天的很多问题，其实古人已经思考过了。比如义利问题——人到底应听凭利益驱动，还是应该有道义的指引呢？一些经典的文本，经过几千年的积淀，成为中华文明的重要思想成果。对哲学专业的学生来说，最重要的就是要读好这些经典文本。西方哲学有柏拉图的对话集，像《斐多篇》《理想国》,亚里士多德的《形而上学》《政治学》《尼各马可伦理学》;中国哲学还是《论语》《孟子》《老子》《庄子》。中国哲学方面,我推荐冯友兰先生的《中国哲学简史》,部头很小,讲中国哲学发展的基本过程和问题。它本来是写给美国人的,非常通俗易懂。对于所学专业不是哲学的学生,这本书是最基本的。

# 朱熹的阴阳变化观

宇宙的对立统一，从横的方面看，一切事物包括宇宙本身都是阴阳对立的统一体；从纵的方面看，有东便有西，有南便有北，有男便有女。这种阴阳对立称之为"定位底"，表明这种对立面有相对的固定性，然而这种对立面又是相互交合，相互作用的。

## 一、两端相对

阴阳的学说是中国古典哲学辩证思维的主要理论形式之一，在这个问题上，不仅气本论思想家作了许多深入的阐发，而且理本论哲学家也做出了自己的理论贡献。

朱熹十分强调阴阳的普遍性。他指出："阴阳无处无之，横看竖看皆可见。横看则左阳而右阴；竖看则上阳而下阴。仰手为阳，覆手则为阴。向明处则为阳，背明处则为阴。《正蒙》云：

'阴阳之气，循环迭至，聚散相荡，升降相求，绷缊相糅，相兼相制，欲一之不能。'盖谓是也。"①朱熹继承了张载"阴阳两端"和二程"无独有对"的思想，并把阴阳对立统一的思想作了更加充分的发挥。

在朱熹讲学的语录中，几乎到处都可以看到他对阴阳的普遍性的强调。他说："无一物不有阴阳、乾坤，至于至微至细，草木禽兽，亦存牝牡阴阳。"②"只就身上体看，才开眼，不是阴，便是阳，密拶拶在这里，都不着得别物事。不是仁，便是义；不是刚，便是柔。只自家要做向前，便是阳；才收退，便是阴意思。才动便是阳，才静便是阴。未消别看，只是一动一静，便是阴阳。"③"天地之间无往而作阴阳，一动一静，一语一默，皆是阴阳之理。"④"一物上又自各有阴阳，如人之男女，阴阳也。逐人身上，又各有这血气，血阴而气阳也。如昼夜之间，昼阳而夜阴也；而昼阳自午后又属阴，夜阴自子后又属阳。"⑤这些论述通俗易懂，无需作进一步的解释。他还指出："天地之化，包括无外，运行无穷，然其所以为实，不越乎一阴一阳两端而已。其动静屈伸、往来阖辟、升降浮沉之性，虽未尝一日不相反，然亦不可以一日而相无也。"⑥阳代表一切前进、上升、运动、刚健、光明、流动的方面；阴代表一切后退、下降、静止、柔顺、晦暗、凝固的方面。一切事物，大至天地，小至草木，无不具有正反

---

① 黎靖德编、王星贤点校《朱子语类》卷九十四《周子之书》，中华书局，2011年版。
②③④⑤ 《朱子语类》卷六十五《易一》。
⑥ 《朱文公文集》卷七十六《金华潘公文集序》，商务印书馆，1922年版。

两方面的相互作用，这两方面的相互作用是宇宙及万物的本性。朱熹关于对立面及其相互作用、相互渗透的思想显然受到了张载的许多影响。

朱熹也发展了二程关于"对"的讨论。他说："一便对二，形而上便对形而下。然就一言之，一中又自有对。且如眼前一物，便有背有面，有上有下，有内有外。二又各自为对。虽说'无独必有对'，然独中又自有对。且如棋盘路两两相对，末梢中间只空一路，若似无对，然此一路对了三百六十路，此所谓'一对万，道对器'也。"① 这是强调，"对"不只是指两个不同事物或现象的对立，每一个统一体自身中都有对立面，所以说一中自有对，独中自有对。根据这一思想，事物的矛盾不仅是一种外在的对立，而且也是一种内在的对立统一，这一思想显然把阴阳对立思想推进了一步。

朱熹指出："……东之与西，上之与下，以至寒暑昼夜生死皆是相反而相对也，天地间物未尝无相对者。"② 相反相对既然是宇宙的普遍现象，也就是表明相反相对是宇宙的普遍规律。他指出："有高必有下，有大必有小，皆是理当如此。如天之生物，不能独阴，必有阳；不能独阳，必有阴，皆是对。这对处，不是理对，其所以有对者，是理合当恁地。"③ 在朱熹论阴阳对立的字里行间，常常充溢着一种由于体认到宇宙真理的兴奋，这

_____

① ③ 《朱子语类》卷九十五《程子之书一》。
② 《朱子语类》卷六十二《中庸一》。

正如程颢所表达的心情："每中夜以思，不知手之舞之，足之蹈之也！"①

## 二、阴阳交变

朱熹对于阴阳对立学说的发展还表现在他提出了"交易"和"变易"的观念。朱熹提出："某以为'易'字有二义：有变易，有交易。"②"变易"是指事物的运动过程是一个对立面不断更替的循环过程；"交易"是指事物的构成都是对立面的交合及相互作用。朱熹说："阴阳有个流行底，有个定位底。'一动一静，互为其根'，便是流行底，寒暑往来是也；'分阴分阳，两仪立焉'，便是定位底，天地上下四方是也。'易'有两义，一是变易，便是流行底；一是交易，便是对待底。"③根据这一思想，宇宙间的对立统一，从纵的过程来说，正像昼夜更替，寒暑往来。从这个方面看，阴阳二气只是一气，气的运动如磁场的变化，它的过程是一个阴阳交替的循环过程。在这个过程中，阳气运行到极点就会转化为阴气，阴气运行到极点又转化为阳气。

宇宙的对立统一，从横的方面看，一切事物包括宇宙本身都是阴阳对立的统一体；从纵的方面看，有东便有西，有南便有北，有男便有女。这种阴阳对立称之为"定位底"，表明这种

---

① 《朱子语类》卷六十二《中庸一》。
②③ 《朱子语类》卷六十五《易一》。

对立面有相对的固定性，然而这种对立面又是相互交合、相互作用的。阴阳的变易又称为流行、推行、循环；阴阳的交易又称为对待、相对、定位。朱熹认为，只有从这两个方面同时理解阴阳的学说，才能全面地把握宇宙的辩证法。

朱熹在语录中记载："或问'一故神'，曰：'一是一个道理，却有两端，用处不同。譬如阴阳，阴中有阳，阳中有阴，阳极生阴，阴极生阳，所以神化无穷。'"[①]阴中有阳、阳中有阴指阴阳的交易。阴极生阳、阳极生阴指阴阳的变易。正是阴阳的这两方面的对立统一造成了宇宙神奇无穷的变化和运动。对立面既是相互渗透的，又是相互转化的。从而定位的对待不是僵死的、固定的，流行的循环在不断地否定中运动。朱熹对阴阳显然有着辩证的理解。

## 三、体用对待而不相离

和二程一样，朱熹也是重视"形而上"与"形而下"的区分的。在他看来，凡是具体的东西总是形而下的，抽象的原理、本质、规律才是形而上的。朱熹说："形以上底虚，浑是道理；形以下底实，便是器。"[②]虚表示形而上的东西是一种感性的具体存在。在亚里士多德的哲学中曾提出"两种实体"的理论，认为个体事物是第一实体；一般性的东西是第二实体。在朱熹哲学中则

---

① 《朱子语类》卷九十八《张子之书一》。
② 《朱子语类》卷七十五《易十一》。

朱熹的阴阳变化观 　　71

认为前者是形下之器，后者是形上之理。他还认为，在两者之间有体用之分，不能认为形上形下都是体或本体。如他说："至于形而上下，却有分别，须分得此是体，彼是用，方说得一源。分得此是象，彼是理，方说得无间。"①

在中国古代哲学中，体用的范畴有多种意义。朱熹也说："见在底便是体，后来生底便是用。此身是体，动作处便是用。天是体，'万物资始'处便是用；地是体，'万物资生'处便是用。就阳言，则阳是体，阴是用；就阴言，则阴是体，阳是用。"②就是说，体用可以用来区分本原的和派生的，实体和作用。体用作为用以把握世界的范畴，也有相对性。然而，和其他理学家一样，朱熹哲学中的"体"主要指事物内隐不可见的形而上之理；"用"则是指见诸事物的、理的各种表现。

关于"体用"的规定朱熹进一步提出了一些补充前人的原则，这主要是"体一而用殊"③，体既然是事物深微的本质、原理，它就是一般的、普遍的，而用作为理的外在表现则是个别的、万殊的、具体的。

"体用"无先后，朱熹说："有体则有用，有用则有体，不可分先后说。"④体用有则同有，无则皆无，两者没有发生学上的关系，没有时间上的先后。朱熹曾举例说，好像耳和听，两者

---

① 《朱文公文集》卷四十八《答吕子约》。
② 《朱子语类》卷六《性理三》。
③ 《朱子语类》卷二十七《论语九》。
④ 《朱子语类》卷七十六《易十二》。

没有先后。

"体用"二而一，朱熹常说，体用是二，是两物，这是说体与用不是一个对象有两个名称，体和用是事物客观存在的两个不同方面。"体用自殊，安得不为二乎？"[1]一方面，体用如果本来是同一的，也就谈不上"一源"和"无间"了；另一方面，体用又是统一的，"体用亦非判然各为一事"[2]，在这个意义上，体用又是一物，是一物的不同方面。

体用不相离，朱熹指出："体用之所以名，政以其对待而不相也。"[3]体用作为一种对立统一的关系，互为存在的前提，互为存在的条件。离开对方而独立存在的体和用是不可想象的，也就不称其为体或用了。

朱熹极为推崇程颐"体用一源，显微无间"的名言。他进一步发挥说："体用一源，显微无间，盖自理而言，则即体而用在其中，所谓一原也。自象而言，则即显而微不能外，所谓无间也。"[4]这是用体中有用、用中有体来发展程颐的思想，虽然朱熹的思想是从其理本论出发体现出他对体用的一些辩证的理解。

此外，朱熹还主张体用是有层次的，他说："大抵体用无尽时，只管恁地移将去。如自南而视北，则北为北，南为南；移向北立，则北中又自有南北。体用无定，这处体用在这里，那处体用在

---

[1][2][3] 《朱文公文集》卷三十三《答吕伯恭》。

[4] 《朱文公文集》卷三十《答汪尚书》。

那里，这道理尽无穷。……'分明一层，了又一层'。"[①] 这是说在一定的条件下，体或用的每一方面都可以进一步从自身中区分体用，这几乎是一个无穷的一分为二的层次体系。

以上这些思想，充分表现出朱子在宇宙观、方法论上的辩证思维，这些思想既是对北宋道学辩证思维的继承和发展，也对后世理学的宇宙观和方法论产生了重大的影响，对中华民族的思维方式也发生了不容忽视的影响。

---

① 《朱子语类》卷二十二《论语四》。

# 水流无彼此，地势有西东
## ——全球化视野中的朱子学及其意义

在如何以儒家哲学，特别是朱子学的观念，分析处理全球化时代的问题上，已经有学者用理学的"理一分殊"，来说明东西方各宗教传统都是普遍真理的特殊表现形态，都各有其价值，又共有一致的可能性，用以促进文明对话，这是很有价值的。

古代儒家的历史哲学常用"理—势"的分析框架来观察历史。所谓势，就是一种现实的势力、趋势；所谓理，就是规律、原则、理想。势往往与现实性、必然性相关；理则往往是针对合理性而言的。二者有分有合。离开历史，发展现实，空谈理想和正义，就会被历史边缘化。但如果认为"理势合一"是无条件的，那就意味着"凡是现实的都是合理的"，这会使我们失去对历史和现代的批判与引导力量，也抹杀了人对历史的参与和改造的能动性。因此，就本来意义上说，"理—势"分析的出现，既是为了强调人对历史发展趋势的清醒认识，更是为了强调人以及人的道德理想对历史的批判改造的功能。从前人们常说："历史潮流，不可阻挡。"历史潮流就是势。势或历史潮流有其历史的必然性，但不一定是全然合理的，不是不可以引导的，但不顾历史大势，反势而行，逆历史潮流而动，则必然要失败。妥当的态度应当是"理势兼顾""以理导势"，这是朱子学面对全球化的问题应采取的立场。

一

如果放开历史的眼界，把晚近迎来的所谓"全球化"进程放在近代世界历史的发展中，放在世界"现代化"运动的展开过程来看，那么可以说，全球化其实是世界史上现代化发展的一个新的阶段，是世界各地区联结为一体的进程中的一个新的阶段，当然也是全球资本主义发展的一个新的阶段。

应当承认，全球化已经成为一个诠释的主题，它所引发的各种诠释涵盖了人类社会实践的多个领域。因此，如果把20世纪90年代以来兴起和流行的全球化概念看作狭义的全球化概念，即指冷战结束以后以信息技术革命为基础的世界新发展时期，那么，要思考和回应全球化运动的特质，就必须顾及广义的全球化观念，即19世纪以来有关加深世界交往联系的理论思考。今天的全球化，可以说是"世界普遍交往和互相依赖的全面扩展和深化"。

今天，面对经济、技术的全球化，以及由此带来的人们对推进政治民主化的要求，我们必须以"全盘承受"的态度，全面加强和世界的联系与交往，加速科技文明的进步，加快学习现代企业制度及其管理体系，推动政治文明的不断进步；立足于民族国家的根本利益，充分利用全球化的机遇，趋利避害，大大发展生产力；借助全球化，促进现代化，在积极融入全球化的潮流中，建设起适应世界发展和潮流的社会，促进中华民族的伟大复兴。

"全球化"一词，若作为动词，本应指某一元素被推行于、流行于、接受于全球各地。在这个意义上，全球化是有主词的，如说"市场经济的全球化"，其主词就是市场经济；如说"美国文化的全球化"，其主词就是美国文化。但是，事实上，虽然众多政治家、媒体、学者使用全球化这一语词，但多数人并不赞成这种有主词的全球化理解。从文化上看，原因很明显，有主词的全球化是一元论的，它意味着用单一性事物去同化、覆盖和取代全球的文化多样性，也意味着同质化、单一化、平面化，这在文化上是极其有害的。

此外，这种有主词的全球化一般被认为是西方化，甚至是以美国的政治经济体制、美国的价值观、美国的文化意识形态作为其主词的，这必然引起与世界各地民族认同和文化传统的关系紧张。而现实世界的全球化过程也的确有这样的趋势和倾向，特别是美国所主导和推动的全球化始终致力于朝这样的方向发展。这理所当然地受到欧洲和亚洲等多数国家的人民对"文化帝国主义"的警觉和质疑。基于这样的立场，更多的人赞成把文化的全球化视作全球各文化"相互渗透，相互融合"的过程，甚至把全球化作为一种杂和的过程。这样的全球化概念更多地代表一种全球性状态，而不是指用单一中心把别人都同化掉，它不需要主词。可见，与这样一个时代相适应，必须发展起一些新的、富于多元性的世界文化概念，并加深对世界文化的理解。因此，全球化和本土化在实践上是互相补充的，所谓"全球的本土化"（glocalization）即是如此。从这个方面来说，全球化应当是多主词的，从而形成复数的全球化，诸多的全球化相互竞争、相互影响，共同构成全球化时代大交流的丰富画面。在这个意义上，全球化是一个竞争平台，是一种技术机制，任何国家都可以努力借助当今世界的技术机制使自己所追求的东西全球化。

由于早期现代化过程历史地呈现为西方化的特点，因此，在伦理上，韦伯、帕森斯等，都把西方文化看成是普遍主义的，而把东方文化看成是特殊主义的。这意味着只有西方文化及其价值才具有普遍性，才是可普遍化的；而东方文化及其价值只有特殊性，是不可普遍化的。这就把东西方价值的关系制造为"普遍主义"和"特殊主义"的对立。这样的观点运用于全球化，就是以"西方"去"化"全球，以实现"全球化"。在这里，全球化的讨论就和现代化的讨论衔接起来了。"现代化"要求从古代进入现代，讲的是古往今来，突出了"古—今"的矛盾；而"全球化"要求放之四海而皆准，讲的是四方上下，突出的是"东—西"的矛盾。20世纪60年代的现代化论者有意突显"传统—现代"的对立，要后发展起来的国家和地区抛弃传统文化价值;拥抱现代化。20 世纪 90 年代的全球主义者强调的是"全球—地方"的对立，要用全球性覆盖地方性。可见，从现代化到全球化，古今、东西的问题始终是文化的中心问题。从儒家的思想立场来说，针对现代化理论，我们强调古代的智慧仍然具有现代意义;针对全球主义，我们强调东方的智慧同样具有普遍价值。其实，这两种针对性都是强调文化传统，特别是非西方文化传统的普遍意义和永久价值，只是强调的重点是一个侧重在时间，一个侧重在空间。

二

经济技术的全球化是当今的世界大势。而对于文化学者来说，重点是不仅关注全球化运动的"势"，而且也要分析其中的"理"，尤其注重全球化运动的文化面向，从而使我们不仅成为全球化运动的参与者，同时也要对全球化运动时刻保持清醒认识。在参与中，我们要发挥东方文化的力量，促进全球化运动向更理想的方向发展。

因此对于我们来说，问题的重点其实不是讨论全球化的经济、技术、政治的方面，重点仍在文化，即全球化时代的文化关系。从全球化的实践来看，经济和文化可以分开讨论[①]。如

---

① 罗兰·罗伯森也认为，世界体系在政治上、经济上的扩张，与文化并不形成对称的关系，见《全球化理论谱系》，湖南人民出版社，2002年版，第126页。

经济全球化的浪潮席卷全球，在第三世界异议较少。但在文化上，注重本土性、民族性和地方特色的呼声日益高涨，而且这些呼声既来自非西方的国家，也来自欧洲国家。中国古代的朱子学中，有所谓"气强理弱"和"以理抗势"的说法。如果"气"与"势"一样可表达现实性、倾向性发展力量的概念，而"理"可以表达价值理想、合理性的概念，用这样的观点来看全球化的问题，可以说，我们在全球经济领域，气强理弱；但在全球文化领域中，理可以抗势。理念对现实的引导作用更多地体现在文化的领域。

在如何以儒家哲学，特别是朱子学的观念，分析处理全球化时代的问题上，已经有学者用理学的"理一分殊"来说明东西方各宗教传统都是普遍真理的特殊表现形态，都各有其价值，又共有一致的可能性，用以促进文明对话，这是很有价值的。我想补充的是，从儒家哲学的角度，可以从三个层面来讲，第一是"气一则理一，气异则理异"。气在这里可解释为文明实体（及地方、地区），理即价值体系。每一种特殊的文明实体都有自己的价值体系，诸文明实体的价值都是理，都有其独特性。第二是"和而不同"。全球不同文明、宗教之间的关系应当是"和"，和不是单一性，和是多样性、多元性、差别性的共存；同则是单一性、同质性、一元性，这是目前最理想的全球文化关系。第三是"理一分殊"。不同的文明及其价值之间也都有其普遍性。在差异中寻求一致，为了人类的共同理想而努力。

进而言之，就社会文明而言，文明包括社会组织、社会制度、生产方式，社会体制包含民族的各种组织形式、血缘结构，以及语言、风俗、礼法，歌舞、神话、文学等，这些共同构成了特定的文明社会。甚至文明社会包含甚广，物质、政治、社会、精神的各方面都包含在"文明"之内。文明是实体性的存在之总和，是形而下之可见者。故学者多认为"文明"包括技术、物质的因素，而"文化"是指价值、理想、道德等。

　　用朱子学的观点来分析，文明属气，文明所蕴含的价值为理。各个文明有所不同，即为气的分殊的体现。文明不同，其中所蕴含的理亦有不同，即各文明的价值体系有所不同。这符合朱子所说的事事物物各有其理，文明的差异性是不能抹杀的。而从宇宙的整体来看，"事事物物各有其理"是一个方面，还有另一方面，即天地万物共有之理，此即"理一"。此"理一"就人类而言应是贯穿或超越各文明的普世价值。因此如何处理超越各文明的普世价值与各文明内含的价值之辩证关系，是冷战结束以来一直被关注的问题。和而不同是在"事事物物各有其理"的方面，当然是最基本的层次。若"推而上之"，各文明之间有没有共同的价值？如何表达这些体现共通性、一致性的共同之理？黄金规则是否就是可以看作全球伦理共通的"理一"？这些都是值得讨论的问题。换言之，"分殊"和"理一"在文明问题上如何表现，仍然是文明对话要探讨的问题。"理一"可对应世界的普遍性；"分殊"则对应各个不同地区的地方性。"理一分殊"正好否定了只承认"理一"不承认"分殊"的偏颇。只承认同质性，不承认异质性，就是忽视分殊，而全球化的同质化势力就有抹杀分殊的倾向。朱子曾说："理不患其不一，所难者分殊尔。"① 这句话若扩大其应用范围，亦可作为对待全球化文化的一种态度。以上这些是就文明间关系而言。

就每一文明而言，气是很强的作用与实体因素，而且气是决定理的实体，但理一旦形成，对气又有主导其方向的内在指向意义。这些分析方法是对朱子学的进一步应用。如朱子说"随其形气而自为一物之理"②，此形气亦可为文明之实体因素。朱子又说"观万物之异体，则气犹相近而理绝不同"③，各个文明即异体，虽皆有国家社会组织，而文明之价值之理，各有差别。故明代朱子学家罗整庵所云"理须就气上认取"，亦可用于文明多样性的认取。"如这理寓于气了，日用间运用都由这个气，只是气强理弱。"④

三

在理气而外，"强弱者势也，得失者事也"⑤。朱子重视"势"

---

① 王懋竑撰、何忠礼点校《朱熹年谱》卷一，中华书局，2006年版。
② 李绂撰、段景莲点校《朱子晚年全论》卷五《书三十首》，中华书局，1990年版。
③④ 《朱子语类》卷四《性理一》。
⑤ 朱熹撰《四书章句集注》，《孟子集注》卷十三《尽心章句上》，中华书局，2010年版。

的概念，势的概念是就历史人事而言。朱子学中的"势"常常体现了历史变化发展的必然性，故言"势有不能已者"，"势有不得不然"，"事势之必然"。气强理弱可作为势的一种表现。

在朱子的分析中，出现了"理势之自然"①、"理势之当然"②、"理势必然"③三种概念。虽然朱子对三者的分别未尝详言，但我们可以予以展开，即"理势之自然"是指自然的进程，但不是不可改变的进程，故说"理势之自然，非不得不之势也"。"理势之必然"主要是指合乎理性的必然进程与结果，"行仁义而天下归之，乃理势之必然"是非人力所能改变者。"理势之当然"是指历史发展的合理性原则，亦即当然之理，及符合此理的历史实践，故说"理势之当然，有不可得而易者"。此外还有"理势之宜然"的说法，这是指用以解释历史的原则。无论如何，这些理势合说的表达，虽然都表达了理势的关联，但都没有明确涉及价值之理与历史之势之间的紧张关系。

其实，朱子不仅重视作为历史过程本身合理性的必然之"理"，也重视以当然之"理"推动人的历史实践去补充、导正"势"的偏重。朱子主张顺理、乘势，既要乘势而行，也要顺理而为。同时，他也指出，"天下之势终不免于偏有所重"，故应"因其自然之势而导之"。这里的"导之"所依据的自然是当然之理，因此，朱子的"理势"说，包含着用"理"和"势"二元因素

---

① 朱熹撰、廖名春点校《周易本义》卷三《系辞》，中华书局，2009年版。

② 《四书章句集注》，《孟子集注》卷七《离娄章句上》。

③ 《四书章句集注》，《孟子集注》卷十三《尽心章句上》。

来分析历史，以"理"导"势"，引导实践。

在朱子学的历史发展过程中，"理势"论也不断得到发展，如饶鲁说："盖天下有理有气。就事上说气，气便是势。才到势之当然处，便非人之所能为。"这是说气体呈现在世事上，便是势；势之当然处，便是天理。这明确了"势"属于"气"。"势"可以为流行之总体，亦可为流行之趋势，由于"势"是人事，与"理气"之自然哲学不同，必须考虑人事的实践、努力，而不能认为一切现实是自然合理的。故有理势自然流行之理，也有人事当然之理，后者是人在实践中的指导原则，因此他又说"有大德者便能回天，便胜这势"。"回天、胜势"必须以"势"为根基，以"理"为宗旨。在这个意义上说，"理"可以胜"势"。

《朱子文集》卷四有诗，曰：

> 水流无彼此，地势有西东。
> 若识分时异，方知合处同。[①]

水流无彼此，可以表示各文明与文化的共通之理，强调交流与共享；地势有西东，可理解为东方文明与西方文明的价值存在差异性，因此要尊重差异。"识分""知合"，在全球化时代可诠释为"分"是文化的差异性、多元性；"合"是全球化、普世化。这首诗在今天读来，帮助我们认识到：把握多元性和普

---

① 诗题《分水铺壁间读赵仲缜留题》，参见《朱子语类》卷七十九《尚书二》。

遍性，是全球化时代必须要面对的哲学议题。

　　总之，朱子在《四书章句集注》中，既谈到"理势之当然"，又谈到"理势之必然"。用这样的观点来看，全球化是"自然之势"，但人可以而且应当"因其自然之势而导之"，这样才能把"理"和"气"结合起来。只有把"理势之自然"和"理势之当然"结合起来，才能促进历史朝人的理想的方向前进。

# 王阳明的"拔本塞源"思想

"拔本塞源"论虽然只是《答顾东桥书》的最后一部分，但与《答顾东桥书》的前面部分（主要针对顾东桥的具体疑问）相比，这最后的部分具有总论根本的意义，直指"什么是圣人之学"这一根本问题，从而也具有了相对独立的意义。

王阳明的思想很丰富，其中如"知行合一"等主张被很多人研究和宣讲，大家都已耳熟能详。而他在晚年提出的"拔本塞源"论，虽然在当时的王门中颇受重视，但在当代受到的关注较少。所以，我们在这里对其"拔本塞源"的思想及其现实意义作一些梳理，以促进对这一思想的研究。

## 一、题解："拔本塞源"

王阳明的"拔本塞源"论，原为其《答顾东桥书》的最后一节，

《答顾东桥书》载于《传习录》中卷，而为之首。《年谱》嘉靖四年九月下"答顾东桥璘书有曰"，可见《年谱》是将此一答书系于嘉靖四年，王阳明是年五十四岁。《答顾东桥书》是王阳明晚年的重要作品，其学术思想的分量已相当于一部著作。而"拔本塞源"论虽然本是《答顾东桥书》的结尾部分，但王阳明自己已经指出，结尾之前的部分多是对分散的问题的回答，还没有谈到根本性的问题。

"拔本塞源"论虽然只是《答顾东桥书》的最后一部分，但与《答顾东桥书》的前面部分（主要针对顾东桥的具体疑问）相比，这最后的部分具有总论根本的意义，直指"什么是圣人之学"这一根本问题，从而也具有了相对独立的意义。惟其如此，王阳明死后，其弟子后学把这段文字独立出来，命名为"拔本塞源"论，这使得此篇在理学史和思想史上享有了特殊地位。明末大儒孙奇逢说："拔本塞源之论，以宇宙为一家，天地为一身，真令人恻然悲，戚然痛，愤然起，是集中一篇大文字，亦是世间一篇有数文字。"本文即专就"拔本塞源"论这段文字的思想加以讨论，不涉及《答顾东桥书》最后这段文字之前的内容。

让我们先来关注作为引言的部分：

> 夫拔本塞源之论不明于天下，则天下之学圣人者将日繁日难，斯人沦于禽兽夷狄，而犹自以为圣人之学；吾之说虽或暂明于一时，终将冻解于西而冰坚于东，雾释于前而云滃于后，呶呶焉危困以死，而卒无救于天下

之分毫也已!①

　　"拔本塞源"一词最早见于《左传》昭公九年,宋代理学创立者程颐说过"夫辟邪说以明先王之道,非拔本塞源不能也"②。程颐认为孟子深深了解趋利之弊,"只为后人趋著利便有弊,故孟子拔本塞源,不肯言利"③。趋即追逐,可知"拔本塞源"在理学中是针对偏邪有害的思想(特别是追逐私利的思想)而言。俗语云"水有源、树有根","拔本塞源"就是强调拔除这些思想的根基,堵塞这些思想的源头。就王阳明来说,他所说的"拔本塞源",针对的主要是"私己之欲""功利之毒",而正确的"拔本塞源"的方法在他看来就是诉诸真正的、没有受到曲解的"圣人之学"。在他看来,如果不懂得圣人之学以"拔本塞源"为宗旨,这样的学术就会繁琐而艰难,天下追求圣人之学的人就会陷于假的"圣人之学",离道德义理越来越远。

## 二、主题:万物一体与圣人之学

　　下面我们正式进入这篇文章的文本。在"拔本塞源"论中,

①　王守仁著,王晓昕、赵平略点校《王文成公全书》卷二《传习录中》,中华书局,2016年版。
②　程颢、程颐著,王孝鱼点校《二程集》,《遗书卷第二十一下·伊川先生语七下》,中华书局,1980年版。
③　《二程集》,《遗书卷第十八·伊川先生语四》。

王阳明阐发了"圣人之心""圣人之学""圣人之教",这也是全篇的宗旨。他说:

> 夫圣人之心,以天地万物为一体,其视天下之人,无外内远近,凡有血气,皆其昆弟赤子之亲,莫不欲安全而教养之,以遂其万物一体之念。天下之人心,其始亦非有异于圣人也,特其间于有我之私,隔于物欲之蔽,大者以小,通者以塞,人各有心,至有视其父子兄弟如仇雠者。圣人有忧之,是以推其天地万物一体之仁以教天下,使之皆有以克其私,去其蔽,以复其心体之同然。[①]

要学"圣人之学",必须要了解"圣人之心""圣人之教"。王阳明认为,"圣人之心"如果用一句话来表达,就是"以天地万物为一体"。什么是"以天地万物为一体"?按照王阳明的说法,圣人看待天下的人,无论与他有没有亲属关系、社会关系,也无论和他的距离远或是近,只要是有血气、活生生的人,圣人都会将其看作是他的兄弟或亲属的婴儿,都希望使他们安全,要养育他们、教育他们,以实现圣人的万物一体的心愿。王阳明认为,天下所有的人,他们的本心(也就是本来的心),在开始的时候与圣人并没有分别,都是"以天地万物为一体"的,只是后来由于被个体的私心和物欲所蒙蔽,才把自己与天地万

---

① 《王文成公全书》卷二《传习录中》。

物间隔开来,也就不再能有万物一体的意识。本来的心是广大的,现在的心变得狭小了;本来的心是通畅的状态,现在的心变成阻塞的状态。于是每个人都有了自己的私心,而私心作怪的结果是,使父子、兄弟之间如仇人一般对立,完全失去了他们本来的一体之心。圣人忧虑于此,因而立下了"圣人之教"以教化天下的人,"圣人之教"的内容就是指推广"仁者以天地万物为一体",来清除人的私心,去掉其蒙蔽,恢复人们的本心。

"仁者以天地万物为一体"是宋代的程颢最先提出来的,用"以天地万物为一体"来解释"仁",发展了古典儒学对"仁"的理解。王阳明继承了这一观点,并把它视为"圣人之心"的基本内涵,并作为"圣人之教"的基本内容和出发点。"圣人之教"就是以万物一体之仁,教导人们去克服私欲的蒙蔽,恢复心的本体,即心的本来状态。那么"圣人之教"的内容是什么?王阳明说:

> 其教之大端,则尧、舜、禹之相授受,所谓"道心惟微,惟精惟一,允执厥中"。而其节目,则舜之命契,所谓"父子有亲,君臣有义,夫妇有别,长幼有序,朋友有信"五者而已。唐、虞、三代之世,教者惟以此为教,而学者惟以此为学。当是之时,人无异见,家无异习,安此者谓之圣,勉此者谓之贤,而背此者虽其启明如朱,亦谓之不肖。下至闾井田野,农工商贾之贱,莫不皆有是学,而惟以成其德行为务。何者?无有闻见之杂,记诵之烦,

辞章之靡滥，功利之驰逐，而但使之孝其亲，弟其长，信其朋友，以复其心体之同然。是盖性分之所固有，而非有假于外者，则人亦孰不能之乎？[①]

王阳明认为，"圣人之教"有纲有目，"圣人之教"的主要纲领就是尧、舜、禹相授受的口诀"道心惟微，惟精惟一，允执厥中"，这几句话见于古文《尚书》之《大禹谟》篇。意思是道心非常精微，要用"精一"和"执中"的方法来修养。"道心"就是本性的显现，不掺杂任何私欲。"精一"是专一于道心的状态，"执中"是持守使之不息。《中庸》说喜怒哀乐未发之"中"是"大本"，专一于道心就是守住了大本。保持道心的状态，自然是"发而皆中节"，无不和，"和"在《中庸》里被称作"达道"。"圣人之教"的纲领是守住大本，"圣人之教"的条目是通向达道，达道就是普遍的原则。"圣人之教"的主要条目，即古书记载舜命于契的五教"父子有亲，君臣有义，夫妇有别，长幼有序，朋友有信"，这五教的提法曾见于《孟子》，即五种人伦及其规范。父子、君臣、夫妇、长幼、朋友是古人看重的五种最基本的社会关系，社会关系古人谓之人伦。相对于这五种人伦关系，有五种对应的人伦规范，父子要有亲情，君臣要讲礼义，夫妇要有分别，长幼要讲次序，朋友要讲信用。"精一执中"是内心修养，"五教和顺"是社会规范。上古到夏商周三代，教育者就是以"道心精一""五教和顺"为

---

① 《王文成公全书》卷二《传习录中》。

内容进行教育，学习者也完全是以"道心精一""五教和顺"为内容来学习，没有其他复杂的东西。

王阳明认为，上古时代不仅士以上的贵族以此为学，下至闾井田野，农工商贾、普通百姓，莫不皆有是学，即都是以"道心精一""五教和顺"为学。他认为，古代不论贵贱，人们都奉行"惟以成其德行为务"，即以成就其德行为学的目的。这也就是王阳明理解的"圣人之学"，这也就是他所说的"心学"。他又说：

> 盖其心学纯明，而有以全其万物一体之仁，故其精神流贯，志气通达，而无有乎人己之分，物我之间。譬之一人之身，目视、耳听、手持、足行，以济一身之用。目不耻其无聪，而耳之所涉，目必营焉；足不耻其无执，而手之所探，足必前焉。盖其元气充周，血脉条畅，是以痒疴呼吸，感触神应，有不言而喻之妙。此圣人之学所以至易至简，易知易从，学易能而才易成者，正以大端惟在复心体之同然，而知识技能非所与论也。①

这里的"心学"指治心之学。亦即"圣人之学""圣人之教"的核心与出发点。

---

① 《王文成公全书》卷二《传习录中》。

## 三、影响：反对功利之毒

我们知道王阳明在晚年以"致良知"为宗旨，时时处处宣传"致良知"学说。而在这里，他强调，如果不明白他的"拔本塞源"论，他的"致良知"学说虽能暂时为大家接受，但最终恐怕错误思想此起彼伏，"按下葫芦又起瓢"，解决不了根本问题，对于救治天下不能起分毫的作用。这样看来，他的"拔本塞源"论在实践的意义上已成为王阳明"致良知"思想能够传播、流行于天下的关键。从全篇来看，王阳明认为，如果人不能除去所怀功利之心，"致良知"的学说将无法流行于天下，也不可能在改变社会上发挥出作用。这样看来，除去私欲功利之心和致极良知二者是王阳明晚年思想的两个关键点，而这里除去私欲功利之心的理论依据是万物一体的思想。如果按本文所说，万物一体的思想是要落实到除去私欲，恢复本心，那么也可以说，"万物一体"说和"致良知"说，共同构成了王阳明晚年道德哲学的主体。王阳明的论述意在指出历史上学术的混乱对学习者的影响和所造成的结果。此外，他也论述了功利主义的起源、演变。王阳明特别指出以私欲为中心的"功利之见"是圣人之学的根本阻碍，他认为功利之习已经成了毒害社会文化的罪魁祸首。这在今天仍是有现实意义的。在他看来，士大夫风气充满了私智和功利，已经成了败坏社会的主要痼疾。王阳明指出的问题今天仍值得我们加以深刻反省。

王阳明的高弟钱德洪谈到王阳明晚年的万物一体思想时指

出："平生冒天下之非诋推陷，万死一生，遑遑然不忘讲学，惟恐吾人不闻斯道，流于功利机智，以日堕于夷狄禽兽而不觉；其一体同物之心，诶诶终身，至于毙而后已。此孔、孟已来贤圣苦心，虽门人子弟未足以慰其情也。"① 这一论断完全合乎"拔本塞源"论的思想，可见"流于功利机智"和"堕于夷狄禽兽"是王阳明对当时学术功利化和官德堕落的社会的诊断，他所宣讲的"万物一体"说正是为了革除当时社会现实的流弊。他认为当时社会文化"圣人之学日远日晦，功利之习愈趋趋下"。王阳明此文的核心思想就是反对功利主义。

梁启超对"拔本塞源"一文曾有按语云："王子此言，何其淋漓沉痛，一至于是！读之而不羞恶、怵惕、创艾、奋发者，必其已即于禽兽者也！其所谓称名借号曰吾欲以共成天下之务，而诚心实意乃以济其私而满其欲，吾辈不可不当下返观，严自鞠训曰：若某者，其能免于王子之所诃乎？若有一毫未能自信也，则吾之堕落，可计日而待也。"梁启超的按语写于 1905 年，他指的是那些嘴上高喊为国家为人民，实际上自私自利，假公济私，奉行功利思想的人；他提倡以王阳明"拔本塞源"论为镜，反省自我，以避免道德的堕落，从而走向有健全道德的人生。事实上，"流于功利机智"也是我们当代社会人所共见的普遍病症。这说明，王阳明的这篇文字对近代以来中国人的建国实践，对当代干部官员的道德修身，以及对人们的人生提升，仍有不可忽视的意义。

---

① 《王文成公全书》卷二《传习录中》小序。

# 心灵的依托不能靠外来文化

　　每种文化都有优秀的东西。弘扬传统文化和借鉴外国文化并不冲突，也不矛盾，比如我们对印度文明的吸收就是一个很好的例子。没有人要拒绝西方文明，主要是怎么摆它。

　　所有文化都一样，是不能要求它有直接的功利性的。贝多芬的音乐能解决住房问题吗？《荷马史诗》能解决就业问题吗？唐诗宋词了解得多，就一定能使人们面试通过了吗？不能。但人生的需求是非常丰富的，是多层次的。例如，信宗教就能解决所有问题吗？当然不能，但它能改变你认识问题的态度。为什么宗教能一直存在，就因为它一定能满足人生命中的一些需要。不能说文化没有实际作用，只是我们对什么是实际作用要有一个全面了解，不能这么功利。黑格尔讲"存在的就是合理的"，许多文化观象既然这么出现了，就有一定的价值。许多四十岁以上的人，在自己的专业领域有相当大的成就，也来参加一些国学班和文化班，就是因为随着社会的发展，他们对文化和精神的需求越来越丰富了。

这百年来，对待文化的观点也是有些起伏变化，不能说这百年来都是全盘西化。五四时期，在思想界、文学界兴起了新文化运动，其中最重要的一支是新文学运动。后来发展到全盘西化，但时间不长，十年多一点的样子。五四运动正如《新青年》一样，代表了青年的文化。五四时期，青年的文化在当时成了主导文化，老一点的人说不上话，全是二十几岁的年轻人。但随着年轻人的成长，他们自己就会变。结了婚、生了孩子的人和一个大学生说话是根本不一样的。接着就是"九一八"事变了，五四运动中提出的主张在主流文化里基本被甩掉了。那时的主流文化不是民主，不是自由，而是团结。团结主要是依靠内在的传统。抗战中用来动员大家的资源是什么？是传统文化。那时，传统文化就发挥了巨大的作用。

每种文化都有优秀的东西。弘扬传统文化和借鉴外国文化并不冲突，也不矛盾，比如我们对印度文明的吸收就是一个很好的例子。没有人要拒绝西方文明，主要是怎么摆它。弘扬传统文化不能解决我们所有的问题，所以我们必须不断学习西方文化。但有的东西是很难替代的，中华民族的民族精神，就这不是外来的东西可以代替的。

精神家园的建设、心灵的依托，也不是靠外来的文化就能解决的。我们更喜欢跟自己的文化亲近，找到自己的精神家园，安定自己的心灵。对我们来说，确实要复兴中华文化。一段时间以来，中国人是处在挫败的、自卑的状态之中。总体来讲，文化复兴是讲三千年以来中华文化的伟大创造，一些世界观、价值观，以及认识世界的态度、对世界的审美的观念等。传统文化复兴不是传统文化一家独大，而是和现在已有的文化、自己创造的文化、其他优秀的文化一起复兴。

"传统文化复兴"这个口号提了十几年，现在有一些准备，但不能说我们做好了文化复兴的准备。因为对文化的复兴，还是有认识上的差异，有一些人的想法还停留在 20 世纪 50—60 年代，许多做与传统文化相关的事的人，还有这样的想法。有人认为，古代文化只能放在博物馆，是死文化，和现代社会没有连接。从这个角度来讲，我们还没有做好准备。当然有许多人在积极提出中国传统文化复兴的倡议。我觉得民间的反应不错，没有诸多限制，没有各种条条框框。

中国人对西方的了解，大大超过西方对中国的了解，这一差距非常大。从国际关系来讲，我们与西方的冲突，一个方面就是西方对中国不了解。西方对中国当代的政治不了解，对中国的历史不了解，因为中国当代许多东西是从古代来的。

十年前我们是韬光养晦，现在我们虽然有孔子学院，但它主要是以教授语言为主，没有有意识地宣传中国文化。现在没有文化输出的提法，我们主要做的还是让西方了解我们。就目前来讲，许多人对中国的了解非常偏颇，还有人对中国的了解还停留在 18、19 世纪。我一个在美国的朋友告诉我，他的一个学生生长在美国，因为这个学生经常去上海、北京，所以对中国有很好的了解，但这个学生的历史老师，还是把中国人讲成18、19世纪的样子。这个学生告诉历史老师他讲得不对，但他的老师不接受。现在中国人是很急切地了解西方，而欧美等国的一些人对中国仍有偏见。

在中华传统文化中，典章是和制度联系在一起的，典章制度和价值是没有直接关系的。现在大家读得比较多的还是经典，就是经书。不光是儒家，法家的经典、道家的经典、兵家的经典等人们也都在读，现在读《孙子兵法》的人可能比读四书五经的还多。杂家的经典也有好多人读。读这些书的人，大部分人是想将国学智慧应用于经营管理，也有一部分是从文化教育出发，基本上是强调儒家文化经典（主要是四书），这个是不变的。现在有好多读经活动、读经班。广义上来讲，经典还包括一些文学作品。整体来看，人们对文化、教育思想、典章制度方面的学习还比较少。

# Ⅱ
# 中国世纪与中国价值

传统的复兴绝不是要回到过去……传统的延续更依赖于诠释，而诠释总是反映着时代的新变化，包含着新发展。

# 守望传统的价值

从过去一百年的历史来看，形而上学地全盘否定传统文化，在学理上不能成立，在实践上产生的直接恶果就是大大伤害了中华民族的自信心和凝聚力，使中华民族在现代化过程中出现文化、价值、精神的全面失落，加剧现代化秩序建构过程中的混乱、痛苦，甚至加剧政治、经济危机，从而削弱了中华民族面对现代化建设过程中的困难的承受力和战斗力。

## 一、什么是传统？

什么是传统？在《后汉书》中，我们可以看到这样一句话："国皆称王，世世传统。"[1] 在这句话中，"传"是动词，"统"是统系。"统"表示一种连续关系之链，古代多用"皇统""君统""宗

---

[1] 范晔撰、李贤等注《后汉书》卷八十五《东夷列传》。

统""道统"等来表示，与今天的"传统"一词有近似之处。今天我们所用的"传统"一词来自于现代汉语，已经吸收了西方语言中"tradition"一词的意义，指世代相传的精神、风俗、艺术、制度等。在20世纪的社会文化话语中，与"传统"相对的是"现代"。

希尔斯在《论传统》一书中指出，就广义而言，传统是指从过去传承到今天的事物；就外延而言，凡是被人类赋予价值和意义的事物，传承三代以上的都是传统；就主要用法而言，传统多指文化传统，即世代相传的思想、信仰、艺术、制度。传统的功能是保持文化的连续性，为社会带来秩序和意义。传统的功能的实现以敬畏传统为条件。

希尔斯在《论传统》一书中还进一步指出，传统是人类智慧在历史长河中的积淀，是世代相传的行为方式，是对社会行为有规范作用和道德感召力的文化力量。在文化传统中，希尔斯特别关注"实质性传统"。这一概念来自韦伯的"实质合理性"概念，主要指价值传统，即崇尚过去的智慧，注重以从过去传承下来的行为模式为指导。例如，对宗教信仰和家庭人伦的感情，对祖先和权威的敬重，对家乡的怀恋，对族群、共同体的归属感及忠诚等。

传统对人们有强大的道德规范作用。我们认为，文化传统代表了民族文化的精神追求，是民族的生命和血脉，也是民族的根和魂。文化传统的积极意义是，有利于文化传承发展，形成历史文化的继承性和连续性；彰显文化的意义，守护文化的价值，塑造文化的认同。价值传统是民族的精神命脉，是道德品行的保证，是社会秩序的保障；价值传统是文明质量的保证，赋予存在以意义，维护古往今来的理想。价值传统是文化传统的核心，反映一个文化的价值规范、价值理念、价值追求、价值理想（即价值观）。

文化认同是人们在一个民族共同体中长期共同生活所形成的对本民族最有意义的事物的肯定性体认，其核心是对一个民族的价值传统的认同，是凝聚这个民族共同体的精神纽带，是这个民族共同体的生命得以延续的精神基础。因此，文化认同是民族认同、国家认同的重要基础，而且是最深层的基础。在当今这个经济全球化的时代，作为民族认同和国家认同的重要基础的文化认同、价值认同，不仅没有失去意义，而且成为综合国力竞争中最重要的"软实力"。

在概念上，"文化传统"与"传统文化"是有分别的。传统文化包罗万象，如中医中药文化、中餐美食文化、中国茶饮文化、中国民乐戏曲，凡是历史上的文化现象都可归入传统文化范畴；而文化传统是传统文化内在的道，是文化的精神、灵魂、气质。我们现在讨论的中华文化，往往同时包括这两个方面。

传统不是固定不变的，也不是完美的，传统有旧文化的衰落，有新文化的加入，虽然传统促进了价值的稳定、文化的延续，却在历史转折和社会转型时期表现出惰性。这时传统便成为焦点，被强调更新和改革的人视为包袱，于是在社会文化转型时期，传统便成为"问题"了。在欧洲启蒙运动中，传统曾一度受到个人解放和科学主义的猛烈抨击；在中国的现代化进程中，传统受到的批判以五四时期最为突出。

## 二、如何认识传统

传统有精华与糟粕之分。新文化运动对传统的批判有积极的意义，但把整个文化传统看成巨大的历史包袱，要传统文化对中国的落后负全责，以为只有与传统激烈地决裂才能走向现代，则带有明显的激进色彩。在学术层面上，全盘否定儒家的价值体系和整个中华传统文化的价值，把合理的批判推向极端，以科学、民主排斥道德、宗教、文化，不能正确理解"传统""权威"的积极意义，这些显然都是偏激的。其原因是未能确立对待传统的正确标准。

20 世纪出现的全盘反传统思潮，就涉及分辨传统的标准，其突出的问题主要有四点：

一是以富强作为判断文化的唯一标准。例如，陈独秀在比较东西文明和检讨中国文化时以功利主义为基点，以富强之强为根本标准，极力称赞："西洋诸民族，好战健斗，根诸天性，成为风俗，自古宗教之战、政治之战、商业之战，欧罗巴之全部文明史，无一字非鲜血所书。英吉利人以鲜血取得世界霸权，德意志人以鲜血造成今日之荣誉……"陈独秀不仅变成一个战争与鲜血的崇拜者，而且公开提倡文化教育中的"兽性主义"，抨击"独尊人性"，高呼"保存兽性"。他说："兽性之特长谓何？曰意志顽狠，善斗不屈也；曰体魄强健，力抗自然也；曰信赖本能，不依他为活也；曰顺性自然，不饰伪自文也。晢种之人，殖民事业遍于大地，唯此兽性故；日本称霸亚洲，唯此兽性故。"与此同时，他还把爱好和平与注重文化教养看成是东方民族的"卑劣无耻之根性"而加以呵斥。这是在外在功能坐标中判断人文价值，认为一切与富强的政治、经济功效无直接关系的人文文化都没有价值。其实，真、善、美和人类的平等、友爱、和谐、互助的价值理想以及表达这些价值的人文文化，是不可能依照某一外在的功效来衡量自身价值的。衡量人文价值的标准必须是人文文化内在的、本身的真、善、美，也就是说，不能因为唐诗、宋词或儒学的仁义礼智信、道家的自然无为思想不具有某种政治、经济的功效，就否认其价值。

二是以"科学""民主"作为判断文化传统价值的根本标准。以陈独秀为代表的新文化运动自 1917 年后更多地以"德先生"和"赛先生"为旗帜，这比《新青年》创办初期更具积极的启蒙意义，但全盘反传统的思想也由此而发展起来。陈独秀的话是具有代表性的，他把新与旧、传统与现代完全对立起来："要拥护那德先生，便不得不反对孔教、礼法、贞节、旧伦理、旧政治；要拥护那赛先生，便不得不反对旧艺术、旧宗教；要拥护德先生又要拥护赛先生，便不得不反对国粹和旧文学。"他不仅以民主和科学的名义，从整体上反对孔子与儒家、道教、佛教，而且还把民主、科学与中国古典文学和艺术完全对立起来。以陈独秀为代表的伦理革命主张和以胡适为代表的文学革命主张，从文化观念上看，实际上是引入"科学""民主"，并把它作为判断文化传统价值的根本标准。但是，文化遗产所包含的、在哲学、美学、伦理、文学层面上具有普遍价值的成分不可能在"科学""民主"的范畴内被承认，因此"科学""民主"并不是判断文化价值的唯一标准。文明、和谐、正义等价值不能以"科学""民主"来衡量。

三是把文化看作意识形态。"文化大革命"时期的基本文化观：第一，革命是绝对的，革命就是阶级斗争。于是革命成为判断文化的唯一标准，一切不能归入革命文化的，如爱情文化、亲情文化等表达人与人感情的文化，都被看作阻碍革命文化的因素，都被批判和反对。第二，文化是意识形态。这种观念认为，意识形态作为上层建筑，是由经济基础决定并为其服务的。在历史发展进程中，每一种生产关系构成的经济基础都有适应其需要的上层建筑及意识形态，因而历史上的文化形态之间没有任何连续性的基础。这种理解完全忽视了道德、宗教、哲学对人类、社会、世界所具有的普遍意义。道德作为调节人的行为、调节个体与社会的利益关系的文化形式，含有超越历史时代的普遍性准则，"道德世界不只是一种意识形态"，"还是经验与真正智慧的一种结晶"。而宗教作为人类精神生活的另一种形式，在本质上是人面对自己的"生存"在精神的深层表现出来的"终极关怀"，同时也是道德价值的一种特殊承担形式。至于艺术与哲学所包含的具有超越时代性的、人类对于自身与自然的理解与思考，就更不是狭隘的意识形态所能容纳的。把文化看作意识形态，其结果只能是使千百年来积累的文化遗产变成废墟，导致民众文化意识极度贫乏，滋长对人类历史文化的轻浮、浅薄的傲慢。"要同传统的观念实行最彻底的决裂"在"文化大革命"后期成为观念、文化领域最流行的口号。第三，把传统归于农业文明。这种观念认为农业文明已经完全过时，所以蕴含于农业文明的文化传统也就自然是过时的。其实农业文明孕育出很多文化的形态、文化的成果、文化的价值，它们都包含跨越时代、超越国度、富有永恒价值的内涵，不会因时代变化而改变。

四是价值理性视野的缺失。五四时期除了主张富强、民主、科学三个标准外，最为根本的是，当时的学人们不能正确地认识近代文化中的价值理性的意义，进而导致了价值理性视野的缺失。价值理性重视价值的理性，工具理性重视功效的理性。价值理性是主张博爱、平等、平均等价值的伦理体系。尽管西方近代文明通过启蒙运动挣脱了基督教教会的约束，通过对科学、民主等理念的倡导取得了长足的进步，但西方文明之所以能够延续，西方社会之所以能够作为一个整体存在与发展，是与以传统宗教为形式的价值传统的连续性分不开的。基督教虽然经过了宗教改革和其他转化形式，但仍然是西方近代文明不可或缺的要素。五四时期以来，我们看西方，只看到近代民主与科学的进步，而没有认识到伦理—信仰传统的连续性及其在文明发展中的作用，从而使我们对传统与现代、对文化发展的继承性与创造性采取了片面的态度，把传统与现代化完全对立起来，陷入了全盘反传统主义的误区。在中国文化中，文化与历史传统是保障价值理性的重要基础。因此，在近代化的过程中，由文化危机引发的激烈的反传统思潮势必在相当程度上导致价值理性失落的危机，从而破坏价值的连续性与民族的文化自信力，伤害现代化秩序建构过程本身而导致价值的危机。

当年，人们大力提倡和欢迎"德先生""赛先生"，追求民主和科学是人们热切的向往。在新文化运动中，有识之士也曾呼吁欢迎"穆勒尔"（moral，道德）小姐，提倡新道德，反对旧道德，也是其应有之义并具有迫切性。然而，民主和科学在当时被认为是最重大的课题，这在客观上造成"德先生"和"赛先生"受到重视，而冷落了"穆小姐"。今天，我们只有明确辨识传统的标准，才能弘扬中华文化"讲仁爱、重民本、守诚信、崇正义、尚和合、求大同"的价值传统，才能奠定"富强、民主、文明、和谐，自由、平等、公正、法治，爱国、敬业、诚信、友善"核心价值的文化根基。

## 三、传统与现代化

从过去一百年的历史来看，形而上学地全盘否定传统文化，在学理上不能成立，在实践上产生的直接恶果就是大大伤害了中华民族的自信心和凝聚力，使中华民族在现代化过程中出现文化、价值、精神的全面失落，加剧现代化秩序建构过程中的混乱、痛苦，甚至加剧政治、经济危机，从而削弱了中华民族面对现代化建设过程中的困难的承受力与战斗力。反传统主义者希望义无反顾地甩掉历史文化的包袱，大力加快中国走向世界的步伐；文化保守主义者则主张在社会改革和走向世界的过程中，保持文化认同，继承文化传统，发扬民族精神。20世纪70年代以后，东亚文化圈的发展，特别是中国港台地区和新加坡华人社会现代化的经验，其最大的意义在于揭示出中国人或在中国文化熏陶下成长的人完全有能力在开放的文化空间实现现代化。由此，五四时期以来的文化自卑感和民族自卑感被证明是完全错误的。中华民族凭借聪明才智曾经创造了灿烂的古代文明，放眼未来，她也一定能赶上时代的步伐，建设新的现代文明。如果我们不在批判传统的消极性的同时发挥传统的积极性；如果我们不在大力吸收西方现代文明的同时仍然保持民族的主体性，加速政治、经济体制的改革，而是一味地在传统身上算老账，让传统对现代化的滞后负责，以回避我们自己的巨大责任，这只能更显示出作为"不肖子孙"的我们的无能罢了。当代中国知识分子的文化课题，不应再对传统作感情冲动的全面否定，而是应该化解传统与现代之间自五四以来的不必要的对峙，理性地对传统进行批判性的继承、创造性的发展。

"文革大革命"以后，追求现代化成为全社会的明确共识。儒学能促进中国现代化吗？这一问题不仅揭示了近代以来儒学处于尴尬境地的根本原因，也说明了儒学面临的真正挑战。近代以来，在探索中国传统社会为何没有经历资本主义社会而自然步入现代化的研究中存在一种潜藏的意识，即认定阻碍中国传统社会发展资本主义的原因也就是我们今天迟迟不能实现现代化的根由。世界近代化有两种基本形式：一种是西欧自发地产生资本主义从而进入工业文明；另一种是其他地区在既有的近代化模式下通过移植、学习而使文化实现演进变革。前者为创生的，后者为模拟的。而阻碍一种文化自发地"创生"现代化的原因并不必然也是阻碍该文化"模拟"现代化的原因。以日本为例，日本文化未能自发地步入近代化，但是日本的近代化过程并没有首先在文化上进行"脱胎换骨"，把传统精神资源全部抛弃。因此，当我们死死地追问中国文化何以未能产生资本主义而自发走上现代化道路并力图由此找到现代化改革的根本障碍时，我们是否想过，被称为"后儒家文化圈"的东亚国家和地区（日本、韩国、新加坡和中国的台湾、香港地区），没有一个是自发地产生工业资本主义生产关系的，而这些国家和地区进入现代化社会也没有一个是先经历了与传统决裂的"文化大革命"。因此，20世纪70年代以后东亚的经济奇迹对美国战后的现代化理论构成了重要挑战，即使是反传统的知识分子也开始意识到，传统不必然是中国现代化的根本障碍，现代化可以通过不摧毁传统的方式实现，传统的调整和持续与制度的改革和建构，可以整合在同一过程之中。而破坏传统不仅不必然意味着现代化的实现，而且可能导致价值结构的解体和文化认同的失落，损害现代化秩序建构过程本身。

中国传统文化虽然未能自发地引导中国社会步入近代化，但中国文化的价值传统并不必然与模拟、学习、同化既有的现代政治经济制度发生冲突。二战后东亚儒家文化圈的高速现代化和20世纪90年代以来中国经济的迅猛发展，证明了中华文化养育的中华民族完全有能力在开放的文化空间实现现代化，一个世纪以来的文化自卑感和民族自卑感被证明是完全错误的。

## 四、传统与现代中国

在文化转型的 20 世纪 90 年代，我们常常看到"传统文化与改革开放"这类题目。事实上，不少传统文化的内容与改革开放并没有什么直接关系，或是毫不相干的。例如，《楚辞》与改革开放有什么关系？有利于还是不利于改革开放？二者可以说没有什么关系，但这不等于说《楚辞》没有价值。传统文化中的许多内容，如哲学、文学、艺术、宗教，其价值不可以放在功利主义的坐标中，也不可能在功利主义的坐标中得到肯定，而是要站在文化自身发展的立场上来断定其价值。所以，我们看待传统文化，要从一个更高的角度，从人性和人生的需要、社会文化的全面发展以及文化自身的内在价值角度，来认识传统文化的意义与价值。

20 世纪 90 年代末，学术界在"传统与现代"的问题上可以说已经达成了一些共识。这就是：传统并不是我们可以随意丢弃、摒除的东西，拒绝或抛弃传统是不可能的；传统是文化对于人的一种作用，而传统对于人的作用和意义，又依赖于人对传统的诠释、理解。因此，传统的意义更多地取决于我们如何在诠释的实践中利用它，如何创造性地传达其意义。

在多数知识分子的理解中，"现代化"主要是一个经济功能性的概念。事实上，"中国文化与现代化"或"中国文化传统与现代化"是范围远远超出经济发展本身的课题，这是因为"现代化"具有丰富的文化内涵。现代生活中仍有传统，也不可能离开传统。现代人仍需要终极关怀、价值理想、人生意义、社会交往，因此传统文化价值体系的继承与转化仍具有十分重要的意义。我们在支持现代市场经济发展和推进其理性化的同时，还需要从一个更高的角度来思考中华文化传统与中国现代化发展的问题，即发达的、现代的市场经济与商业化趋势使道德规范和精神文明的价值更为凸显，传统价值体系的继承和改造将对建设有中国文化特色和完备市场经济的社会主义发挥积极的作用。事实上，一切传统都与现代化有冲突的一面，都必然对现代化发展中的物欲横流、价值解体、人性异化、人际疏离、文化商业化等消极因素持批判态度。传统是我们引导现代社会发展、重建价值观的重要资源。

"抛弃传统、丢掉根本，就等于割断了自己的精神命脉。"今天，中华民族已经不再怀疑自己重新屹立于世界民族之林的实力。现代化对于中国人来说，不是能不能的问题，而是如何快速、稳妥地加以实现的问题。经历了 20 世纪 90 年代的经济起飞，今天很少再有人把现代化受挫的满腔怨气喷向中华传统文化，很少再有人像 20 世纪 80 年代中后期的人那样对中国现代化前景心怀焦虑，那种由于国家经济发展缓慢而产生的对传统的愤懑已经大大缓解，代之而起的是全国自下而上的国学热，这反映了广大人民群众在建设精神家园方面对本土传统资源的热切渴求。在现代化市场经济发展的同时，社会道德秩序和个人安身立命的问题日益突出。社会道德秩序的建立离不开传统道德文化，这已经是转型期执政党和人民的共识。与其他外来文化和宗教相比，中华传统文化提供的生活规范、德行价值及文化归属感，发挥着其他文化要素所不能替代的作用。中华传统文化在稳定社会心态、塑造向上精神、促进社会和谐等方面发挥了重要的积极作用，为当代市场经济社会中的中国人提供了重要的精神资源。中华优秀传统文化是社会主义核心价值观的基础和源泉，今天这已经成为人们的共识。我们高兴地看到，传统与现代的紧张关系已经日渐消解，代之而起的是对振奋民族精神、重建价值体系、复兴中华文化的关注和要求。我们对传统的关注已经从现代化的主题转为民族复兴、民族文化传承发展的主题。当前，人们更为关心的是如何发挥传统的积极性、如何借鉴传统的精华，从而提高文化自觉，推动中华民族的伟大复兴。这正是文化心态成熟的标志。

# 从儒家的视角看经济

如果一定要让我提出一些批评意见，我就是这两方面的想法：一个是怎么从人民原则来看经济发展的目标和经济问题；另一个就是怎么把一个经济体的发展放在世界格局之中、国家与国家间关系之中来看。比如说，到底我们的外交能为经济发展起多大作用？怎么考虑这个问题？

如何处理"自主创新"跟我们以前提的"自力更生"之间的关系？我的观点是不要把自力和引进割裂开来。事实上，我们改革开放之前的基础建设是在第一个和第二个五年计划期间完成的。这两个五年计划是什么呢？主要是从苏联引进大量的技术。所以如果我们把那个阶段笼统地叫作"自力更生"，我想是不太确切的。当然到第三个五年计划，在国际上我们是孤立的，从某种意义上说，也不是我们愿意走这一条自力更生的路，没有条件嘛。到了改革开放时期，我们有条件了，当然要加速经济技术的交流。自主也好，引进也好，是要根据具体的历史发展机遇和环境来决定的，要在不同的经济发展阶段和国际条件下，做一个最好的选择。在技术能力和外界差距巨大的时候，引进是最好的选择，自力更生反而是少慢差费。自力更生有时是无可奈何的选择。所以我想，如果我们把所谓自力更生的这个阶段看得完整一些，恐怕情况没有那么简单。当然后来，特别是20世纪90年代以后，由于国际条件、环境发生了变化，我们不得不特别强调这一点，但我觉得确实不能形而上学地来理解这两者之间的关系。

余永定鼓励我们学哲学出身的人提出一些批评意见。我本来没有想提什么特别的批评意见，但是让他这么一鼓励，我就强作一点批评吧。我讲两个方面，因为我是研究中国古代哲学、儒家传统的，第一个方面讲一下在儒家批评的立场上怎么看经济问题，它的原则是什么；第二个方面是针对讨论经济问题的视野做一点补充。

从儒家传统来看，有三个相关原则很重要，即国家原则、精英原则和人民原则。国家原则对应政治领域，精英原则对应文化领域，人民原则对应经济领域。这是我从一个新的儒家立场来诠释这个问题。在这个意义上，我觉得老余在经济领域的立场是比较偏向于国家主义，所以他始终强调国家强大很重要，这没问题。我刚才讲儒家的这三个原则并不是绝对的，不是说在政治方面唯国家原则，不是说在文化方面唯精英原则，也不是说在经济方面唯人民原则，只是相对来讲比较重视和强调那些方面。

从一个研究儒家的学者立场来讲，如果从价值的角度来看，我觉得在处理经济问题时人民原则很重要。刚才有人在问，如何评价改革开放，如果从国家实力的角度来讲，当然是成功的；但是如果从人民的视角来看，人民的生活也好了，这也是事实。我第一次看到"国富民穷"这个词还是在 20 世纪 70 年代初期。从 1970、1971 年的状况来看，其实当时谈不上国富民穷，而是民穷，国也穷。

民本主义是儒家处理问题（包括经济问题）时需要考虑的非常重要的一个原则。因为早期的儒家没有国家原则，到了近代儒家，我相信对儒家来讲国家原则是有的，但是人民原则在经济领域是非常重要的，我相信它在儒家是排第一位的。那么从这个角度来讲，我们虽然讨论了很多很新鲜的、我听得也很过瘾的问题，但是就我最关心的——如何从人民的角度看经济问题，我觉得我们没有很好地进行阐述。人民原则不仅仅是一个分配上的问题。人民要富足当然也有技术创新等各方面的问题，但是我想重要的是，从前主要讲国富论，下一阶段的方向应该是民富论，就是说，我们需要有一个民富论的经济观作为指导思想。从人民原则来说，有些问题是很容易解答的，若从人民原则来讲，什么是经济发展的目标？就是以前的一句老话"满足人民群众日益增长的物质文化生活需要"。民本主义构成了儒家道德批评的基本尺度之一。

从经济发展来反思外交问题。过去总是讲"整个国民经济几乎已经到了崩溃的边缘"，我是不相信这个讲法的，包括苏联，也没有到经济崩溃的边缘。但为什么有这种发展的焦虑？因为有邻居，有比较。所以我把苏力讲的概括为"邻居原理"，如果没有跟邻居作比较，如果没有在国际世界中面对优势的压力，更不用说战争的你死我活，一个孤立的社会经济体系是可以自己独立生存、发展的；但是在一个比较的环境之中，在残酷的压力下，当然就不一样了。所以，国际生存环境和外交决策是影响经济活动方向的重要方面。

如果一定要让我提出一些批评意见，我就是这两方面的想法：一个是怎么从人民原则来看经济发展的目标，解决经济问题；另一个就是怎么把一个经济体的发展放在世界格局之中、国家与国家间关系之中来看。比如说，到底我们的外交能对经济发展起多大作用？怎么考虑这个问题？我们曾经付出很多代价，是因为我们跟某些国家的关系特别关系，比如我们跟苏联的紧张关系，曾影响了我们二十年的经济政策、经济布局等。

# 执政党政治文化的 "再中国化" 倾向

所谓 "再中国化"，当然并不表示此前的、20 世纪后半期的中国政治、文化缺欠中国性，而是指自觉地汲取中国文化的主流价值资源，正面宣示对中国文明的继承，更充分地中国化，以应对复杂的挑战。

在过去的一个世纪里，像中国人那样全面、深入地批判自己的文化传统在世界历史上是令人瞩目的。也许正因为如此，晚近出现的传统文化复兴的诸多现象，也引起了相当普遍的关注。这似乎表明，近代以来的中国社会历史文化的变迁，始终与 "传统" 的问题结下了不解之缘。

不管人们喜欢或不喜欢孔子和儒家，一个事实是，在中国的历史上，儒家在中国社会和文化中占据了突出的地位，在中国文化的形成上起了主要的作用；以至于人们有时把儒家传统作为中国文化的代表，以孔子作为文化认同的象征；

另一个事实是，20 世纪的革命运动和现代化变革，给孔子和儒学的命运带来了根本的改变。在 20 世纪的文化运动中，对孔子和儒家思想的反省、批判可以说占了主导的地位。而跨入新的世纪以来，随着中国经济的快速增长和中国国际地位的提高，要求重新认识孔子和儒家思想文化的呼声不断出现。在这样一个呼唤"文化自觉"的时代，我们期待把孔子和儒家的问题放进古老文明从传统向现代转型的纵深视野中，置于全球化的现实处境，以理论思考和实践关怀相结合的态度，把对这一问题的思考推进到一个更深入的水平。

让我们先说明与"孔子与当代中国"问题有关的三种思想史的解释方式，然后尝试描述与"孔子与当代中国"问题相关的现实处境。

一

"孔子与当代中国"这个题目很容易使人联想起约瑟夫·列文森的名作《儒教中国及其现代命运》，这部书中正好就有"孔子在共产主义中国的地位"一章。在这一章的结尾，列文森说："20 世纪的第一次革命浪潮真正打倒了孔子。珍贵的历史连续性、历史认同感似乎也随之被割断和湮没。许多学派试图重新将孔子与历史的延续、认同统一起来。共产主义者在寻找逝去的时光中发挥了作用，并有自己明智的策略和方法：恢复历史的本来面目，还孔子的真相，置孔子于历史。"① 那么，什么是"置孔子于历史"？列文森的这部书中有一部分，名为"走入历史"，这意味着，在他看来，儒家思想文化在 20 世纪 50—60 年代的中国，已经丧失了存在的现实意义，成为了"过去"，走进了历史。他在评论当时中国的文化政策时说："共产主义者可以使孔子民族化，使他脱离与现行社会的联系，脱离今后的历史，将他回归于过去，只把他当作一个过去的人物对待。"② 与后来的"文革"不同，在 20 世纪 60 年代初期的一个间隙，对孔子的、比较平心静气的学术讨论曾一度短暂地浮现，列文森对此加以评论说："与这些历史遗物相同，共产党也没有必要非从精神上彻底抛弃孔子不可，所以孔子也能受到一定的保护，也有存在的价值。共产党不是要剥夺他存在的意义，而是取代他的文化作用。简言之，保护孔子并不是由于共产党官方要复兴儒学，而是把他作为博物馆的历史收藏物，其目的也就是要把他从现实的文化中驱逐出去。"③

孔子当然是一个过去的人物。但是，这里所谓使孔子回归过去，是要使孔子仅仅成为"一个逝去的古人"，其真正意味是使孔子的思想成为过去，使孔子思想在今天没有任何影响，使孔子及其思想成为博物馆中保存的历史遗物，在现代社会没有

① 列文森《儒教中国及其现代命运》，广西师范大学出版社，2000年版，第343页。
② 同上书，第336页。
③ 同上书，第338页。

任何作用。可见，所谓"置孔子于历史"，就是"把孔子妥善地锁藏在博物馆的橱窗里"。应当承认，20世纪60年代的列文森在评论20世纪60年代的中国文化政策时，他的评论没有任何受冷战意识形态的影响的迹象，他甚至对中国当时采取的文化政策与方法有某种"同情之了解"，显示出历史学者平实、冷静的态度和风范。

由此也可见，列文森有名的"博物馆收藏"的比喻，其实并不是他自己的文化主张，而首先是他旁观20世纪50—60年代中国的文化政策之后的概括；其次在这种概括下也包含了他对中国社会现实的认知和判断，即儒家已经"走入历史"。而一个走入历史的孔子，应当既不受崇拜，也不受贬斥，已经不再是一个需要反击的目标。

二

列文森死于1969年，他虽然未看到20世纪70年代前期的批孔运动，但"文化大革命"高扬破除传统思想文化的口号，显然给"博物馆收藏"说带来了冲击和困惑。难道对已经走入历史博物馆的收藏物还需要大动干戈地"继续革命"吗？李泽厚并不存在这样的困惑。1980年，李泽厚发表了他在20世纪70年代末写的《孔子再评价》，他的思想特色是把孔子和儒家思想把握为"一个对中国民族影响很大的文化—心理结构"，以此作为解释孔子思想的一条途径。根据李泽厚的解释，孔子根本没有"走入历史"，而是始终作用于历史和现实之中。他指出："由孔子创立的这一套文化思想，在长久的中国奴隶制和封建制的社会中，已无孔不入地渗透在广大人们的观念、行为、习俗、信仰、思维方式、情感状态……之中，自觉或不自觉地成为人们处理各种事务、关系和生活的指导原则和基本方针，亦即构成了这个民族的某种共同的心理状态和性格特征。值得重视的是，它由思想理论已积淀和转化为一种历史的文化—心理结构。不管你喜欢或不喜欢，这已经是一种历史的和现实的存在。"[1]

在李泽厚看来，这种心理结构已转化为民族智慧，"它是这个民族得以生存发展所积累下来的内在的存在和文明，具有相当强固的承续力量、持久功能和相对独立的性质，直接间接地、自觉不自觉地影响、支配甚至主宰着今天的人们，从内容到形式，从道德标准、真理观念到思维模式、审美情趣等等"[2]。文化心理和民族智慧虽然并不是超时空超历史的先验存在物，但在20世纪它显然不是走入历史的、死的木乃伊，也不是无所附着的幽灵，而仍然是一种持久的、延续的、活的、深层的存在。

根据李泽厚的观点，儒学在历史上所依托的传统教育制度、政治制度、家族制度等在20世纪已全面解体，走入历史，但儒学并没有因此完全走入历史，因为它已内化为民族的性格。在这个意义上，孔子和儒家思想当然不是博物馆的收藏品，而是

---

[1]　李泽厚《中国古代思想史论》，人民出版社，1985年版，第34页。
[2]　同上书，第297页。

在当代现实生活中，在大众、知识分子、政治家内心存活着的、产生作用的东西。即使在今天，也没有人能否认李泽厚的这一看法。因此必须承认，儒家对中国人的行为和心理的影响是中国的现实，是所有研究当代中国的社会科学学者必须面对和认真对待的基本国情。

## 三

同样明显的是，儒家思想既不能归结为走入历史的遗存，它的超越历史的意义也不仅局限于文化心理结构的层面，它还具有更广泛的文化传统和文化资源的意义。本杰明·史华慈曾针对列文森的博物馆比喻，提出图书馆的比喻，认为思想史不是博物馆，而是图书馆，在一定意义上揭示了这一点。从思想史传统和资源的角度来看，这是很重要的。黑格尔早已说过："思想的活动，最初表现为历史的事实，过去的东西，好像是在我们的现实之外。但事实上，我们之所以是我们，乃是由于我们有历史。或者说得更正确些，正如在思想史的领域里，过去的东西只是一方面，所以构成我们现在的，那个有共同性和永久性的成分，与我们的历史性也是不可分离地结合着的。"① 也就是说，思想史上"过去"的东西，同时也在我们的"现实"之中。而在本体论上，"过去"乃是规定着现在我们之所以是我们的东

---

① 黑格尔《哲学史讲演录》第一卷，1978年版，第7页。

西。这个我们可以是个人、族群、国家。在这个意义上，图书馆的比喻就远远不够了。就思想史而言，黑格尔认为，思想史的生命就是活动，"它的活动以一个现成的材料为前提，它针对着这些材料而活动，并且它并不仅是增加一些琐碎的材料，而主要地是予以加工和改造"①。过去的传统把前代的创获传给我们，每一个时代的文化成就都是人类精神对全部以往遗产的接受和转化，因此传统是每一个时代的精神活动的前提。列奥·施特劳斯同样强调，古代伟大的哲学家的学说，不仅具有重要的历史意义，也有重要的现实意义，为了了解古今社会，我们不仅必须了解这些学说，也必须借鉴这些学说，因为他们所提出的问题在我们今天依然存在②。他甚至断言，古代思想家的智慧，要比现代智慧更为优越，这当然是见仁见智的了。儒家作为文化资源或思想史的意义，就是指儒家的道德思考、政治思考、人性思考等仍然可以参与当代的相关思考，这些思考仍具有现实意义。

## 四

论及文化传统，自然要提起爱德华·希尔斯的经典著作《论传统》。值得注意的是，其导言中曾专列一节，名曰"社会科学

① 黑格尔《哲学史讲演录》第一卷，第9页。
② 施特劳斯《政治哲学史》上，"第一版序"，河北人民出版社，1993年版，第1页。

对于传统的无视"。他认为当代社会科学受启蒙运动的影响，接受了怀疑传统的态度和不能容纳传统的"社会"观念。他说："读一下当代社会科学家对特定情况中发生的事情所作的分析，我们就会发现他们会提及参与者的金钱利益、非理性的恐惧与权力欲，他们用非理性认同或利害关系来解释群体内部的团结，他们还会提及群体领导的策略，但是他们很少提到传统与重大事情的密切关系。现实主义的社会科学家不提传统。"①他以为，社会科学坚持"现实现地"的研究，而忽视时间的"历史向度"。因此，"行动的目的和准则，接受这些目的、准则的根据和动机，以及我们称之为传统的信念、惯例和制度重复出现的倾向，往往都被认为是不成问题的问题。社会科学各分支在理论上越发达，就越不注意社会中的传统因素"②。据希尔斯分析，社会科学对传统的忽视有各式各样的原因，其中最根本的原因是社会科学家接受了进步主义的观点，于是厌恶传统，把传统视为落后甚至反动的。他认为，现代社会正走在一条无传统的道路上，"利害关系"和"权力"将支配人的行为。他举例说："最伟大的社会学家马克斯·韦伯，当然不是热衷于进步的人，但他持有一种普遍观点，他认为归根结底有两种社会，一种是陷于传统的社会，而在另一种社会里，行为的选择标准是理性的计算，以达到最大限度的'利益满足'。……按照这个观点推论，现代社

---

① 爱德华·希尔斯《论传统》，上海人民出版社，1991年版，第9页。
② 同上书，第10页。

会正在走向无传统状态，在这种状态中，行动的主要根据是借助理性来追逐利益，而传统则是与这种现代社会的风格格格不入的残余之物。马克斯·韦伯在论述现代社会时，显然没有给传统多少位置，虽然他在表达这一点时表现出特有的悲剧式的雄辩。"[①]希尔斯对现代社会科学的批评也许过于严厉了，在中国的社会科学领域，不少社会科学学者一直致力于与儒学传统相关的研究，如社会学、法学、心理学等，尤其是香港地区的社会科学学者，在这方面可谓"着先鞭"。但希尔斯的批评肯定是有的放矢的，直指经济学、政治学的学科习惯和"理性经济人假设"等新的社会科学教条，也很能把握当代多数中国社会科学学者的心态。事实上，人文学者和社会科学学者都应关心、思考包括传统问题在内的社会、文化问题，以及其他公共领域的问题。

希尔斯也指出，20世纪人们已经对现代文明加以反思，现代文明是科学的、理性的、个人主义的，也是"享乐主义"的。"人们对资产阶级社会的责难之一是，资产阶级社会使人类脱离了赋予存在的意义的秩序"，而传统正是这种秩序的组成部分，传统也是这种秩序的保证和意义的来源，同时也是文明质量的保证。现代社会在理性化和除魅的同时，也丧失了伟大宗教所提供的意义。希尔斯批评韦伯低估了传统的权威，以及体现传统权威的模式和制度对现代社会发展的抗拒力量。在他看来，相

---

① 《论传统》，第12页。

对于现代社会的各种力量如科层化而言，对实质性传统的崇敬、对既存事物的尊重、宗教信仰、克里斯马①常规化的制度、累积的实践经验智慧、世系与血亲感、对地方和民族的归属感等，在现代社会仍有力量。希尔斯指出，实质性传统已不像从前那样独占社会中心，"然而实质性传统还继续存在，这倒不是因为它们是仍未灭绝的习惯和迷信的外部表现，而是因为，大多数人天生就需要它们，缺少了它们便不能生存下去"②。在这一视野下，儒学当然是属于他所说的"实质性传统"。在市场经济的时代，在道德重建和社会正义的要求日益突出的时代，我们需要更严肃地考虑传统在现代社会的作用和意义。

## 五

跨入 21 世纪以来，传统文化普及活动日益深入人心，民众对包括儒学在内的传统文化的热情持续增长。据国际儒联的一份报告，全国各地幼儿园、中小学开展的以诵读蒙学与四书为主要内容的普及活动方兴未艾，估计有一千万少年儿童参加，在这一千万人背后，至少还有两千万家长和老师。这些活动主要是民间的力量分散、自发地组织开展的。这些传统文化普及活动，以养成社会价值观和传统美德为中心，着眼于道德建设

---

① 克里斯马，原指古代的宗教先知、战争英雄，由马克斯·韦伯引入政治学领域。
② 《论传统》，第406页。

和人格成长，追求积极的人生，受到了社会的积极的关注。其中如北京的一耽学堂，天津的明德国学馆等普及儒学的民间团体，以"公益性"为宗旨，组织志愿者身体力行，颇受好评。这些被称为草根性的儒学普及活动，在新一波的国学热中占有重要的地位。

在教育文化界，素被认为以坚持意识形态优先而著称的人民大学，在 2002 年率先成立了孔子研究院，此后大学的儒学中心遍地开花，《论语》等儒家经典的今人解说更是俯拾皆是。据估计，2007 年有上百种解读《论语》的新书问世，印刷量将创历史纪录。企业界精英学习了解传统文化的热情一直有增无减，大学举办的以企业管理人员为对象的国学班正在四处发展，与蓬勃发展的中国民营经济形成了配合的态势。同时，也出现了由企业界人士出资创办的非盈利性的、以学习传统文化为主的学堂和书院。以儒学为主要内容的网站目前已有几十个，互联网博客的出现更成为民间传统文化爱好者研究者的嘉年华展场，进一步激发了民间性的文化力量 ① 所有这些，无疑都反映了 20 世纪 90 年代中期以来中国经济快速发展以及"中国崛起"所带来的全民的民族自信与文化自信的增强。民众对传统文化的热情体现出的人们精神的迫切需求，根源于旧意识形态在人们心灵的隐退所造成的巨大虚空，这种空间要求得到弥补，特别是民族精神与伦理道德的重建，成了社会公众的强烈需求。

---

① 参见《国际儒联工作通报》2007年第6期。

民间对传统文化特别是儒家文化的热情成为这一波中国文化热的巨大推动力量。民间的儒学普及活动的规模，完全超出了知识精英的预期，民间的力量也远不是学院知识分子可以相比的。其中虽然有些盲目的成分，但不容置疑地显示出"文化场"不再是学者一统天下，而社会和民间的文化价值取向将成为知识精英必须重视的因素。来自于民间的大众最少洋教条、土教条的束缚，他们根据自己的社会文化经验，表达他们自己的文化偏好。在文化民主的时代，大众发出自己的声音。应当看到，国民心理已经发生了变化，而这种变化，不会是短暂的，将是持久的，可惜我们还缺少对这一文化现象做有深度的社会学研究。

　　今天，孔子学院已经把孔子的文化符号带往世界各地。在某种意义上，孔子被恢复了他作为中国文化象征的地位。这标志着后"文革"时代以来对孔子及其思想的平反进程进入了一个新的阶段。这看起来对儒家而言是一个可喜的变化，然而在我看来也更是一个挑战。我在这里指的还不是一些人出于不同的动机而利用这种变化，而是指近几十年来为了反抗对它的不合理的批判，儒家学者往往把主要精力用于在文化上的自我辩护和哲学上的自我发掘上。而今天，当不再需要把主要力量集中在文化的自我辩护的时候，儒家的社会实践，除了坚持其一贯在文化教育、道德建设和精神文明上的努力之外，如何面对当今世界、当今社会的现实处境（包括扩大民主、社会正义和公共福利等）而发出自己的声音，表达自己的态度，不能不成为新的考验。

# 六

就 20 世纪后半期的中国而言，可以大体分为两个阶段，前一阶段为革命的延续；后一阶段为改革的兴起。而在跨世纪的门槛上，中国的社会、经济、政治、文化与 20 世纪相比，发生了巨大的变化。从文化上看，正如中国的经济一样，我们今天已经处在一个与五四时期、国内革命战争时期、"文化大革命"时期、改革开放启动时期等都完全不同的时代。革命早已成为过去，经济改革已基本完成，这个时代的主题不再是"革命—斗争"，甚至也不再是"改革—发展"，用传统的方式来表达，即我们进入了一个"治国安邦"的时代。在文化上，从 20 世纪的"批判与启蒙"走向了新世纪的"创造与振兴"。

儒学不是鼓吹革命的意识形态，儒学也不是启动改革的精神动力，因此儒学在 20 世纪被冷落是理所当然的。与相对短时段的革命和改革而言，儒学正是探求"治国安邦""长治久安"的思想体系。时代的这种变化在党的领导观念上已经表达出来，"执政党"概念在近年的普遍使用，鲜明体现出从"革命党"到"执政党"的自我意识的转变，这一点应当得到肯定。而执政党的任务就是要把注意力集中在"治国安邦"的主题上。与此相伴，执政党的政治文化也有了明显的变化，从江泽民同志的哈佛演讲，到胡锦涛同志的耶鲁演讲，以及温家宝同志的哈佛演讲，不容置疑地显示出执政党政治文化的"再中国化"倾向。21 世纪中国领导人的演讲，以自强不息、以民为本、以和为贵、协和万邦为核心，无一不是从中国文明来宣示中国性，解释中国政策的文化背景，呈现中国的未来方向。以"和谐"为中心的执政党的国内政治理念和口号，也体现着类似的努力，即探求以中国文化为基础来构建共同价值观、巩固国家的凝聚力，建设社会的精神文明。大量、积极地运用中国文化的资源以重建和巩固政治合法性，已经成为21世纪初执政党的特色。放眼未来，这种顺应时代的发展只会增强，不会减弱。这与20世纪90年代以来台湾当局的"去中国化"等错误做法形成了对比。

所谓"再中国化"，当然并不表示此前的、20世纪后半期的中国政治、文化缺欠中国性，而是指自觉地汲取中国文化的主流价值资源，正面宣示对中国文明的继承，更充分的中国化，以应对复杂的挑战。再中国化，也决不表示对外部世界的各种"好东西"加以拒绝，因为它只是当代中国政治文化连接传统的一个方面，而不是全部。再中国化，重在表示与主张"和传统决裂"的人持不同的态度，肯定了现代中国必须植根于中华文明原有的基础才能发展，表现出复兴中国文明、发展中国文明的文化意识。所有这些都是我们今天讨论"孔子与当代中国"不可忽视的背景。

毫无疑问，传统的复兴绝不是要回到过去。如果说新文化运动时期对"复古"的批判具有当时政治的针对性，那么今天任何对传统的关注，都是对现实的一种救治和补充，没有任何人要在政治、经济、文化上复古。事实上，历史上的所谓复古也大都是变革的一种形式，人们从来都是"古为今用"的。无论如何，传统是不可或缺的，但传统不是完美的；传统是延续的，但传统不是固定不变的；传统既要经过接受，也要经过修改；发展、变化、转化充满了传统延续的过程。而且传统的延续更依赖于诠释，而诠释总是反映着时代的新的变化，包含着新的发展。我们所期待的是，人文学者和社会科学学者密切交流，以理性的态度、开放的心态，在学理上深入探讨有关儒学与当代中国的各种课题，以适应、促进当代中国社会文化的发展。

从启蒙和现代化的角度，20世纪对儒家思想文化进行的批判，可以说已经发挥得淋漓尽致，达到了最深入和全面的程度；同样，对这些批判的回应，在20世纪也得到了深入和全面的呈现。因此，重要的不是简单重复20世纪有关儒家文化讨论的已有论述和观点，更不是肤浅地追逐文化的热点，而是应当适应时代的变化，结合当代中国的社会现实，直面文化、价值、秩序的重建，发展出新的问题意识，并寻求新的解答，在这一点上，我们期待着人文社会科学学者之间进行深入的沟通与全面的合作。

# 中华文明蕴含全人类的共同价值

　　"仁者，人也"是儒学的重要论题。在历史上，对"仁者，人也"有过不同的理解和诠释，反映了不同时代的人们对"仁"的本质的不同理解。今天，面对人们对全人类共同价值的思考，我们可以对"仁者，人也"作出当今时代的诠释，即"仁"集中体现了全人类的共同价值。

　　习近平主席在出席第七十届联合国大会一般性辩论时指出："'大道之行也，天下为公。'和平、发展、公平、正义、民主、自由，是全人类的共同价值，也是联合国的崇高目标。目标远未完成，我们仍须努力。"努力完成这些目标，需要从中华文明中挖掘有益资源。

　　"全人类的共同价值"意味着这些价值不仅适用于一个国家或一部分国家，而且适用于整个人类命运共同体。全人类的共同价值不仅是不同意识形态、不同制度形态的国家共同追求的价值，而且也是各个国家、各种文明处理好相互关系的价值准绳。

基本价值的世界化是一个老问题。民主与自由是 20 世纪西方国家特别重视的价值，但这些价值只被其运用于国内，而没有运用于国际，甚至在其国内也没有真正得到贯彻，所以并不是所谓"普世"的。在处理国际关系和世界事务时，西方国家真正崇尚的是强权主义、霸权主义和单边主义。习近平主席强调"和平、发展、公平、正义、民主、自由，是全人类的共同价值"，反映了国际社会对建立新型国际关系的诉求，蕴含着推动全球治理体系变革的重大意义。

这使我们想起了 20 世纪 90 年代中期的"世界伦理"运动。"己所不欲，勿施于人"是公认的世界伦理金律，这一思想在 18 世纪末曾被写入法国的《人权宣言》，法国启蒙思想家伏尔泰认为它是"最纯粹的道德准则"，应该成为"所有人的座右铭"。这一思想还被国际社会誉为处理国家之间关系的"黄金法则"，镌刻在联合国总部大楼大厅的墙上。可以说，它是中华文明的基本价值理念，同时也具有全人类共同价值的意义。

习近平主席提出的"全人类的共同价值"具有深厚的伦理基础。总体而言，"己所不欲，勿施于人"是和平、发展、公平、正义、民主、自由六大理念的伦理基础；"己所不欲，勿施于人"是认识和处理国家、民族和人民之间道德关系的智慧。它要求我们不能把自己不愿意接受的事情强加给别人，也不能把自己喜欢、信仰和追求的东西强加给别人，而要设身处地多从对方角度考虑问题，多为对方着想。在当今全球治理中，应大力倡导"己所不欲，勿施于人"，努力促进世界各国及其人民平等互助、合作共进，为形成公正合理的国际政治经济秩序贡献智慧和力量。

"己所不欲，勿施于人"是"公平"的基础；"己欲立而立人，己欲达而达人"是"发展"的基础；"和而不同"倡导宽容、多元的对话，是"民主"的基础；"以德服人""协和万邦"是"和平"的基础；"天下为公"要求不以谋取私利为处世原则，是"正义"的基础。这五个方面不仅指向和平、发展、公平、正义、民主并成为这些价值背后的深层理念，其本身也是人类社会生活应该具有的基础性道德价值，由此彰显了中华文明价值理念的普遍意义。

事实上，这五个方面都包含在儒家"仁"的原理中，可以看作儒家思想中的"仁道"对全人类共同价值的贡献。孟子说："仁也者，人也。"《礼记》作"仁者，人也"，与孟子一致。"仁者，人也"是儒学的重要论题。在历史上，对"仁者，人也"有过不同的理解和诠释，反映了不同时代的人们对"仁"的本质的不同理解。今天，面对人们对全人类共同价值的思考，我们可以对"仁者，人也"作出当今时代的诠释，即"仁"集中体现了全人类的共同价值。

# 中华优秀传统文化中的国家治理思想

从西周时期开始有一种思想，说神依人而行，是依靠人存在的。

在中国古代的主流治国理政理念中，孔子的"以德为本"思想有很大影响。

孟子所表达的政治理念是"君为轻"，即不管是君王也好，还是他的王朝也好，都比不上人民重要。

中国人都趋向于合，而不倾向于分。

中华文化中有关治国理政的主流价值理念，是从政府到基层群众都关心的话题，它是政府行为、政策导向的根据。那么，如何把握中华传统文化中主流的治国理政理念呢？

第一是以人为本。"以人为本"这四个字见于《管子》。中国讲的以人为本有鲜明的特色，这个特色就是从西周以来，中国文化就朝着一个新的方向发展。全世界的古代文明都是以神为本，在中国早期历史中，在商以前也是以神为本，但从西周开始，从周公封于鲁开始，他的思想就从以神为本开始转向以人为本。从西周时期开始有一种思想，说神依人而行，是依靠人存在的。为什么有这样的思想呢？当时有这样的观点：依靠人的祭祀，神才存在；没有人的祭祀，神就没法存在。这就是说人事是神事的根本。这种思想在西周得以发展，形成了西周文化的人文主义的思想和特色。这就是中国人以人为本思想的最早起源。

春秋后期和战国时代，绝大多数诸子百家的学说都是以人为本的。只不过在强调以人为本的同时，又有不同的发展方向，对人事的发展、协调、整理有不同的理念，但坚持人事优先，这是共同的想法。比如春秋时期，有的思想家就提出"天道远，人道迩"，"迩"就是"近"的意思。孔子其实也讲了类似的话，"敬鬼神而远之"，就是我们要把注意力放在人事上。为什么要敬鬼神？我想从孔子的角度来谈，就是他承认神灵的存在，但神灵对人的作用有多大，这并不重要。重要的是要通过敬神，保留人的一种敬畏感。在一个古老信仰的传承中，虽然我们今天强调人事，但依然要保留一份对更高存在的崇敬和神圣感。为什么中国古人在政治管理方面积累了很多智慧？就是因为中国人很早就把主要的精力投放在人事的管理上。

第二是以德为本。这与今天我们提倡的以德治国的思想类似。如果说以人为本是在与以神为本的比较中形成的，那么价值观、价值理念一般都通过理想、通过对不同事物的取舍和比较建立起来，一个人的价值偏好、如何作出选择，就是一个人的价值观。

以德为本的对立面就是以刑治国，强调政令、刑罚的作用，忽视道德的作用，这是孔子所反对的。孔子的思想是"道之以政，齐之以刑，民免而无耻。道之以德，齐之以礼，有耻且格"。在中国古代的主流治国理政理念中，孔子的"以德为本"思想有很大影响。当然法家重视法律、刑罚的思想也曾在秦代全面地实现过，但是很快经过汉代的反思，这一套政策应该说在中国的政治文化中就被判了死刑。

第三是以民为本，也叫民本思想。《尚书》中已有"民惟邦本"的思想，邦就是国。《尚书》里有不少这样的思想。孟子则提出"民为贵，社稷次之，君为轻"，这也是在比较中看出他的价值选择。虽然在孟子以前也有"民惟邦本"的思想，但君王还是占绝对主导地位的，而孟子所表达的政治理念是"君为轻"，即不管是君王也好，还是他的王朝也好，都比不上人民重要。这样一种以民为本的思想，反映了中国古代主流的治国理政理念。

第四是以合为本。以合为本的"合"，就是强调统一性，在国家的层面就是统一而不能分裂，它的最高表现就是天人合一，人与自然和谐统一。今天我们强调的价值观，讲中国人的理念，必须也有一个更高的层面。党的十八大报告中特别强调生态文明建设，这非常重要。我们在讲发展时，一定要考虑生态文明的建设、维护和涵养。这一点与我们古老的思想资源结合起来，就是讲天人合一，中国人都趋向于合，而不倾向于分。人与自然的统一，是天人合一；多民族融合统一，也是一样。这种追求人与自然和谐的思想，对纠正无限制地征服自然、不顾及环境与生态平衡的观念，对促进经济社会全面协调可持续发展，具有重要的现实意义。从中国的政治、从治国理政再提高一层，我们叫天人之学、天人之际，这涉及哲学的宇宙观就是注重合、不注重分。

# 现代中国情境中的传统价值观

　　我们应突破现在这种论述，创造一种"新的民主论述"，这样理解民主更能凸显民主不是完全抽象的，它里面有不同的具体形态。不同的文化就会创造出不同的民主，而不是说美国是唯一的民主。不能说如果不是美国式的民主，就不是民主。

　　什么是中国传统文化？什么是儒家文化？我们在20世纪70年代和80年代从韦伯对文化的理解进入主题作过一些讨论。我的印象中韦伯对文化的理解有三个层次，以基督教为例，第一个层次就是理论教义的层次；第三个层次就是世俗行为与心态的层次；中间的一个即第二个层次是作为实际伦理的心理约束力的层次。理论教义不一定就能真正成为有实际心理约束力的东西，这中间有一个曲折的过程。因此文化至少有三个层次：理论教义、实际心理约束力和一般的世俗行为。儒家文化也是这样，第一层次就是在经典文本里所看到的所谓精英儒家伦理，但经典文本不一定能进入到日常生活之中，就韦伯的论述来讲，他是注重第二个层次的，当然韦伯关注的不是政治行为，而是经济行为。韦伯的重点不是精英伦理，也不是大众行为态度，而是第二个层次，即彼得·伯格所说的世俗儒家伦理。关于什么是中国传统文化？什么是中国儒家文化？我想要在理论上把这几个层次作合理的分析。假如说这种层次的分析可以接受的话，这三者的关系是什么是值得研究的。如果要对每个层次的文化、历史发展有了解，你就要知道它是怎么来的。一般认为，精英儒家伦理通过曲折的变化，最后才能到第二、第三个层次。假如说你要影响、改变第三层次，就要了解历史上这个层次的文化是怎样形成的。关于什么是儒家文化？是不是可以从这方面来讨论这个问题。无论今天是不是把眼光关注在第二、第三个层次，都要了解第二、第三个层次和第一个层次之间的关系。

传统的东西还在，但是对今天的影响，有的没有变，有的就变了。往往有这样的情形，传统文化没变，可是它对我们的心理和行为的影响在变，比如说家庭的关系，子女对父母的态度。传统文化是要讲孝的，中国大部分的家庭现在还是赞成孝的观念。可是夫妻的关系，虽然传统文化有规定，但是在现代社会发生了很大的变化，文化观念不一样了。在新的社会、新的条件、新的制度以及新的价值观念下，家庭的组合模式就不一样。

因为时代变了、制度变了，所以出现了过去没有遇到的情况。传统里没有碰到的情况，现在出现了这种行为，这些行为和传统到底是什么关系？这些也需要研究。因此，我们如果谈政治文化、政治态度，不必只是谈个人和政府的关系。好像有个潜台词，台湾某些人错误地认为，大陆不是民主社会，所以要研究个人对政府怎么看。其实这些东西也可以放在更宽广的视度中去理解，比如说从台湾的政治情况来看，社会在政治态度上两极化，以至于社会到了分裂的边缘，社会根本无法去整合和达成共识。这种政治行为上的两极化，而且是很极端的两极化，在传统里没有告诉我们应该是这样的，可是在现代生活中出现了。这也可以看作是一个新的现象，也许有人说，因为这是新的民主制度带出的新问题，或者因为台湾地区有所谓的"台独"问题才出现这种现象。这就是社会科学要研究的问题。

我的假设是说，如果没有"台独"的因素，中国人是否也会出现这种两极化的政治参与方式？我想这个问题台湾地区的学者大概是不能回答的。可是大陆学者应该看到，在"文革"的时候就碰到类似的情况；即"文革"的两派，根本就没有是非，只看你是不是我这派的人，如果是我这派的人你做的再错也是好的。那还是在毛主席时代，两派都表示忠于毛主席，尚且如此对立。那么，两极化的政治参与方式跟传统是什么关系？这些问题怎么样跟中国传统文化放在一起研究，这些问题的答案我们往往还不知道，因此还是要有新的研究方式。

我觉得从哲学的角度来讲，社会学也好，心理学也好，通过这么多年的调查，得出了一些结论。对这些结论，有的时候我们也有一些困惑。第一种情况，社会学做了很多的调查，得出的结论跟我们常识里得出的完全一样，我们感觉没有什么新意，这是我们很怕的。

第二种情况，调查出来得出的结论和我们的认识不一致，我们直觉就会产生怀疑：这对吗？！你的问卷有没有问题？！假如说有些海外的人，如澳大利亚学者设计个题目，发了很多问卷，最后得出的结论却和我们在生活中了解的情况不一致，我们更容易产生怀疑。即使是国内知识分子圈内的人做的东西，因文化立场不同、问卷设计上的不同，我们也可能根据自己的生活经验对此调查得出的文化结论产生怀疑。

所以我觉得有兴趣的，也是最关心的是第三种情况，社会调查的东西，能够给我们生活在同一种文化里的人带来一些新的惊喜。就是说我不会怀疑你，但是我没有想到会是这样。我们今天的讨论，我希望是这样的。你设计的是什么问卷，你设计这个问卷的时候，你的观点是什么，结果是什么，让我们看看，是不是足以证明它是儒家文化的因素，或者是儒家文化的人格，或者是儒家文化的影响，这样就比较有交集。

这三种情况下怎样解释孝。比如说我的解释，孝作为价值没有变，只是说有违反价值的情况，社会对此有什么样的制裁或者态度，这个方式变了。比如说古代的话，宗族社会很强，可能沉塘，这是价值的外在表现方法。比如说族长都没有了，都是人民公社了，白你两眼就行了。现在大家都在外面打工，谁也顾不上谁了，这是表示价值改变了吗？价值其实没变，只是说对这个现象怎么样制裁，或者是如何表达情感的方式变了。从我的角度来说，我认为价值没变，什么是对的，什么是不对的，它的评价还是一样的。

从解决问题的可能性来讲，低一级行政部门解决不了的，高一层级的部门才能解决。一个人如果逐一找上去的话，从操作的角度来讲，需要找到高的层级部门解决。实际上这个价值是双向的，比如说，政府应该是人民的父母，这是一种想法；同时，政府也认为自己应当是父母的角色。一个人认为人民和政府在这一点上有共识，所以他才会去找政府。从历史的角度来讲，所谓"民之父母"，这在《尚书》《诗经》里面都有。在中国历史上，这就是许多皇帝对自己的定位——要做百姓的父母。提出这个观念，不是说老百姓要政府做"民之父母"，而是对政府管理者自己的约束，就是说要像对自己的儿子、女儿一样，要像对赤子一样，承担管理者的职责，这是政府对自己的约束，政府自己的责任感。当然在漫长的历史过程中，也出现了"父母官"的观念，老百姓对官员也有这样的期待。所以说现代社会里，不仅是老百姓认为政府是父母，而且政府也应该这样约束自己。

程序民主、民主选举和政府责任是两种认知。在价值上，政府是不可以中立的，因为中国和西方国家不一样的地方是，中国历史上没有宗教信仰的冲突，社会要求政府在基本的价值方面要有态度，要求政府积极承担自己的责任。

此外，当我们研究问题的时候，不是要以现成的西方对于民主的论述为标准，我觉得要创造一种新的对民主的理解和民主形式，如一方面赞成程序上的民主选举；另一方面坚持政府对价值问题要积极承担责任。我们应突破西方对民主的论述，就是要创造一种"新的民主论述"，这样理解民主更能凸显民主不是完全抽象的，它里面有不同的具体形态。不同的文化就会创造出不同的民主，而不是说美国式的民主是唯一的民主。不能说如果不是美国式的民主，就不是民主。比如说中国的情况，为什么会有人认为美国式的民主才是民主，有这样的理解，至少有一个原因，对民主的定义、民主的理解等等，社会上很少有大量正面的宣传，只是在局部的地方讲这些东西。因此，现在中国人的理解不是永远不变，假如正面宣传了，认知就会不一样了，理解也会不同。

桑德尔教授在哈佛公开课中提出这样一个问题：假设你是个站在桥上的旁观者，你正观察着铁轨上的状况，轨道上来了一列火车，轨道的尽头有五个工人。这列火车刹车突然失灵，而火车正要撞死那五个工人。由于你不是驾驶员，你觉得非常无助。你注意到旁边有个人，在桥边站着一个非常胖的人，你可以推他一把，他会掉落到轨道上，正好挡住那列火车。他会死，但他的牺牲可以救那五个人。有多少人愿意把那个胖子推下桥？我觉得这是西方哲学家和社会科学家喜欢编的故事。我就在想中国人会怎么看这个故事，怎么样编这个故事。中国人编的故事，可能会问这个大胖子会不会自己上去挡这个车，而不是另外的人去推他，大胖子看到这样的情况，他自己知道他上去可能会挡住车，要不要上？这是中国人会提的问题。中国人可能是这样处理这个问题的，那个站在桥上的旁观者看到这样的情况，他跟扳道工大喊："你扳过来，来轧死我！"并像王成一样说："向我开炮！"

　　西方人喜欢讨论这些制造出来的极端故事，但这并不能帮助大多数人做有道德的人。这只是一些极端的情况，对教化其实没有任何的帮助，这是第一条。第二条就是要反思所谓的西方心理学的"真理"和"典范"，要知道哪些不是真理，或者只是相对的真理。现在的西方社会，强调青春期的反抗是普遍的，似乎这是公认的真理，可是我自己以及跟我同一个时代的人就没有经历过青春期的反抗。因此，西方心理学中"典范""真理"，其实是跟西方的文化有密切联系的。

# 充分认识中华独特价值观

中华价值观十分注重责任担当。

个人权利优先的主张过分强调保障个人的自由，而忽略承担个人对社会公益的责任，不能正视社会公益与个人利益的冲突，因而对于现代社会健康运行来说弊大于利。

在当代社会，我们应坚持中华文化和中华价值观以社群和责任为中心的立场，在赞同自由、人权的同时，毫不含糊地申明不赞成个人优先的立场。

这种追求人与自然和谐的思想，对纠正无限制地征服自然、不顾及环境与生态平衡的观念，促进社会全面、协调、可持续发展，具有重要的现实意义。

如何把握我国传统价值观特别是社会层面的价值观的特色，是价值观研究的重要课题。价值观的特色一般是通过对不同理念和事物进行比较、选择、取舍而显示出来的。因此，我们讨论中华价值观的特色，就不能局限于中华文化本身，而要将西方文化特别是西方近现代价值观作为比较对象。中华价值观与西方近现代价值观相比，主要表现出四大特色。

## 责任先于自由

中华价值观强调个人对他人、社群甚至自然界负有的责任，体现出强烈的责任意识。

儒家的德行论比较发达，在春秋战国时代已形成完整的体系。其中的忠、信、仁、义、孝、惠、让、敬等德行，在基本取向上，都强调个人承担对他人、对社会的责任，如孝突出子女对父母的责任；忠突出尽心为人的责任；信突出对朋友的责任等等。在儒家看来，个人与他人、与群体存在连续的关系，必须积极承担自己对对方的责任，这是一种美德。

中华价值观注重个人关系的立场与个人本位的立场不同，它主张个人与他方构成关系时不能以自我为中心，而应以自我为出发点，以对方为重，个人利益要服从责任的要求。人常常为承担责任而忘我，责任往往成为个人社会实践的重要动力。这样的立场就是责任本位的立场。同时，由于个人处于社会关系网中，与多种对象结成各种关系，因此个人的责任是多重的，而不是单一的；一个人有多少角色，就相应地要承担多少责任。

中华价值观十分注重责任担当。孟子讲，"君子自任以天下为重"，就是以天下大事为自己的责任。从先秦的士君子到汉代的士大夫，都突出责任意识，强调个人对家国天下的责任，而不是突出个人自由。在汉代到宋代的士大夫中，责任意识的代表就是范仲淹提倡的"先天下之忧而忧,后天下之乐而乐"。此后，明代士人提出"家事国事天下事事事关心"，明清之际顾炎武提出"天下兴亡，匹夫有责"，清代林则徐提出"苟利国家生死以，岂因祸福避趋之"，都为人们所熟知，带来深远的社会影响。

在西方近现代主流文化中，人权是个人对国家和政府提出的道德、政治要求，更多涉及政府的责任和义务，却无法界定个人对家庭、他人、社会负有的责任和义务。这种权利观念是西方近现代自由主义哲学的核心，是西方近代市民社会和政治发展的产物。但它把焦点集中在个人对社会的要求，而忽视个人对社会的责任；集中在个人对自己权利的保护，而忽视个人也有尊重他人权利的责任。

## 义务先于权利

西方近现代价值观非常强调个人权利的优先性，而中华价值观特别是儒家价值观更强调义务的优先性。

现代新儒家的代表人物之一梁漱溟认为，中国文化在人和人的关系中强调义务为先，互相承担义务是中国伦理的一个根本特色。他认为西方近代以来个人主义盛行，形成一种个人本位的社会，不胜其弊，而中国则以伦理为本位。他说："人生必有其相关系之人，此即天伦；人生将始终在人与人相关系中，此即伦理。亲切相关之情，发乎天伦骨肉；乃至一切相关之人莫不自然有其情，情谊所在，义务生焉。父义当慈，子义当孝，兄之义友，弟之义恭，夫妇朋友至一切相关之人莫不自然互有应尽之义。伦理关系即表示一种义务，一个人似不为其自己而存在，而以对方为重。近世之西洋人反是，处处形见其自己本位主义，一切从权利观念出发。"

梁漱溟认为，中国人的伦理特别强调义务感。这种义务感是开放的，从家庭可以放大到宗族、社区，再到郡县、国家、天下、宇宙。以义务为基本取向的德行不强调张扬个人权利，而主张努力承担对他人的义务，履行自己肩负的责任。这种义务取向特别表现为如何对待自己与他人的关系。在他看来，西方是个人本位，强调以自己为主；中国则是义务为主，强调尊重对方，"从个人本位出发则权利的观念多，从尊重对方的意思出发则义务的观念多"。

在现代社会，个人生存发展权利为宪法和法律所确认，当然也为社会价值观念所承认。但这并不意味着个人权利是最重要的价值，或社会价值观仅仅为个人权利提供支持。在价值和伦理问题上，权利话语和权利思维是有局限性的，以个人权利为中心的价值观甚至是当今众多问题产生的根源之一。权利话语往往联系着个人主义。个人主义的权利优先态度，其基本立场是把个人权利放在第一位，认为个人权利优先于集体目标和社会共善。在这样的立场上，个人的义务、责任、美德都很难建立起来。个人权利优先的主张过分强调保障个人的自由，而忽略承担个人对社会公益的责任，不能正视社会公益与个人利益的冲突，因而对于现代社会健康运行来说弊大于利。

## 群体高于个人

春秋时期，我国思想家已明确提出以人为本的观点。西方在文艺复兴之后也倡导以人为本，但西方近代的人本主义更多强调以个人为本；中华文化和中华价值观不主张以个人为本，而是强调以群体为本，强调群体在价值上高于个人。

在中华文化和中华价值观看来，个体不能离群索居，一定要在群体之中生存生活，其道德修为也要在社群生活中增进。超出个体的最基本社群单位是家庭，扩大而为家族、社区以及各级行政范畴，如乡、县、府、省，直至国家。中华文化和中华价值观特别重视家庭价值，而家庭是个体向社会发展的第一个社群层级。中华文化和中华价值观强调个人价值不能高于社群价值，强调个人与群体的交融、个人对群体的义务，强调社群整体利益的重要性。我国古代思想家没有抽象地讨论社群，而是用"家""国""社稷""天下"等概念具体表达社群的意义和价值；"能群""保家""报国"等众多提法都明确体现社群安宁、和谐、繁荣的重要性，凸显个人对社群和社会的义务，强调社群和社会对个人的优先性和重要性。在表现形式上，对社群和社会优先的强调还通过"公—私"的对立而得以体现：个人是私，家庭是公；家庭是私，国家是公；社群的公、国家社稷的公是更大的公，最大的公是天下的公道、公平、公益，故说"天下为公"。

总之，中华文化和中华价值观是在一个向社群开放的、连续的同心圆结构中展现的，即个人—家庭—国家—世界，从内向外不断拓展，从而包含多个向度，确认个体对不同层级的社群所负有的责任和义务。《论语》讲"四海之内皆兄弟"，《礼记》提到"以天下为一家"。如果说家庭关系是中国人的基本关系，则我国古人早就把家的概念、家的关系扩大、扩充了。

现代西方自由主义道德的中心原则是个人权利优先，主张人人有权根据自己的价值观从事活动，认为以一种共同的善的观念要求所有公民是违背基本的个人自由的。而中华文化和中华价值观强调社会共同的善、社会责任、有助于公益的美德。社群与个人、责任与权利是不同的伦理学概念，反映不同的伦理学立场，适用于不同的价值领域。在当代社会，我们应坚持中华文化和中华价值观以社群和责任为中心的立场，在赞同自由、人权的同时，毫不含糊地申明不赞成个人优先的立场。

## 和谐高于冲突

与西方文化和西方价值观相比，中华文化和中华价值观更强调社会和谐、以和为贵，追求和而不同。

春秋时期的史伯提出"和实生物，同则不继"，形成了中华文化"和而不同"的思想。"和"所具有的和谐的意义，在我国文明发展早期就有了。《尚书·舜典》记载，帝舜命其乐官通过诗歌音乐，达到"八音克谐，无相夺伦，神人以和"。这说明我国古人已了解音乐促进和谐的作用，体现了早期智者对宇宙和谐的向往。我国古人反复以声乐之和比喻世界各种事物之间的和谐，从而成为一种普遍追求。如《左传》中说："八年之中，九合诸侯，如乐之和，无所不谐。"可见，我国古人将音乐的和谐作为处理人与人、人与社会、族群与族群、人与天地等关系的模型，对"和"的追求塑造了中华文明的思维方式、价值取向。

这一思想对儒家也产生了重要影响。儒家经典《礼记·乐记》说："乐者，天地之和也；礼者，天地之序也。和，故百物皆化；序，故群物皆别。"这表明，人类的和谐在根本上来源于天地的和谐，即自然的和谐。和谐是一切事物的生成原理，没有和谐就没有万物化生，和谐的实现有着深刻的宇宙论根源。宋代哲学家张载曾说："有象斯有对，对必反其为；有反斯有仇，仇必和而解"。张载强调从对立到和谐不仅是天地的法则，也是社会、人生中具有普遍意义的原理。

把追求永久和谐作为对待外部世界的态度，在中华文化和中华价值观中同样源远流长。《尚书·尧典》提出："克明俊德，以亲九族。九族既睦，平章百姓。百姓昭明，协和万邦。"以后，"协和万邦"便成为中华世界观的典范。类似的说法还有《周礼·天官冢宰》中的"以和邦国，以统百官，以谐万民"。孔子把"和"作为同外部世界交往的原则，提出"'柔远能迩，以定我王'，平之以和也"。构建一个和平共处的世界，是中华文明几千年来持续不断的理想。

人与自然的和谐统一，汉代以后被表达为"天人合一"，成为中华文化的价值理想。所谓"天人合一"，就是注重人与自然的和谐、合一，注重人道（人类社会法则）和天道（宇宙普遍规律）的一致，不主张把天和人割裂开来。天人合一思想不强调征服自然、改造自然，不主张天、人对立，而主张天、人协调。根据这种思想，人不能违背自然，而应顺从自然规律，使自己的行为与自然相协调。我国古代的天人合一思想，一方面注重人是自然的一部分，注重人在自己身上体现自然的本性，致力于人与自然统一并与自然融为一体；另一方面主张人主动配合天地的生生变化，在与自然相协调的同时协助并促进宇宙的和谐与发展。这种追求人与自然和谐的思想，对纠正无限制地征服自然、不顾及环境与生态平衡的观念，促进社会全面、协调、可持续发展，具有重要的现实意义。

在西方文化和西方价值观中有一种冲突意识，总想用自己的力量，以自我为中心，征服非我、宰制他者、占有别人。因此，西方历史上的宗教战争非常残酷，中国则没有出现过那样的宗教战争。可以说，20世纪两次世界大战，其文化根源都不在东方。总体来讲，同西方文化和西方价值观相比，中华文化和中华价值观强调和谐高于冲突。

# 中华优秀传统文化是我们的宝库

"文化自信"主要是对中国文化，特别是对优秀传统文化的自信。近年来，中国取得了有目共睹的成绩，极大地振奋了民族精神。民族精神的高扬激发了民众自发学习传统文化的热情，这种热情已经表达了我们的文化自信。这也是习总书记提出"文化自信"的群众基础。

## 民众自发学习传统文化的热情表达了我们的文化自信

我不是专门研究党建和中国特色社会主义理论的，我只能谈谈个人的理解。2014 年 2 月 24 日在中央政治局第十三次集体学习时，习近平总书记提出要"增强文化自信和价值观自信"。2014 年 3 月 7 日在参加十二届人大二次会议贵州代表团审议时，习近平指出："我们要坚持道路自信、理论自信、制度自信，最根本的还有一个文化自信。"这是习总书记第一次把"文化自信"

与"三个自信"并提，并且认为文化自信"最根本"，这就把对文化自信的重视提升到一个空前的高度。2016年6月28日，在中央政治局第三十三次集体学习时，习近平总书记要求全党坚定中国特色社会主义道路自信、理论自信、制度自信、文化自信。紧接着，在庆祝中国共产党成立九十五周年大会的讲话中，他又深入论述了"四个自信"的内涵及其内在关系。

"文化自信"主要是对中国文化，特别是对优秀传统文化的自信。近年来，中国取得了有目共睹的成绩，极大地振奋了民族精神。民族精神的高扬激发了民众自发学习传统文化的热情，这种热情已经表达了我们的文化自信。这也是习总书记提出"文化自信"的群众基础。

2013年，习总书记就讲过，中华优秀传统文化是我们最深厚的文化软实力。这其中就包含了文化自信。"文化自信"比其他"三个自信"起到更基础、更广泛的作用。习总书记一贯重视优秀传统文化对中华民族发展具有的重要作用，"四个自信"的提出就是有力的注脚。

在"文化自信"里面，最核心、最重要的一点就是价值观的自信。习总书记在中央政治局第十三次集体学习时强调："博大精深的中华优秀传统文化是我们在世界文化激荡中站稳脚跟的根基。"这也恰恰体现了我们对价值观的自信，而要让价值观常葆活力与生机，又离不开文化的滋养。党的十八大提出二十四字社会主义核心价值观。十八大之后，习总书记在讲话中强调，一定要把社会主义核心价值观跟中华优秀传统文化连在一起，"培育和弘扬社会主义核心价值观必须立足中华优秀传统文化。牢固的核心价值观，都有其固有的根本。抛弃传统、丢掉根本，就等于割断了自己的精神命脉"。文化就是一个国家、民族的根本和精神命脉。

我们对"四个自信"的理解不能就当下论当下，而应该放在中华民族诞生、发展，经历挫折、复兴这样一个视野里面，放在中华文化不断发展前进的视野里面，才能真正全面理解和把握"四个自信"。

## 讲好中国故事，要讲求传播的精准性

我不是具体做这种工作的，只能谈一些粗浅的看法。在提高文化软实力、传播好中国声音方面，我觉得要做好两方面的工作：一方面，就是要把五千年中华文化的精粹更好地展示给世界，体现出我们的文明既具有悠久的历史，今天又焕发出新的生机；另一个方面，我们要把改革开放以来取得的成绩对外讲足。我到台湾地区讲学，当地人很热情，请我吃饭，还问：这个你吃过没有，那个你吃过没有？还以为我是乡巴佬，什么都没吃过。说实话，北京、上海比台湾任何地方的国际化程度都高得多，但是一般民众不了解。这还是我们一衣带水、一脉宗亲的宝岛台湾，至于异域他邦也就可想而知了。外国人还是不太了解今天的中国，因为他们的主流媒体都不做这方面的宣传工作。外国人不了解我们的情况，怎么跟我们打交道？所以要想使外国人真正了解当代中国发生的深刻变化，做好社会文化层面的传播工作非常重要。

讲好中国故事、传播好中国声音，要讲求传播的精准性，既要有针对外国政要的重点宣传品，也要有普通百姓喜闻乐见的文化产品，让他们全方位了解中国的社会风貌。

应该说在讲好中国故事的同时，我们自身也有需要改进的问题，我们在某些方面并非都做得尽善尽美。比如，目前中国已经成为世界旅游大国了，据有关报道，2016 年中国出境旅游人数已经达到 1.22 亿人次，但个别中国游客的素质亟待提高，有人在海外出了洋相，让人汗颜。如何提升公民的文明素质，国家还需要下功夫。我们不能只看到自己光鲜亮丽的一面，而对自己的缺点和不足熟视无睹、不加以改善。外国人在实际生活中接触到中国人，如果与在媒体上看到的描述不一致，他们就会觉得中国人"名不副实"，那我们的宣传还有说服力吗？

我们要承认跟外部世界的差距，并相信是能赶上的，我们应该让自己做得更好。中国古代号称"礼义之邦"，现在我们要让新的礼仪观念深入人心，同时要建设新的礼仪文明，使之成为现代文明的一部分。

## 中国传统文化更能够切近我们的问题

用中国优秀传统文化改善社会道德风气，应该从以下几方面着手：首先还是要政府提倡。最近这十几年间，"国学热"开始在神州大地流行起来，我觉得政府应该通过一定的形式对这种现象加以肯定。随着我们经济的发展，社会大众的民族自信心增强，对于民族文化更加关注。不只局限于文化界，各行各业的人们都把中华传统文化作为满足自己精神需求的一个宝库，由此形成了"国学热"。推动"国学热"的具体做法可能有这样那样的问题，但总体来讲，扩大传统文化影响力的热情应该得到肯定。

老百姓对传统文化有兴趣，就包含了这样一种认识，今天社会伦理道德的重建，根本上需要依靠中华优秀传统文化的资源。其他途径是行不通的，引进外来文化解决不了这个问题。今天要想"药到病除"，必须要继承、弘扬优秀传统文化。所以习近平总书记系列重要讲话里面一个主要的线索就是强调传承、弘扬中华优秀传统文化。

2017年1月25日，中共中央办公厅、国务院办公厅印发了《关于实施中华优秀传统文化传承发展工程的意见》，并要求各地区、各部门结合实际认真贯彻落实。这个意见出台后，能做的事情就很多了，主要就是三条：第一，要把中华优秀传统文化引入国民教育体系；第二，强调用中华优秀传统文化滋养文艺创作；第三，要把中华优秀传统文化融入新的社会生活。这些方面应该说还有很多具体工作可以做的。这个意见将来一定会起很大的作用，解决的当然不仅仅是道德的问题。但有了政府的提倡，大家就能名正言顺地积极利用传统文化的资源。在这方面我们的资源是丰厚的，要把传统的文化资源跟今天的社会要求结合起来，进行创造性转化，既能解决新问题，也能解决老问题。这个时代我们所面临的问题并不全是新问题，有些是历史上一直存在的，比如人与人的关系、人与所服务的团体的关系、公务人员与公务的关系等如何妥善处理，我们有很多好的历史经验，应该积极去发掘和利用。比起外国的文化，中国传统文化更能够切近我们的问题，更容易深入人心，没有其他的东西能够替代。

## 广泛吸收世界文明的优秀遗产

西方的现代化之路比我们早走了两百多年，面对新的社会形态，他们都已经有了一些理论和思考，这些是值得介绍的。比如说美国哲学家罗尔斯的《正义论》，探讨的是解决正义和公平的问题，这既是制度问题，也是政策问题。温家宝同志也曾引用过罗尔斯的话。西方有很多思想是可以吸收、借鉴的，但西方思想界的观点也是五花八门的。罗尔斯比较强调公平，他不是新自由主义的那一派。西方还有信奉比较极端的自由主义的一派，这一派奉行的政策与罗尔斯完全不一样。所以引入西方的文化资源的前提是要有分析和选择。

今天我们传承发展中国优秀传统文化，是中华民族主体性的体现，但跟吸收外来文化绝不是冲突、对立的。在政治、经济、军事、体育各个方面，有待我们吸收的东西还很多。在坚持我们的价值观、主体性的基础上，广泛吸收世界文化的营养，才能进步得更快。传统文化有它自己适用的范围,比如说道德的问题、信仰的问题等,其他文化是解决不了这些问题的。在"端风俗,正人心"方面,中国传统文化是无法替代的。但这不等于中华传统文化"包治百病",我们还是要广泛吸收世界文明的优秀遗产。

## 学习传统文化有利于反腐倡廉

在历史上,儒家经典著作曾被尊称为"经书",在文化体系中处于核心地位,是科举考试必考的科目,类似于我们今天的政治考试。当然,科举考试也要考历史、诗赋,还有对现实的一些评论,有点像今天公务员考试中的"申论"。科举考试是当时文官制度体系下最重要的考试,绝大多数人只有通过科举考试才能走上仕途,所以不管是贪官还是清官都要学习儒家经典。学习儒家经典可能会对一个人价值观的形成产生影响,但当这个人拥有一定权力后,能不能抵御腐化,那就看他内心的修为如何。如果只是把儒家经典作为敲门砖,考试通过后就起不到什么作用。要真正做到正心、诚意、修身,人们才能抵抗得住权力的腐蚀。

不论是做人,还是做官,都要不断提高自身修养。我相信"德治"的作用。举个例子:民国初年,很多人深感当时的道德状况不如晚清,晚清社会还讲究一个"耻"字,强调"行己有耻"。当时人们还认为晚清的贪官是少的,民国初年的贪官反而更多。

晚清那些重臣，包括曾国藩、张之洞等对自己要求都是很严格的，能做到这点，可以说是靠儒家思想的滋养。所以，通过对传统文化的学习，是否有利于今天的反腐倡廉？答案是肯定的。但这并不意味着现在学马上就管用，"德治"的作用要在长期的价值观的熏陶中才能体现出来。

# 世界文化视野下的中华经典

　　传承历史文本在每一时代都面临新的问题、新的理解，而需要不断更新其意义。当代的文化继承，不能停留在文本的训诂层次，而是要使文本积极地向新时代开放，把文本的思想和我们自己的思想融合在一起，让过去与现在的世界交相辉映。

　　由汉字书写的典籍是中华学术的呈现形式。我国的典籍起源甚早，保留在战国典籍中的《夏小正》，相传就是夏代的历书，也是中国现存最古老的历法文献，在当时已经达到很精密的水平。《尚书》中说"惟殷先人，有册有典"，文字写在竹简上编连为册，殷商时已经有典册了。早期的典册以记录原始资料为主，到西周和春秋时期，典册的发展已经蔚为大观。据《楚语》记载，春秋中期楚国用来教授太子的书籍就有《春秋》《世》《诗》《礼》《乐》《令》《语》《故志》《训典》等。其中的《春秋》就是一种史书，孟子说："晋之《乘》，楚之《梼杌》，鲁之《春秋》，一也，其事则齐桓晋文，其文则史。"可见各国还有不同名称的史书。墨子书中提到周之《春秋》、燕之《春秋》、宋之《春秋》、齐之《春秋》，甚至说"吾见百国《春秋》"，可见各国皆有史书，编年的史书皆称《春秋》。据《左传》，春秋时有《三坟》《五典》《八索》等文献，战国时代各国还有《史记》，此外还有《世本》《竹书纪年》等史书。这在世界文化史上是少有的。

从西周至春秋，在所有的典册文献中，不论在当时或是后世，最重要的是《诗》《书》《易》《礼》《乐》《春秋》。如《诗》《书》《易》在春秋时代已经在政治、外交、社会生活中被人们反复称引，成为无可置疑的权威性经典。这六部典籍，在春秋末期经孔子的整理删定，战国时已被称为"六经"。《庄子·天运》篇："孔子谓老聃曰：'丘治《诗》《书》《礼》《乐》《易》《春秋》六经，自以为久矣……'"

《诗》后称《诗经》，是我国最早的诗歌总集，其中分风、雅、颂三大类。雅是贵族宴会的乐歌，颂是贵族祭祀的乐歌，风则多是各地民间的民歌，大部分是西周至春秋早期的作品，也有少量商代的作品。《书》后称《尚书》，是我国最早的政治文献汇集，分虞夏商周四部分，主体是周书即西周的政治文献。《易》又名《周易》，后称《易经》，是古代周易系统占筮的典籍，《周易》的经文为六十四卦与卦辞、三百八十六爻与爻辞，是西周史官依据占筮经验积累而成，其中包含了中国早期的哲学思想。《礼》后称《礼经》，后世称《仪礼》，是西周春秋礼制的汇集，记述了古代的礼俗制度，如贵族社会的冠婚丧祭、朝聘乡射诸礼。六经中的《春秋》特指鲁国的编年史书,《乐》是指关于音乐的理论与制度。六经成书于孔子之前,它不是一家一派的经典,作为夏商周三代的中华文明智慧的结晶,六经是中华文明的原始经典。其中凝结着中华文明早期形成、发展的主流核心价值,如敬德、保民、重孝、慎罚,体现了中华文明历经夏商周一千多年发展所累积的政治智慧、道德观念、审美取向,成为此后中国文化发展的最主要的历史渊源,是中国学术发展的总源头。在轴心时代完整确立了中华民族的经典,这在世界文化中也是少有的。

夏商周三代的文明是礼乐文明。礼乐文明是中华文明早期发展的特色,是六经文化得以产生的丰厚土壤,而六经又是礼乐文明的核心成分。在先秦,六经不仅属于儒家,更是三代主流文化的经典。六经中突出体现了人文精神,《诗》《书》都把对神的信仰转化为对现实人生和事务的思考,远神而近人,关注政治和教育。六经也体现了历史精神,书中保留许多历史文献,《诗经》中也包含许多史实,《春秋》是编年史书,体现了中国文化对历史经验的看重。六经也显示了道德精神,六经的历史记述含有价值批判与人格评论,《诗》有颂刺、《春秋》有褒贬,孟子说"孔子成《春秋》而乱臣贼子惧",都显示出六经的道德精神。六经体现了协和精神,把追求永久和谐作为对待外部世界的态度,在中国文明中也是源远流长。《尚书·尧典》提出:"克明俊德,以亲九族。九族既睦,平章百姓。百姓昭明,协和万邦。"以后"协和万邦"便成为中国文明世界观和价值观的典范。

类似的说法还有《周礼·天官冢宰》"以和邦国，以统百官，以谐万民"。孔子早就用"和"作为与外部世界交往的原则，《左传》昭公二十年记载，"'柔远能迩，以定我王'，平之以和也"。孔子开创的儒家学派以传承六经为己任，儒家文化是延续、承袭着中华文明主流文化而来，在中华文明的继往开来的历史发展中扮演了不可替代的角色。古代文明中包含如此完整的具有永久普遍意义、现代价值的文化精神，以及强烈的文化传承意识，这在世界文化中也是少有的。

　　当下中国的语境比起古代已有很大的变化，但是中华文化延续、传承、发展的历史并不会因此而发生改变。今天中华文化的发展，或者是现代中国文化的发展，其重要的一个方面是以传承、弘扬中华优秀传统文化为基础。今天，面对经典，一方面，要加强文化传承的自觉，使经典的传习纳入国民教育体系，成为涵养人格素质的源泉；另一方面，我们必须重视典籍文本的开放性和解释者的创造性，古为今用、推陈出新。传承历史文本在每一时代都面临新的问题、新的理解，而需要不断更新其意义。当代的文化传承，不能停留在文本的训诂层次，而是要使文本积极地向新时代开放，把文本的思想和我们自己的思想融合在一起，让过去与现在的世界交相辉映。当代的文化传承，不是把古代文本的意义视作固定的、单一的，而是使今人与历史文本进行创造性对话，对典籍文本作创造性诠释，对传统文本的普遍性内涵进行新的诠释和改造，以适应当代社会文化的需求。

# 中华传统文化的家训家规及其现代意义

　　家训家规是古代以家庭为范围的道德教育形式，也是中华道德文化传承的一种方式。由于历史上流传下来的家训家规往往都是士大夫家庭或家族所制定，这些家训家规的原始作者多是文化名人或有名的官员，社会影响较为广泛。因此，这些家训家规的功能远超出对本家族的教育作用，而成为社会教育的一种独特形式，为社会上的一般家庭提供了范本和楷模。

　　弘扬中华优秀文化，廉洁修身、廉洁齐家，这是党的十八大以来反腐倡廉教育的新方向，也是中华文化创造性转化发展的一个重要方面，引起了广大领导干部和人民群众的普遍关注。

　　在中国古代，家风的传承往往是与家训家规结合在一起的。家训家规是一种以家庭为范围的教育形式，古已有之。中国历史上以家训为名的著述在南北朝已经出现，后来绵延不断。直至晚清民国，家训家规仍是我国教育文化的一个重要方面。我国古代刊印流传的家训作品，数量多、历史久、影响大，是中国文化的重要组成部分。大体说来，古代家教文化的作品，以家训为名者居多，以家规等为名者相对要少一些。在古代文化的知识分类中，成文的家训家规属于子部儒家礼教之类；在成文的家训家规以外，还有家族内口传的不成文的家训家规。二者都促成了家风的形成，在历史上发挥着作用，共同构成了中华文明的家教文化。一般说来，家训表达了一个家庭的基本价值观，家规制定了家庭关系与活动的具体规范，二者常常互通互见；家风则整体体现了家庭的道德风貌。

家训家规是古代以家庭为范围的道德教育形式，也是中华道德文化传承的一种方式。由于历史上流传下来的家训家规往往都是士大夫家庭或家族所制定，这些家训家规的原始作者多是文化名人或有名的官员，社会影响较为广泛。因此，这些家训家规的功能远超出对本家族的教育作用，而成为社会教育的一种独特形式，为社会上的一般家庭提供了范本和楷模。这些家训家规对其原家族的繁衍发展起了重要的保障作用，容易引起后世更多人的关注和效法，从而使得家族内的家训、规诫成为道德教育的普遍教材。正如王锡爵《家训》序所说，"一时之语，可以守之百世；一家之语，可以共之天下"，这生动显示出源于一家一族的家训家规可以成为后世社会教育的普遍方案。

俗语云："国有国法，家有家规"。家训家规的首要功能是"齐家"，即对家庭实行有序治理，重视其规范的功能。在古代儒家传统中，修身是齐家的基础，齐家又是治国、平天下的前提。

在古人看来，家是国的基础，国是家的延伸，家国同构、家国一体，治理家庭的道理与治理国家的道理是相通的。《周易》的《家人》卦说"正家而天下定矣"，一个人不能治家也就难以治国。家训家规的另一重点是"修身"，即家训家规不仅提供行为规范、重视约束，更强调道德修身、德行养成，把家庭作为道德训练和培养的基本场所。古人认为有了在家庭中培养起来的道德意识作为基础，就可以推之于社会实践的其他范围。《颜氏家训》说制定家训的宗旨是"整齐门内，提撕子孙"，整齐门内就是齐家治家；提撕子孙就是道德训导。家训家规都是家教的具体方式，家风则不是形诸文字的具体训导，而是一种文化，是在家庭实际生活中形成并传承的一种风尚。家训家规是有形的规范，家风则是无形的传统，在实际生活中家风的形成、流传则有赖于家训家规的传承、发扬。

中国古代的家训文化起源甚早，如《尚书》中的《无逸》是周公对其侄子成王的告诫之辞，成王当政后，周公恐其贪图享乐，荒废政务，故作此文告诫他，不要"逸乐"。孔子看见经过庭院的儿子孔鲤，问他"学诗乎""学礼乎"，又告诫他"不学诗无以言""不学礼无以立"。后世把孔子在庭院中对儿子的教训称为庭训，也可以说是家训。这两个例子历来被认为是古代家训的源头。汉代流行的《诫子书》，亦可看作家训的形式，如三国时期的政治家诸葛亮晚年的《诫子书》倡导"夫君子之行，静以修身，俭以养德。非澹泊无以明志，非宁静无以致远"，强调修身养德，为后来的家训家规树立了典范。

南北朝是家训文化盛行之始，北齐的颜之推作《颜氏家训》二十篇，其训诫不再是以家庭某个成员为对象，而是以家庭整体为对象，分修身、治家、处世、为学各部分，后人称为家训之祖。清代的人认为《颜氏家训》一书"凡为人子弟者，当家置一册，奉为明训，不独颜氏"。家训文本在南北朝隋唐并不多，至北宋开始大量增加，代表作如司马光的《家范》。当然也有简约的家训，只用一句话表达，如唐朝人说"以忠贞为仕模，以勤俭为家训"。家规在唐宋时代已经多见了，如唐代韩愈说"能守家规"。宋人很重视家规："为子孙者尤当善守家规，翼翼以诚身，兢兢以保业，进修不已。"中国古代家训文化不仅历史悠久，而且名人家训很多，流传亦广。除北齐颜之推外，北宋的司马光，南宋的朱熹、陆游、袁采，明代的方孝孺、杨慎、傅山、张履祥，清代的焦循、曾国藩等都有家训，他们的后代繁衍久长，这些家训的社会影响也十分久远，在中国历史上对个人的修身、齐家都发挥了重要作用。尤其是，明清时代在统治阶级的倡导、推广下，家训家规的普及达到了新的阶段。家训中常有许多名言警句，历来成为人们服膺的治家良策或修身典范，今天仍有其积极意义。

"家风"一词较早见于魏晋南北朝，唐以后大量使用。如晋袁宏"有家风化导然也"，指出家风的作用是"化导"，即教育引导。又如皇侃提到"家风由父"，说明在当时的社会里父亲在家风的形成中起决定作用。古人把家风教育作为教育的初始阶段，如"昔称幼学，早训家风""自童子耳熟家训""少习家训，长得名师"。北周庾信《哀江南赋》序云"潘岳之文才，始述家风；陆机之辞赋，先陈世德"，把家风世德作为最优先的题材。当时的大家族皆以"世守家风"为要务。唐宋以后家族形态有所变化，但仍重视家风的传承，如宋司马光《训俭示康》重视"习其家风"。古人多以清白形容家风，如柳宗元句"嗣家风之清白"，又如"由来清白是家风"。

古代刊印的家训家规有上百种，虽然源于不同作者的亲身生活经验和文化感受，但主题内容大体相近。古代家训家规的主要内容是强调尊祖宗、孝父母、和兄弟、严夫妇、训子弟、睦宗族、厚邻里、勉读书、崇勤俭、尚廉洁。以家庭伦理为主体，以勤俭持家为根本，重视齐家善邻和修身成德。在古代社会，《大学》八条目中的修、齐、治、平，治国、平天下是极少数人的事，适用于大多数人的是修身和齐家，即使是治国、平天下也要以修身、齐家为基础。所以古代家训都强调道德规范，如《苏氏家规家训》"和善心正，处事必公，费用必俭，举动必端，语言必谨，事君必忠，为官必廉，乡里必和，睦人必善"，这"八必"是通行的道德规范，其普遍的意义并不限于家族内部。可见，家规家训是中华优秀文化的组成部分，既是官员治家修德的重要资源，也是儒家代表的社会主流价值大众化、深入社会基层的重要渠道。古人早就提出，治家的关键是不能"有爱无教""有爱无礼"，司马光《家范》强调要"以义方训其子，以礼法齐其家"，对妻子儿女都要教之以礼，训之以义；陆九韶《家制》主张"人之爱子，但当教之以孝悌忠信……明父子君臣夫妇昆弟朋友之节"。家规严谨、家风朴厚、家教严正，是古代士大夫的治家理想，这些为今天领导干部管好家庭、管好子女都提供了宝贵的经验。古代家训不只强调五伦为中心的规范规矩，同时也强调道德修养，推崇忠孝节义，尊崇礼义廉耻，张之洞的家训便是始于"治家"而终于"修身"。家训中重视为官之德，也重视常行之德，如金华《胡氏家训》倡导"为官当以家国为重，以忠孝仁义为上"，《杨慎遗训》主张"临利不敢先人，见义不敢后身"，《张氏家训》强调"一言一行，常思有益于人，唯恐有损于人"，这些家训中为人称道的名训至今仍脍炙人口。

家庭是社会的基本细胞，古代家训家规的出发点是维护家庭、家族的有序和谐与繁衍发展，而其实际的训诫功能，包括了树立基本价值观，培养道德意识，造就人格美德，成为古代以礼为教的道德文化的重要成分，也成为中华道德文化传承在最基本的社会层面的保证。批判地继承、发扬这一极具特色的宝贵的历史文化遗产，具有重要的现实意义。古人的家教特别重视道德养成和价值观引导，尤其突出传统美德的教育，这些都是值得重视的经验，应当继承、发扬。当然，由于历史的局限，有些家规的一些内容已经过时，我们要取其精华，有所分析。

习近平总书记在谈到坚持道路自信、理论自信、制度自信时指出："最根本的还有一个文化自信。要从弘扬优秀传统文化中寻找精气神。"这就肯定了文化自信主要是对优秀传统文化的自信、是对中华民族的历史文化的自信，也提示我们，观察思考当代的政治、文化问题，不能就事论事，必须有历史的眼光、民族的眼光、文化的眼光，没有这样的眼光就不能真正理解中国的现实和发展，就不能在世界文化的激荡中掌握自己的话语权。只有从几千年中华民族成长壮大、中华文明传承发展的历史，才能说明中国特色社会主义道路、理论、制度的历史缘由和历史合理性，及其文化基础与价值基础。中华优秀文化是中华民族的精神命脉，是社会主义核心价值观的重要源泉，是我们在世界文化激荡中站稳脚跟的坚实根基。中华优秀文化是我们最重要的软实力，中华文化为我们提供了无比深厚的历史底蕴。因此，坚定三个自信，"说到底是要坚定文化自信，文化自信是更基本、更深沉、更持久的力量"。中华文化的自信是其他自信的总源头，坚持文化自信是坚持其他三个自信的基础。我们必须尊重自己的历史文化传统，从中汲取智慧和力量，走出适合自己历史和国情的发展道路。

中华民族的历史文化不仅决定了我们今天的发展道路，也为我们提供了最根本的自信。文化自信就是相信中华文化的伟大生命力和创造力，就是充分肯定中华文化在世界文明中的独特魅力，就是确信中华优秀文化包含的跨越时空、超越国度、有永恒魅力的内涵不仅在历史上为中华民族提供了丰厚滋养，也必将在当代的创造性转化与创新性发展中，不断发扬光大，促进中华民族的伟大复兴。文化自信的提出，以及对文化自信与其他三个自信的关系的阐发，是以习近平总书记为核心的党中央结合新的实践和时代要求对中国特色社会主义理论的进一步发展和完善，是党的执政理念的一次升华，体现了党中央在新时期治国理政实践中对传承与发展中华文化的高度重视。

文化自信的核心是价值观的自信。中华优秀文化有着自己明确的、独特的价值观体系，其突出特点是责任优先、义务优先、群体优先、和谐优先。中华文化的价值观是中华文化的核心，是一切传统道德规范、道德感情、道德原则、道德美德的基础，贯穿于治国理政、社会文化、个人行为等一切方面，是中华文化最基本的基因。中华文化的价值观具体表现为中华文化的美德体系，如仁、义、礼、智、信五常，孝、悌、忠、信、礼、义、廉、耻八德等。中华美德是中华文化的精髓，蕴含丰富的道德资源，不论在历史上还是在现实中，都有其永久的价值。中华民族在长期历史中所形成的传统美德，是中华民族在漫长发展历程中能够生生不息的主要支撑，是社会主义核心价值观的基础、根脉，传习和继承我国人民在长期实践中形成的美德，对推进社会主义道德建设，涵养社会主义核心价值观，具有十分重要的意义。在历史上，家庭是传承中华传统美德的基本场所。家风家训是中华文化价值观传承实践的重要方面，家训家规中充满着中华民族的传统美德。传统的家风、家规、家训及其蕴含的传统美德，在今天这个时代依然有其独特价值和现实意义。深刻认识和努力传承中华传统的家风家训文化，既是领导干部政德教育的重要内容，也是我们加强和坚定文化自信的重要途径。

# 要全面理解和展示中国梦的价值目标

　　路径不能替代目标，这个目标里面价值目标很重要，要全面地理解和展示中国梦所包含的价值目标。个人不能涵盖社会，文明、和谐这些梦想不是个人能提出来的，亲切感受到的，是站在整个国家和社会的角度追求的。

　　对中国梦的理解现在是多种多样的，我比较关注的是这样两种讲法：第一种讲法认为中国梦其实是一种中国道路。这是从路径、从方法上去理解中国梦的内涵，这个认识有它的道理，但是不完整，因为方法和路径并不能代替目标；第二种讲法是注重人民幸福。中国梦提出以后，社会上为了把中国梦和每个人的梦想结合起来，强调每个人的梦想的实现加起来就是中国梦的实现。就调动广大人民参与中国梦概念而言，这是有积极意义的。但从理论来讲又不全面，个人的梦想更多的是从个人的角度，而不是从国家、社会的角度来看，个人不能涵盖社会。

关于中国梦的内涵、内容现在的基本讲法是国家富强、民族振兴和人民幸福，这三者的确是中国梦的主体内容、主要内涵、本质要求。但是从我们宣传好中国梦的角度来讲，这些还不是中国梦的全部价值内涵，所以我想从这个角度补充一些意见。我们看了习总书记讲话，最后习总书记讲"中国梦就是我们中华民族的历史目标"，所以我想强调，历史目标包含着丰富的价值内涵。民族复兴是一个重大主题，也是一个起点，民族复兴提示了宏观的历史走向和历史目标。在习总书记的系列讲话里面，他还把民族复兴分解为国家富强和人民幸福，就是说民族复兴中还包含两个重大的方面——国家的富强和人民的幸福。此外，民族复兴还应有其他方面。

历史的目标已经确立了，但是历史目标下面丰富的价值内涵需要充分地展示出来。我曾到印度尼西亚参加一个活动，这个活动的题目叫"中国梦：孔子与当代中国"，这是新华社驻印尼当地的分社、我们孔子学院和印度尼西亚大学汉学系联合举办的一个活动。他们发给我的邀请信提出了这样的问题，他们说，我们理解习总书记讲的中国梦有三个因素：繁荣、富强和道德。经济上的繁荣、政治上的富强都没有问题，世界也看到了中国的发展。但是在后来讨论的时候产生一个质疑——中国梦的道德向度还不清晰，仅仅追求财富繁荣会导致人的贪欲膨胀和社会价值的破坏。这就涉及到我们的对外宣传，怎样宣传好中国梦，让大家知道中国未来发展的走向和中国的形象是什么。因为会议题目叫"孔子与当代中国"，所以我作的主题报告是"孔子思想的道德力量"，说明孔子思想把中华文明塑造为道德的文明，影响到今天。习近平总书记在曲阜的讲话，说明了中国共产党自觉继承以孔子为代表的中华优秀传统文化的道德价值和理想。中华民族的复兴也是中华文明的复兴，所以今天和未来中国的发展不是单一的富国强兵，对世界和平以及道德文明的推崇是我们中国梦的重要追求。

其实在习近平总书记系列讲话中提到了很多相关内容，只不过好像对外界而言大家觉得中国梦的重点不在这里。首先，中国梦的主体内容、本质内容是民族复兴、国家富强、人民幸福这三条。但是习近平总书记也讲过，中华优秀传统文化的繁荣发展是中华民族伟大复兴的条件，也就是说中华文化是实现中国梦的一个条件。所以从这点来讲，习总书记的系列讲话里面也揭示了中国梦是有文化内涵的。

其次是强调中华优秀传统文化是社会主义核心价值观的源泉和基础。习总书记在 2013 年底到 2014 年几次讲到这个问题，社会主义价值体系的根源、基础、源泉，就是中华优秀文化。这些应该说指出了中国梦本身包含价值的意义。

最后，在社会主义核心价值观三层意思里面，第一层就是富强、民主、文明、和谐。富强、民主可以说是政治、经济的目标，但是文明、和谐应该就是中国梦所包含的文化价值的内涵。这一价值观的内涵其实就是我们历史目标的一部分，它本身构成了中国梦的价值目标。因此，我说路径不能替代目标，这个目标里面价值目标很重要，要全面地理解和展示中国梦所包含的价值目标。个人不能涵盖社会，文明、和谐这些梦想不是个人能提出来的，亲切感受到的，是站在整个国家和社会的角度追求的。民族复兴的历史目标中包含丰富的内涵价值，我们要把这些价值目标更多地展现出来，这是我们今天在理解中国梦和中华优秀传统文化关系的时候，应该注意的一点。

正如社会主义核心价值观体系有其基础一样，中华文化是中国梦实现的条件；中华文化为中国梦的目标提供了价值内涵的基础。同时，中华优秀传统文化也构成了实现中国梦的现实动力，这就是张岂之先生讲的民族精神的问题，民族精神是由中华优秀传统文化所培育的、涵养的，这是鼓舞我们今天去实现中国梦的动力之源。此外，实现中国梦必须要把中华优秀传统文化跟时代价值结合起来。习近平总书记讲的两创——对中华文化进行创造性转化和创新性发展，是我们今天实现中国梦的一个基本方式和路径。要想实现中国梦就得通过传统文化的创造性转换和创新性发展。最后，深刻地理解中华文化及其核心价值，会使我们对中国梦的内涵和它的实现条件有更完整的认识。以上是我这次去印度尼西亚参加中国梦有关的活动的一些感想，涉及到我们的认识以及中国梦对内对外的宣传。不能让外界以为我们的中国梦仅仅是一个富国强兵的中国梦；民族的振兴、国家的富强非常非常重要，但是为了让世界更好地理解我们的中国梦和中国当代和未来发展的走向，中国梦所包含的文化内涵和道德向度也需要展示出来。

# 确立中国文化的自主性更需要有世界眼光

20世纪80年代以来我们大规模引进西方学术，而现在的引进规模应该说更大。中国人文社会科学自主性的确立，是不存在问题的，对我们做国学研究的人而言尤其如此。

## 从精神气质上把握中华文明发展的内在线索

"精神气质"（ethos）这个词，自近代以来成为一个比较重要的观念，它其实并不是来自哲学，从谢林到黑格尔等，都是强调文化精神或者民族精神的，他们不用这个词。人类学则一直比较重视 ethos。早期，鲁思·本尼迪克特（Ruth Benedict）还是用"文化模式"，ethos 用得不是特别多；而到了晚近，克利福德·格尔茨（Clifford Geertz）用"文化的解释"来"阐明什么是文化"时，越来越强调 ethos。

人类学比较强调 ethos 这个词，并且把这个词和世界观分开。ethos 比较强调道德审美，就是我们所讲的文化取向、价值态度。

世界观则是近代哲学所强调的，偏重认知性的——是一元的，还是二元的？是辩证的，还是其他的？

我研究古代文明时很注重借用人类学的方法，特别是宗教人类学和社会学的方法。那时候还是前哲学的时代，哲学并未出现，因此不能用哲学的方法。当然，我指的文化人类学的方法和考古学领域是不一样的，它不是侧重于物质形态和考古学文化，而是更注重从精神世界观方面来把握整个文明发展的内在线索。因此，我试图从精神气质的角度来看中华文明发展中的文化精神。我认为，对中国古代文明的研究，不仅要有各个地域性的、考古学文化的研究，也不仅限于从青铜器、文字、城邑等实体角度来看文明的发展，我们更加注重寻找文明内在的 ethos，研究文化精神、文化传统等，与考古学家、历史学家、思想史学家等的研究视角是有所不同的。其实，ethos 在西方哲学家研究现代化的问题时也常用，比如马克斯·韦伯。

夏商周三代以来的传统如何把握？我觉得这还是研究中国文明的学者应该注重的问题，现在这方面的研究还是比较少。我总结了中华文明几个方面的精神气质，比如重孝、亲人、贵民、崇德等，这些都是从商周的资料来概括的。夏的相关资料都还只是推测，当然，也可以通过《尚书》的内容来追溯。虽然古典资料的运用要谨慎，但是我们至少可以从中看到周代的人是如何追溯文明的——不管这个文明在历史上是如何被发现的，但是在周代人的意识中的确有一种传统的自觉。这种自觉就是怎样从精神气质的角度切入对文明的认识。这是比较内在的一个研究理路。

仅就"精神气质"而言，这个提法现在还用得不多，因此从这点来讲还算不上言人人殊。当然，如果这方面的讨论趋于热烈，那么肯定有多种不同角度。但大体上也不会绕过上述的重孝、亲人、贵民、崇德等方面。因为研究资料有限，古代的资料最重要的就是《尚书》，研究古代文明不像研究近代文明一样有丰富的资料可用。"孝悌和亲"的伦理文化、"文质彬彬"的礼乐文化、"远神近人"的人本信仰等，这些传统都是从三代以来就有的，当然，到后来也都会有发展。比如"远神近人"，这一点在西周时期已经很明显了，当时的人们认为，天道很远，人很近，所以神和天的世界不用否定，也不用太关心，要更关注人事和人文。而在商代的时候，鬼神祭祀还是很繁荣的。此后，就慢慢变化了，用《礼记》中的追溯来讲就是近人，对神已经敬而远之了。

## 多样化的国学教育并非坏事

冯友兰先生的"照着讲"和"接着讲"，仅仅是就哲学史和哲学的分别而言。哲学史不能自己讲一套，一定要照着古人所讲的来描述、概括、介绍和解释，所以，按照冯先生的通俗表达，哲学史是要"照着讲"。但是，哲学不需要亦步亦趋地跟着哲学史讲，一定要有创造性，面对时代的变化，要有新理解和新发展。冯先生又说，这种发展不是凭空的，一定要与传统有积极的关系。原创表示空无一本，如今任何哲学思维、哲学体系的建立，都不可能是原创的。在老子生活的文明初期可以原创，在今天则不可能。因此，冯先生"接着讲"的意思：一是不可能有空无一本的原创，一定要接续着传统的讨论来延伸；二是不能重复，要根据新的时代、新的文化发展重新思考。

如何理解中国？怎样学习传统？经典怎么教？这类问题，其实也就是哪些文本最能体现中国性的问题。看待这些问题还是要广义和狭义相结合。比如四书，就价值观来讲，四书就是中国性的代表，古人当然也这样认为。但这样容易让人误以为了解中国文化只要看四书就行，而实际上中国文化的典籍非常多，四书只是入门的基础。宋代人很小心，告诉你看这本书的时候，怕你一辈子就看这本，还会告诉你应该在更大的范围里来掌握传统文化。现在的传统文化教育，一方面可以告知哪些典籍代表中国文化哪些部分；另一方面也要防止以偏概全。至于传统文化怎么教，古代也不是只有一种教法，现代自然更不必拘泥于教法。

如今，用哪些经典来代表中国文化，这个的确是亦简单亦复杂的问题。比如，钱穆举了七本国学书，认为它们代表中国最基本的思想文化。这些书包括《论语》《孟子》《老子》《庄子》《坛经》，朱熹《近思录》和王阳明《传习录》。其中，四书里面只取一半，没有选《大学》《中庸》，而是加进了老庄。中国文化中儒道互补。今天我们所谓的主流价值观当然是以孔孟为代表，但是从文化精神的其他方面来讲，道家思想是重要的方面，所以钱穆加入了老庄。然后，他又把中国佛教经典列入，不是用印度传来的佛教经典，而是用中国化了的佛教经典《坛经》。《坛经》也是很重要的，至少在宋明以后的一千多年来的中华文明发展中，佛教已经成为传统文化的一部分，儒家、道教文化都受其影响。

此外，钱穆还选了宋明理学的两部重要经典。一千多年以来，别说中国，即使在整个东亚文明圈中，朱熹和王阳明都是重要人物。总体而言，钱穆推荐的几本书是很有道理的。而我们今天大学的通识教育重点又不同了，四书算是比较流行的，但是《传习录》《近思录》就讲授得比较少。

老的清华国学院主要是培养学生，现在的清华国学研究院不提供学位教育，而是从博士后开始招人，确切地讲是个研究基地。其他院校的有些国学院是做学位教育的，比如中国人民大学。

现在全国的国学院的教学确实没有统一，这并不是坏事。国学现在并未被国家承认为一级学科，因此也不存在一种格式化地去统一它的努力。如果变成一级学科，规范性会很强，那么在条件还不成熟的状态下，统一教学可能反而并不适合不同的学校。

我们的国学教育有五六十年时间没有作为统一的科目，这和台湾地区不一样。台湾地区的国文系就是中文系，中国哲学的研究在台湾并不是放在哲学系，而是放在中文系，而哲学系的研究重点是西洋哲学。在台湾地区的国学框架里，他们有一个延续的传统和一套相对统一的做法。而大陆没有这个传统，大家都是根据自己的情况来安排，负责国学科目的老师可能是文、史、哲各系的，每个人的角度不同，授课意愿可能也只是满足一些个别的教学需要。因此，现在国学教育的多样化反而符合我们实际的需要。

的确需要经过比较长时间的实践，才能判断国学教育能否要有一个整体性的方向。我觉得在不久的将来有可能出现一套通用的通识教育或者国学教育的教材。现在其实有这个条件，问题在于有没有人去做。在学位教育的体系内，大家还是比较注重针对本科和硕士教育的教材建设的。我认为要发展出一套好的国学类通识教材并不难，这不需要高深的学术研究，关键是事在人为。此外，这类教材未必需要国家统一组织，可以由一些有积极性、有文化眼光的出版社来牵头，并和一些国学机构合作。好的通识教材出来以后，受众会越来越多。

通识教育现在在我国怎么开展，这个问题还涉及到现有教育体制改革，比如能不能适当减少政治课程的必修学分，怎么设计通识课程和其他课程的衔接。这些才是更复杂的问题，而教材还是相对容易的环节。

## 学术以外的立场促使了知识分子的分化

20 世纪 80 年代以来我们大规模引进西方学术，而现在的引进规模应该说更大。中国人文社会科学自主性的确立，是不存在问题的，对我们做国学研究的人而言尤其如此。清华国学研究院的口号是"中国主体，世界眼光"。当年老的清华国学院为什么辉煌？就是因为它不固守清人的传统，有世界眼光。当时我们研究水平很低，把世界汉学看作境界来试图接近。当时世界汉学已开始用一些近代的方法研究古典的中国文化，取得相当大的成果，引起了胡适、陈垣等很多人的重视。

今天的中国学术也应该向老的清华国学院学习。现在是全球化时代，大家必须立足更大的视野来做研究，才能有好的成果。现在西方人的研究都是从全球的人文科学、自然科学的角度，构建新的看问题的角度和视野，如果我们没有这样的视野，如果我们研究中国问题的人只关注中国的东西，很难达到很高的境界。因此，确立文化自主性和引进西方文化不矛盾。我们今天强调中国文化的自主性，并不是要结束西方文化的引进，而是要进一步从全世界引进学术文化。要注意的是，不能被引进的东西埋没自身的问题意识和自身研究的主体性，不能完全跟着西方走。西方对中国的研究有时是为了解决自己文化的问题，有时候需要通过中国文化研究来自我反省和思考，并不完全是一种实证性的研究，有时甚至有偏差。西方研究上的这种偏差也是为了满足自己的体系的纠错需要。所以，不能盲目跟风。

过去有一个概念叫"预流"，意思是世界出现了这个潮流，我们也能够参与进去。现在，我们应该慢慢把这个关系倒过来，希望自己变成学术的主流，让世界预我们的流。有一种说法是，中国研究和日本研究在西方不一样，西方研究日本还是要跟着日本人的日本研究走，而对中国的研究不见得是跟着中国人的中国研究走。我们应该让世界上的中国研究也跟着中国走，这才能使人文社科的自主性逐步确立起来。

现在，课题和经费多了，对学术并不一定都有促进作用。我自己几乎不申请课题，都是自己做研究。但是我这样的做法也不能作为通例，因为现在年轻学者碰到很多实际问题。比如，我自己做的研究，找出版社出版成果，出版社或许很高兴地出版了，但是年轻人相对来讲还没有那么顺利，出版社可能还会反过来向他要钱，这个钱就要从科研经费中来。还有一个我最不喜欢的现状：很多学校评副教授、教授，评价体系中第一位要看的不是你的著作，而是看你是否得到各种基金支持。这种因果倒置相当于鼓励大家把申请课题放在学术研究的前面。有些课题当然也是和学术研究有关的，但是课题有时候是有导向性的，学者很可能申请一些自己其实并不愿意做的课题。这样做下来的话，研究成果不会太好。另外，整个教育体制动不动评比，依据之一就是课题数量，这不是一种注重发展内涵的评比，最终的后果就是数量膨胀而内涵空洞化。

从个体上来讲，印度学者能熟练运用英文，这肯定是个重要条件。另外，在阿玛蒂亚·森、斯皮瓦克、杜赞奇这样有全球影响力的学者中，阿玛蒂亚·森、杜赞奇等学者是印度裔，他们都是在西方的教育和学术体制中发展起来的。严格来说，他们并不算是印度学者，他们还是西方的知识分子。他们完全是从西方的学术教育、知识生产系统里面走出来的，所以他们和其他西方学者是一样的。

当然，西方学者若细分，可以分出一些族裔的团体，比如犹太裔是典型的科学共同体中的亚团体组织。印度学者的团体性是不是已经达到犹太裔知识分子的团体性的水平？现在还不明显，但或许是个趋势。斯皮瓦克是注重殖民研究的学者，这里有一个合理的解释，因为印度是经历过殖民地时代的，印度人对后殖民的看法比殖民国家的研究更深刻。因此，可以说有些领域正好适合印度人研究。个别知识分子的知名度与他所属的族裔的话语权问题并不能直接对应。另一个例子就是福山，他是个美国知识分子，不能把他看作日本学术界的话语权的代表。当然，其实我们无须过于看重这些空洞的民族主义的表达，致力于在学术领域做出第一流成绩才是更重要的。

现在往往是学术以外的立场促使知识分子产生分化，如果说有派别，并不是学术思想上的派别，而是学术以外的分歧，比如政治观点的差异。学术以外的因素造成派别的出现，在这些派别之间存在一些复杂的纠葛，相互之间的对立和攻击不少，这并不是很健康。这些年来，经过良性的学术互动出现的学派的确很少，知识分子的个体身份更明显。思想上的、政治上的派别比较多，学术上的派别很少，文史学界可以称之为"派"的几乎没有。这与一些客观现状也有关，比如学者只关注项目申请，而忽视了真正的学术研究，这不利于学派的形成。

对照国外的情况来看，西方的学术交流较多；而在中国，学术会议不少，但真正的学术交流不多，地方上的学者更是很少有参与学术交流的机会。另外，西方人求新的意识比较强，新一代学人出来，总是有推翻老一代学术观点的企图，明显地存在试图与前辈区别开来的愿望，这也促进了新学派的形成。

# 走向真正的世界文化
—— 全球化时代的多元普遍性

　　全球化为东方文明提供了新的机遇，从根本上改变着三百年来东西方文化失衡的状态。因此我们走向真正的世界文化，不能把全球化仅仅当作一个外在的客观过程，而应当把它作为参与的、能动选择的、改变着的实践过程。

　　古代儒家的历史哲学，常用"理—势"的分析框架来观察历史。所谓势，就是成为一种现实的趋势；所谓理，就是规律、原则、理想。势往往与现实性、必然性相关；理则往往针对合理性而言，二者有分有合。离开历史的发展现实，空谈理想和正义，就会被历史边缘化。但如果认为"理势合一"是无条件的，那就意味着"凡是现实的都是合理的"，这会使我们失去对历史和现实的批判与引导力量，抹杀人对历史的能动参与和改造。因此，就本来意义上说，"理—势"分析的出现，既是为了强调人对历史发展趋势的清醒认识，又是为了强调人以及人的道德理想对历史的批判改造的功能。从前人们常说："历史潮流，不可阻挡。"历史潮流就是势。势或历史潮流有其历史的必然性，但不一定是全然合理的，也不是不可以引导的。但不顾历史大势，逆势而为，逆历史潮流而动，则必然要失败。妥当的态度应当是以"理势兼顾"的立场来分析全球化的问题。

第一，正确看待历史的终结与历史的开始。20世纪80年代末至90年代初，冷战的结束使得福山急忙断言一个历史的"终结"；而与此同时，"全球化"一词的适时浮现，则似乎宣布了另一个历史的"开始"。事实上，这两件事确实也有关联。冷战结束以来，现代市场经济体制终于一统天下，也使得许多政治家看到了政治体制全球趋同的远景。冷战结束的确是"全球化"观念流行的基础，这个意义上的全球化，是世界体系从"分异"到"趋同"的演化。

第二，正确看待"世界化"历程中的普遍交往和相互依赖。如果放开历史的眼界，把晚近迎来的所谓"全球化"进程放在近代世界历史的发展中，放在世界"现代化"运动的展开过程中来看，那么可以说，全球化其实是世界史上现代化发展的一个新的阶段，是世界各地区联结为一体进程中的一个新的阶段，当然也是全球资本主义发展的一个新的阶段。在这个意义上，"全球化"一词的讨论虽然始于20世纪90年代，而对于全球化趋势的分析则至少可以追溯到马克思和恩格斯在19世纪中叶建立的"世界历史"理论。

应当承认，全球化已经成为一个诠释的主题，它所引发的各种诠释涵盖了人类社会实践的多个领域。因此，如果把20世纪90年代以来兴起和流行的全球化概念看作狭义的全球化概念，即指冷战结束以后以信息技术革命为基础的世界新发展时期，那么，要思考和回应全球化运动的特质，必须回到广义的全球化观念，即19世纪以来有关世界交往联系加深的理论思考。其中最重要的是马克思关于"世界化"的思想。早在《德意志意识形态》中马克思就指出，由于民族间交往的封闭状态日益被消灭，人们的存在已经不再是"地域性的存在"了，而是"世界历史性的存在"了，而"历史"越来越成为"世界历史"。

第三，正确看待"全球化"的趋势和结构。全球化实际是马克思所说的资本"世界化"的一种新的发展阶段和形式。从历史上看，近代欧洲商业和贸易的繁荣，并不能自发地导致世界市场的形成，它只能要求建立世界市场。新大陆的发现和新航路的开辟，以及大工业和商业革命，都不能自发导致世界市场的形成。正是殖民主义和帝国主义以"船坚炮利"强力打开非西方的世界的大门，强迫这些国家卷入近代文明，才促成了世界市场的形成，这也就是最早的全球化运动。于是，在世界市场形成的同时，产生了世界性的从属关系，这就是马克思所说的："正像它使农村从属于城市一样，它使未开化和半开化的国家从属于文明的国家，使农民的民族从属于资产阶级的民族，使东方从属于西方。"我们今天所面临的全球化也仍然强化着这样的世界历史性的从属结构和权力关系。马克思所指出的"从属"现象，形象地指出了一个多世纪以来全球交往的历史特征，这也是近代历史的大走势。历史的现实总是通过"势"来发展的，但"势"是历史的现实，而现实性不等于合理性。

第四，引导文化全球化变"西方化"为"世界化"。从全球化的实践上看，经济和文化可以分开讨论。比如经济全球化的浪潮席卷全球，在第三世界异议较少；但是在文化上，注重本土性、民族性和地方特色的呼声日益高涨，而且这些呼声既来自非西方的国家，又来自欧洲国家。中国古代的理气论中，有所谓"气强理弱"（朱熹）和"以理抗势"（吕坤）的说法。如果"气"与"势"一样可表达现实性、必然性的概念，而"理"可以表达合理性的概念，用这样的观点来看全球化的问题，我们可以说，在全球经济领域，气强理弱。但在全球文化领域中，理可以抗势，理念对现实的引导作用更多地体现在文化领域。

第五，正确看待价值的多元普遍性。全球化为东方文明提供了新的机遇，从根本上改变着三百年来东西方文化失衡的状态。因此我们走向真正的世界文化，不能把全球化仅仅当作一个外在的客观过程，而应当把它作为参与的、能动选择的、改变着的实践过程。这又涉及到文化认同的问题。在中国，文化认同的问题始终和古今东西之争联系在一起。全球化的讨论和现代化的讨论有些类似，全球化所涉及的古今东西的问题只是方式和角度有所不同。例如，在中国近代化初期的启蒙运动中，是以西方对东方；在现代化理论中，是以传统对现代；在全球化论说中则是以全球化对地方性，这其实都始终关联着一个根本的问题，即在现代化时代传统的命运如何、如何对待传统以及如何对待文化认同的问题。我们这里所说的地方性传统，还不是指人类学家常常处理的部落的、小区域的地方，而是指非西方的大文明传统，如印度文明、中国文明、阿拉伯文明。可以说，全球化已经显现出一种趋向，即当今全球化的世界，谁在经济政治上有力量，谁的文化就有可能覆盖其他的文化和文明创造。因此，这一根本的问题也变得更尖锐了。

# 中华文化的当代价值与意义

放到世界文明史中来看，中华民族创造的源远流长的中华文化具有独特的文化传统、独特的价值体系、独特的民族色彩、独特的历史行程。

近代历史学家针对中国历史文化的三大特征问了三个问题：第一，地域辽阔，人口繁盛，先民何以开拓至此？第二，民族同化，世界少有，何以融合至此？第三，历史长久，连绵不断，何以延续至此？历史学家说，从这三个特征来看，中华民族的历史发展，必然有一伟大的力量寓于其中。这个力量是什么？近代历史文化学者并没有给出答案。今天我们可以明确地回答：这个力量就是我们的中华文化和它所滋养的中华民族的民族精神，它赋予了中华民族伟大的生命力和凝聚力，我们今天的一个重要任务，就是要大力传承发展中华文化，担当起中华民族发展的重大责任。

## 一、中华文化对于中华民族的意义

文化是一个民族的灵魂。五千年中华文化体现的中华民族的精神追求，已经成为中华民族区别于其他民族的精神标识，其中的核心观念构成了中国人的精神世界，其基本价值已积淀为中华民族的文化基因，在漫长的历史发展中成为中华民族的精神命脉。传承中华文化就是维系中华民族的精神命脉。中华民族与中华文化互为一体，离开了中华民族就不会有中华文化，同样，离开了中华文化也就谈不到中华民族。中国人之所以是中国人的特性，中华民族之所以是中华民族的特性，不是生理的，而是文化的、精神的；没有中华文化，中国人就不成其为中国人，中华民族就不成其为中华民族。中华文化的精神品格与价值追求，支撑了几千年来中华民族的生生不息和薪火相传，今天仍然是而且未来也必将是我们发展壮大的强大精神力量。中华文化的精神特质就是我们今天要大力弘扬的"中国精神"，弘扬中国精神，是凝聚中国力量、走稳中国道路的关键。没有中华文化的繁荣昌盛，就没有中华民族的伟大复兴，我们必须深入认识中华文化的重要性。

放到世界文明史中来看，中华民族创造的源远流长的中华文化具有独特的文化传统、独特的价值体系、独特的民族色彩、独特的历史行程。其长期演化的过程造就了我们的文化认同，赋予我们以生命力和创造力，也决定了我们独特的发展路径。同时，中华文明的文化内涵又包含了超越时空、跨越国度的价值，对人类文明进步和人类共同价值做出了重大贡献。今天，我们身上担当着对于中华民族发展的责任，就必须保全它的生命营养，发扬它的精神信念。弘扬中华文化是坚持、守护文化发展的民族性、延续民族精神血脉的根本途径，只有牢牢站稳中华民族永续发展的立场，才能从根本上认识中华文化的价值和意义。

## 二、中华文化对于当代中国的价值

中华文明的传承，是中国道路的深厚历史渊源和现实基础。弘扬中华文化，是中国特色社会主义实践的需要。十八大以来习近平总书记系列讲话中，明确肯定了中华文化是中国特色社会主义的沃土，中国特色社会主义要植根在中华文化之中，中华文化是中国特色社会主义的历史渊源。以土与根、源与流来说明中华文化对于当代中国特色社会主义的基础意义，把中国特色社会主义作为中华文化发展长河的内在延伸。因此，中国特色不是外在于中华文化历史发展的东西，而是中华文化自身发展的产物，中国特色社会主义与中华文化有着内在的继承关系。建设中国特色社会主义必须自觉地理解这种关系，自觉地以中华文化为其历史源头。中华文化的源头活水为中国特色社会主义提供了充沛的资源养分，充分吸收中华文化的营养，中国特色社会主义才能更好地成长发展，这是弘扬中华文化的现实意义。

中国特色社会主义实践，是一个全方位的社会建设过程，对中华文化有着多方面的需求。第一个方面是中华民族凝聚力的巩固与提高。今天在中华民族伟大复兴的大业中，中华文化成为全中国十四亿人民凝聚力的根本来源。博大精深的中华文化为全国人民提供了共同的文化、共同的价值观以及共同的思想、情感和精神，有了这些共同的文化价值才形成了对中华民族的归属感，形成了对祖国文化的认同，才有了民族凝聚力量的基础。中华文化一贯倡导爱国主义的精神和群体高于个人的价值观，倡导人民以国家和民族的利益目标为目标，中华民族才能团结一体，实现民族复兴的宏伟大业。

　　第二个方面是社会的道德建设和价值观建设。中国文化强调以德治国，以德化人，在历史上形成了一套道德文化的完整体系。中国在历史上号称"礼义之邦"，高度成熟的道德文化是中国文化的突出特征和重要组成部分，致力于发展稳定和谐的社会关系，是中华文化的重要特点。传承发展这一道德文化体系是当代精神文明建设的核心和主体。中华文化的优良道德传统是社会主义核心价值观的源泉和根系，不继承弘扬中华文化的美德传统，社会主义核心价值观的建立就没有基础，就不能形成当代中国的共同价值观。

　　第三个方面是吸取历史上治国理政的经验智慧。中国历史悠久，记载历史的典籍非常丰富，其中不乏总结历史经验的史学著作。中华文化的人文主义世界观，使得它重视现实的世界及历史的发展，重视从历史成败中总结经验教训，以形成正确的治国理念。中华民族发展至今，其中一个原因就是不断总结吸取历史的经验教训，作为治国理政的借鉴。今天我们面临的治国理政的实际要比历史上以往任何时代都更复杂，但中华文化积累的经验在许多基本方面对今天仍有重要的启示。特别是，中华文化中提出的许多思想理念，如以民为本、天下为公，都可以与现代概念相衔接，而且仍然富有引领时代的意义。

　　总之，对中华文化的自觉传承发展不仅是我们对中华民族发展所应承担的天然使命，也同时是基于当代中国社会建设的实际需要。这里对中华文化对社会主义核心价值体系建设的意义多说两句。伴随着改革开放以来中国社会的现代化转型、市场经济的活跃发展，同时也出现了社会价值观严重迷失、道德水平下降、腐败问题突出等现象，重建社会价值观、道德观的任务刻不容缓。中华文化在几千年的发展中，以仁孝诚信、礼义廉耻、忠恕中和为中心形成了一套稳定的价值体系，支配和影响了中国政治、法律、经济、制度与政策施行，支撑了中国社会的伦理关系，主导了人民的行为活动和价值观念，促进了社会的稳定、心灵的向善。这一套体系是中华民族刚健不息、厚德载物精神的价值基础和根源，亦即中华民族民族精神的价值内涵。中华民族几千年来奋斗不息的发展和这一套中华文化的核心价值体系密切相关，这些价值也构成了中国人之所以成其为中国人的基本属性。中华民族之所以成其为中华民族，中华民族特有的生命力，无不来自这些价值及其实践。鸦片战争以来近代中国志士仁人的奋斗都是这些价值的充分体现，这些价值是社会主义核心价值体系的源泉。

在社会主义市场经济条件下，社会的核心价值体系，既与古代社会有相同的一面，也有不同的一面。这就需要我们在进行思想文化传承的时候注意创新，以适合时代的变化和要求。社会秩序和伦理价值的建立不能割断历史，也离不开传统道德文化。在稳定人心方面，传统文化所提供的生活规范、德行价值以及文化归属感，起着其他文化要素不能替代的作用。几千年来以人为本的传统文化，在心灵稳定、精神向上、社会和谐方面发挥了重要而积极的作用。但是，在现代社会生活中，传统的价值有些可以直接应用，有些则必须加以改造，随着时代问题的变化，需要重新加以整理、概括，使之成为新的时代的核心价值。

## 三、中华文化对世界面临难题的启示

中华文化的当代意义不仅在于对中华民族发展具有重要性，对当代中国社会建设也具有重要性，而且从人类生活面临的矛盾冲突中也可以进一步了解中华文化的价值所在和当代意义。当代人类生活面临着五大冲突急需解决，即人与自然、人与社会、人与他人、人与自我（心灵），以及文明与文明的矛盾冲突，这些矛盾冲突有史以来一直不同程度地存在，但现代性的展开加剧了这些矛盾，冲突日趋紧张，已经成为世界性的难题。人们已经越来越认识到，仅仅靠西方现代性的价值是不可能解决这些矛盾，化解这些冲突的。有识之士把眼光转向包括中华文明在内的其他文明。中华文化的"天人合一"，关注人与自然的和谐，有利于化解人与自然的紧张；"忠恕之道"秉承"己所不欲，勿施于人"的精神，有利于处理人与人的矛盾冲突；"和而不同"的态度有利于处理不同文明之间的关系；"群己合一"之道有利于解决个人与社会的矛盾。中华文化中有许多思想理念对解决当代人类面临的冲突提供了有益的启示。

因此，推动中华文化的传承发展，一个重要的目的是围绕当今世界发展面临的重大问题，着力提出能够体现中国立场、中国智慧、中国价值的理念、主张、方案，让中华文明与世界文明一起为人类提供精神指引。什么是体现"中国"的方案？很明显，就是用中华文化的理念、智慧，结合中国的实践，从而提出既合乎中国的具体实际又具有普遍意义的理念。从文明的角度说，作为世界主要文明体系之一，中华文明数千年连续发展、博大精深，它支撑了在广大的地域上的众多人口的中华民族以高度成熟的文明发育，可持续地在亚洲大地发展壮大，并深刻影响了整个东亚地区。它的文明积累与智慧不仅在过去为世界人类文明发展做出了重大贡献，也必能为当今世界做出自己的贡献。孔子在两千五百年前提出的"己所不欲，勿施于人""和而不同"，不仅是人类处理相互关系的普遍原理，也深刻体现了中华优秀传统文化处理人类难题的智慧。20 世纪 50 年代"和平共处五项原则"的提出，就是这样的"中国方案"。因此，我们只有全面总结中国历史发展的丰富经验，深入探寻中华文明的实践智慧，认真体会中华文化的世界观和价值观，具有文化的自觉，才有可能真正提出面对人类难题的"中国方案"。这里的"中国"是以中国五千年文明的文化积累为依托，离开了对中华五千年文明的传承发展，就不可能提出这样的中国方案。所谓文化的软实力，最根本的就是来自中华文明赋予我们的世界观和以此处理复杂事变的能力，这是支撑中华文明数千年发展的内在力量。传承发展伟大的中华文明，用中华文明的智慧去和世界人民一起面对时代的挑战，才能获得世界人民的尊重，也正是在这个意义上，我们说要坚守中华文化立场，传承中华文化基因，展现中华文化智慧，让中国对人类做出较大的贡献。

20世纪的中国哲学家冯友兰曾经说："1949年以后，我时常想，在世界上中国是文明古国之一，其他古国现在大部分都衰微了，中国还继续存在。不但继续存在，而且还进入了社会主义社会。中国是古而又新的国家。《诗经》上有句诗说，'周虽旧邦，其命惟新'，旧邦新命，是现代中国的特点，我要把这个特点发扬起来。""旧邦"就是有古老文化历史的国家，"新命"就是其生命不断更新发展。让我们不忘本来、吸收外来、面向未来，不断增强中华优秀传统文化的生命力和影响力，不断创造中华文化的新辉煌。

# 中华优秀文化的传承和发展

文化的继承，关键是承认在中华文化中含有超越时空、跨越国度、富有永恒意义、又有当代价值的成分。因此，在民族精神与价值观上，中华文化为我们今天的文化建设并不是仅仅提供了"民族形式"，而是提供了积极、丰富的内容。

习近平总书记指出："我们要善于把弘扬优秀传统文化和发展现实文化有机统一起来，紧密结合起来，在继承中发展，在发展中继承。"这就确立了文化继承的理论基础，也就回答了什么是优秀传统文化、如何继承、发展优秀传统文化的问题。正确认识中华文化的继承、发展问题，不仅是关系到当下至未来一个时期治国理政的大问题，而且是关系中华民族永续发展的大问题。

## 一、继承与弘扬

中华文明是世界文明史上唯一连续性的文明。五千年文明的连续发展是中华文明的重要特征。中华文明的这种连续性之所以成为可能，除了各种其他因素之外，中华民族自觉的传承意识和传承实践，始终是一个重要原因。自觉的继承、传承是中国古代文化的一项重要特征，也是中国文化连续性发展的根本条件。孔子注重"述而不作"，"述"是复述，也是传承。"述"是早期古代文化积累、发展的主要方式。没有"述"，文化的成果就不能保留和传承。孔子以后，儒家对六经的不断解释和自觉传承对悠久的中华文化的传承发挥了根本性的示范作用。唐代的韩愈曾写下著名的《原道》，《原道》中"道"就是中华文明及其核心价值，强调面对外来文化的冲击要坚持中华文化的传承、发展。宋代以后，"学绝道丧"成为儒学的根本忧患，宋明理学家主张要把文化和价值的传承作为第一要务。

20 世纪中国文化中的"继承"问题，在现代文化语境中是指对于"古代文化遗产"的继承，从而使得继承这一法律术语同时具有广阔的文化意义。在发生学上，这个问题既是古代社会向近代社会发展、转变中发生的，又是中国共产党在长期武装斗争时期就遇到的问题。就前一点来说，就是五四运动中突显的新旧文化问题，当时的主流声音是高举科学和民主的旗帜，全面批判传统文化，以求走向近代化。就后一点说，中国共产党领导的革命是新民主主义革命，包含着自己的文化主张；而在新民主主义革命时期，以武装斗争为中心任务的时代使命不能不规定文化继承和选择的主题。

换言之，革命为中心任务的时代，对于文化的主张和选择必然是以服从革命斗争为根本、为革命斗争服务的。革命的武装斗争需要的是鼓励勇往直前、冲决罗网，以及坚决奋斗的气概、意识和精神，而反对遵守秩序法则，不重和谐守成。中华文化的主流是儒家文化，儒家在历史哲学和政治哲学上肯定革命的必要性和正当性，而儒家思想本质上不是为革命呐喊的，而是为治国安邦、修身齐家服务的学问。因此，儒家重视的是和谐、秩序、道德、团结、稳定。历史上，汉代的建立，经过军事斗争取得胜利，而后转入长治久安的时期。汉代大一统王朝的成功发展不是自然地经历了这样的转折，而是以秦政为借鉴，通过重视汉儒叔孙通对刘邦所说的"夫儒者难与进取，可与守成"，认识到儒家不是马上得天下的学问，却是马下治天下的学问而逐步取得的。马上得天下就是武装夺取政权，马下治天下就是和平时期长治久安，中心任务不同，对传统文化的选择和认识也就不同，对文化继承的态度也就不同。

因此，在武装夺取政权的革命时期，理所当然地，传统文化（包括儒家、佛家、道家的思想）不受重视，因为儒、释、道重视的是道德对社会的涵养、文化对人的化育。这些传统思想文化在当时不仅不受重视，甚至在一定程度上还被批判，也有其合理性。因此，以革命斗争夺取政权为中心的时代和取得政权建设、发展的时代，对于传统文化的认识与需要是完全不同的。革命战争时代对于中华文化的继承必然不同于和平建设时期，不仅在整体上的认识不同，在对个别问题的继承上也必然不同。这在毛泽东的意识中表现得最为明确，典型的例子是抗战期间毛泽东对彭德怀、匡亚明表示的对孔子思想的意见。彭德怀主张在抗日统一战线内部，"在人与人之间要发扬互爱、互敬、互助，'己所不欲，勿施于人'"。毛泽东对此提出批评："在政治上提出'己所不欲，勿施于人'的口号是不适当的，现在的任务是用战争及其他政治手段打倒敌人，现在的社会基础是商品经济，这二者都是所谓'己所不欲，要施于人'。只有在阶级消灭后，才能实现'己所不欲，勿施于人'的原则。"匡亚明提出孔子讲"其身正，不令而行，其身不正，虽令不行"，是说领导人要起模范带头作用，应该肯定。毛泽东表示："孔子思想中有消极的东西，也有积极的东西，只能当作历史遗产，批判地加以继承和发扬。对当前革命运动来说，它是属于第二位的。"

从 1938 年开始，中国共产党对于传统文化的方针、态度，以毛泽东为代表，表达为"批判地吸收"。其主要意旨是，在批判的前提下吸收，批判居于主体、优位、前提的地位，这和这一时期党的革命中心任务是一致的。当然，由于党早期深受新文化运动的思潮的影响，所以这一时期对传统文化的方针也包含新文化运动的思潮对传统文化的态度。1949 年中华人民共和国成立以后的一个时期，在将近三十年中第一代领导核心仍然延续了革命斗争时代的文化方针与态度，突出阶级斗争，长期地以"批判地继承"作为文化的主导口号和方针，这在相当程度上制约了党全面继承、吸收古代的优秀文化，以服务于国家治理和文化建设。而继承中华优秀传统文化的真正自觉，要到21世纪初提出和谐社会建构才开始，在十八大以后才全面展开。习近平总书记指出，对于传统文化"要有鉴别地对待，有扬弃地继承"，这一思想不再停留在以往革命为中心任务时期的"批判地继承"的提法，不再把批判地继承作为文化传承的主导方针。扬弃是同时包含了发扬和抛弃两方面的辩证法，扬弃就是既取其精华，又弃其糟粕。在这个新的提法中，避免了以批判为先、为主的倾向，充分体现了党的工作重心转移为经济建设和改革开放的历史性转变后，从治国理政的整体需要对文化继承方针的新思考。

多年以来，我们在文化领域遇到的主要问题，不是要不要继承，而是如何继承，继承什么。前者是继承方法，后者是继承标准。毛泽东1938年说过，"我们不应当割断历史。从孔夫子到孙中山，我们应当给以总结，承继这一份珍贵的遗产"；他又说，"学习我们的历史遗产，用马克思主义的方法给以批判的总结"。1940年他在《新民主主义论》中提出"取其精华，去其糟粕"的方法，主张吸取民主性的精华、剔除封建性的糟粕，作为发展民族新文化的条件。1942年，在延安文艺座谈会上他提出"我们要继承一切优秀的文学艺术遗产，批判地吸收其中一切有益的东西"。他特别批评"言必称希腊"，强调"不但要懂得中国的今天，还要懂得中国的昨天和前天"，强调不能忘记我们自己的老祖宗，这些直到今天还是有意义的。但是由于中共早期的文化理念深受新文化运动的影响，又在新中国成立后停留在革命战争时代对传统文化的认识水平，于是在继承文化遗产的问题上，始终不能及时转变批判为主的思维。例如在如何继承古代文化遗产问题上，在很长时期内沿用了五四时期对科学和民主的强调，强调科学的、大众的文化，用以区别封建性和民主性的标准。其实，把民主和科学作为文化继承的标准是不够全面的。中国传统的道德文化和道德美德，唐诗宋词的美学价值，中和辩证的实践智慧，治国理政的经验总结等，都包含着超越时代的普遍性的文化精髓，不能仅在科学、民主的标准下被肯定。另外一种常见的误区是认为农业文明时代发展出来的文化已经全部过时，这是犯了机械决定论的错误，一些人不能认识到人类任何时代都可能创造出超越时代的文化。

继承中华优秀传统文化是中华民族永续发展的需要，继承中华优秀文化是中华文化不断创新发展的需要，继承中华优秀文化是中国特色社会主义实践的需要，继承中华优秀文化是中华民族伟大复兴的需要。文化的继承，关键是承认在中华文化中含有超越时空、跨越国度、富有永恒意义、又有当代价值的成分。因此，在民族精神与价值观上，中华文化为我们今天的文化建设并不是仅仅提供了"民族形式"，而是提供了积极、丰富的内容。

弘扬是把继承下来的传统发扬光大，因此弘扬与继承既有联系，又有区别，继承是前提，弘扬是在继承基础上的发扬，往往指在实践中自觉地予以宣传、贯彻、提倡、发挥。近年来，我们一直提倡弘扬优秀传统，发扬民族精神，都是自觉地对中华优秀文化加以发扬的积极实践。因此，真正的继承不是简单的承接，而是与弘扬联系在一起的，弘扬是更为自觉地继承传统的积极态度。继承意味着肯定，继承和弘扬的方针反映了现实的需要。继承与弘扬，正像继承与其他范畴的关系一样，不是割裂的，弘扬也是一种继承，发展也是一种继承，继承和弘扬发展是互相包含、整体关联的文化实践。

## 二、挖掘与阐发

如何继承和弘扬优秀传统文化还涉及挖掘和阐发。我们今天一般所说的继承、弘扬优秀传统文化多是指古代流传下来、体现为文字的经典文本，特别是其中的价值观念、经典语句、思想主张、文化命题。

继承是就既定的遗产之承接而言，一般多理解为自然性的，这里的自然是与自觉推动相对的。汲取与自然的继承有所不同，是一种主动、积极的态度。古代的继承多是自然历史过程，今天我们倡导继承，更多的是自觉、积极、主动的文化实践。可以说，真正的继承并不是自然的承接可以完成的，需要认真地对对象加以汲取。汲取本身是能动的，汲取的过程也是升华的过程，它使一切现成的文本形式和内容升华为我们可以利用的当代价值。汲取即努力地予以吸收，汲取又联系着挖掘和阐释。古代文化中的一个语句或命题有没有价值，有什么样的价值值得汲取，都往往需要经过挖掘和阐释。有的时候，语句的意义不明朗，需要经过人的解释和阐明，才能赋予、彰显其现代人觉得重要的价值含义，如天人合一。近代以来的许多批判性解释往往是把古代文化的资源歪曲了，或封闭了。我们所提倡的挖掘和阐就是去除那些望文生义的曲解，并使之向当代文化开放。深入挖掘既指要在古代浩瀚的书卷中寻觅出有价值的文本语料，又指对相对熟悉的历史资料的当代意义有深入的理解。

关于挖掘和阐发，更突出强调的是中华优秀文化的时代价值。因为优秀传统文化与时代的关系，有的并不直接，需要从新的视野来考察分析，去挖掘阐发，才能显现出其时代意义，才能建立起古代文本与现代社会的关联与连接。古代文化的命题有的"横看成岭侧成峰"，从不同视角看有不同的意义，挖掘和阐发就是要从当代的政治、经济、科学、社会、文化生活的需要去看，使古代文化的意义能与现代联结起来。古代文化的任何一个单元都是多层次的、立体的，关键是我们用什么视角去挖掘、理解、阐发它们。所以挖掘和阐发是实践主体和文化客体之间主、客体互动的关系，文化不是一成不变的、固定的客体，而是随着观察视野的变化呈现出变动的特点。在挖掘和阐发上，我们有过经验教训，历史上曾经有一个时期，我们对古代文化的继承只强调阶级分析，忽略了文本本来具有的多方面含义，忽略了文本的语句所包含的普遍性意义，而执着于具体的历史性因素；忽略了文化传承实践自身具有的能动的普遍化能力和普遍化属性，正是这种普遍化属性使得文本的意义随着历史上的不断诠释得到不断的丰富，并能满足当代社会文化的需要。

阐释的能动性还表现在，在文化传习过程中，阐释不是停留在古代文本的表面意义上，或停留在作者的原意上，而是建构性地把古代文化中原有语句或命题解释为另一种积极意义，扩大了原语句的意义及其适用范围，以适合当代的需要。挖掘和阐释还有一个面向，就是不以某一个特定文本或语句为对象来挖掘，而是通过大量考察各种文献，加以提升、提炼、总结、归纳，揭示出文化的精神、民族的精神，这也绝不是由直接、自然的继承所能完成和实现的。

中华传统文化源远流长、博大精深，其中最核心的内容已经成为中华民族最基本的文化基因。传承和弘扬中华优秀传统文化就是把中华文化中跨越时空、超越国度、富有永恒魅力、具有当代价值的文化精神和思想理念弘扬起来。挖掘和阐释就是要以这样的文化观为基础。

习近平总书记指出，要讲清楚中华优秀传统文化的历史渊源、发展脉络、基本走向，讲清楚中华文化的独特创造、价值理念、鲜明特色，要努力用中华民族的一切精神财富以文化人、以文育人，增强文化自信和文化自觉。

挖掘和阐发应在以下几个方面下功夫：要大力弘扬中华优秀文化的价值观，使中华文化讲仁爱、重民本、守诚信、崇正义、尚和合、求大同的价值观成为涵养社会主义核心价值观的基础和源泉。要深入挖掘中华优秀文化治国理政的经验，如民为邦本、政者正也、德主刑辅、礼法合治、居安思危等智慧，作为今天的启示和镜鉴，以利于国家治理体系的改进和完善。要努力传承和弘扬中华传统美德。中华传统美德是中华文化的精髓，蕴含着丰富的思想道德资源，如孝悌忠信、礼义廉耻，自强不息、厚德载物，仁者爱人、与人为善，努力促进中华传统美德的创造性转化、创新性发展。要充分继承和发扬中华文化中有利于调理社会关系、鼓励人们向上向善的思想文化内容，引导人们树立和坚持正确的历史观、民族观、国家观、文化观，增强做中国人的骨气和底气，培育文明风尚和社会氛围。

## 三、协调与适应

习近平总书记提出，要使中华民族最基本的文化基因与当代文化相适应，与现代社会相协调。这就表示，在文化传习的实践中必须与今天现实生活的需要相结合。古代文化的许多原则、精神是值得继承的，但其方式方法必须结合现时代加以改变，以适应当代社会。如古代重视孝敬父母，其原则和精神应该继承，但孝敬父母的方式方法要和当代社会生活相适应。又如古代文化强调个人道德，而没有发展出一套适合现代公共生活的准则体系，这就需要把古代的个人道德修养和遵守当代社会的公德协调起来。又如古代文化重视以德治国，这一原则在现代社会仍有意义，但必须与现代社会依法治国的要求结合起来。再如中国古代形成了根深蒂固的民本思想，这与现代民主在精神上是相通的，但古代的以民为本的价值观也需要在现代社会落实、转化进为一套建设民主制度的社会意识。所以，当代文化指的是社会主义市场经济、民主制度、先进文化、社会治理等。传统文化需要与之相协调、适应，才能为今天的社会服务。现代社会的生产及消费在主导性质上主要是工商社会，传统文化如何在工商社会、在商业化的时代找到自己的定位，发挥其应有的功能，都需要从协调和适应的角度去思考。但是，传统文化与当代社会的关系除了协调、适应的一面，还有继承、弘扬优秀传统文化对现代社会规范引导的一面。不能仅仅理解为传统文化向现代社会靠拢，要传统文化无条件地与现代社会的一切妥协，以至于对现代社会的弊病视而不见。也就是说，还要注重在现代社会文化环境中发挥优秀传统文化的价值引导功能。现代社会的碎片化倾向、当代文化的商业化、现代价值的个体化，都需要用优秀传统文化与社会主义文化一起来加以矫正。所以，我们说传统文化仍有现代价值，正是指传统文化的传习有助于矫治当代社会的弊病，促进社会文化健康发展。

当然，百年来中国社会变化很大，如农村从 1949 年以前到 1949 年以后，从改革前到改革后，从城市化前到城市化后，社会变迁与变动的速度很快。城市的原有社会关系在城市改造建设的发展过程中也在发生转型、变化。总之，人与人的关系及其关系形式都发生了巨大变化，这使得原来适用于旧的人际关系及其形式的规范在新的社会结构条件下不再适用。如现代社会公私企事业的人际关系主要是"同事"，这种社会关系就是古代社会很少有的。市场经济激发了人们实现个人价值的动力并为之提供了制度环境，但也强化了追求个人私利的动机，这与传统文化的主流价值观背道而驰。如何在新的社会关系结构中发挥传统文化的教化功能，还需要探索。可见，这些问题的解决，都不只是传统文化消极地调整自己去适应现代社会那么简单，而是包含着如何在变化的社会中积极地发挥传统文化对现代社会的调治作用，并使传统文化满足个人安身立命的需要。

## 四、创造性转化与创新性发展

习近平总书记指出："不忘历史才能开辟未来，善于继承才能善于创新。"传承和发展永远是联系在一起的。古人说"承百代之流，而汇乎当今之变"，就是指明任何对历史遗产和传统的继承，都是在当代的条件下的一种活动，而与当代的变化不可避免地汇合为一体，从而是自觉或不自觉地根据当今之变来从事继承的活动。因而，这种继承不能不包含着改造、转化、发展、创新。当然，在历史的不同阶段这种发展转化的程度不同。而今天我们所提倡的继承，是从自然到自觉，自觉推动文化继承向着理想方向发展、转化、创新。曾有一个时期我们讲"古为今用，推陈出新"。其实，古为今用就是文化传承要注重当代的需要，结合当代的视界；推陈出新并不是与传统文化彻底决裂，而是顺着中华传统文化的方向谋求新的发展。古人常说"承先启后"，承先就是继承，启后不仅是把承接的东西延续到后世，还要有新的发展、新的创造。古人常说的"继往开来"也是一样。在这个意义上，更好的表达应当是"承陈出新"，既有继承，又有创新，在继承中创新，创新以继承为基础。我们这样来理解"传承创新"或"传承发展"，才能辩证地处理继承问题上的各种关系。

对"创造性转化"有一种理解："创造性转化，就是按照时代特点和要求，对那些至今仍有借鉴价值的内涵和陈旧的表现形式加以改造，赋予其新的时代内涵和表现形式，激活其生命力。"其实，不能笼统地说创造性转化在表现形式上应完全弃旧图新，不能笼统说在文本的表现形式上要改造旧形式。因为在文化传承中很多都是"旧瓶装新酒"，如"天下兴亡，匹夫有责"，其文字语句的形式是可以传承的，但可赋予其新的内涵、新的理解。对于"创新性发展"，也有一种理解："创新性发展，就是按照时代的新进步、新进展，对中华优秀传统文化的内涵加以补充、拓展、完善，增强其影响力和感召力。"如果说在创造性转化的问题上不必特别强调形式的更新，而在这里恰恰应该提倡形式的创新。创新性发展中很重要的一点是创新普及、传播传统文化的形式，所以应该加一句"发展其现代表达形式，增强其影响力和感召力"。

转化和发展在对象上有什么区别呢？这可以用道德史上的"常"与"变"来说明。道德有随历史而变的，有不随历史而变的，这在古代儒家早有析论，如《礼记·大传》所说："立权度量，考文章，改正朔，易服色，殊徽号，异器械，别衣服，此其所得与民变革者也。其不可得变革者则有矣：亲亲也，尊尊也，长长也，男女有别，此其不可得与民变革者也。"这是强调具体的制度规定是可变的，贯穿于制度的精神原则是不可变的。就近代历史而言，至少自梁启超发表《新民说》以来，道德的可变是流行的主张，而道德有不可变者，反而常被人们忽略了。因此，道德遗产可分为"不可变者"和"可变者"。不可变者即跨越时空、超越国度、有永恒魅力的道德理念，其不变的内容要继承、发展；其可变的内容则要转化。可以说，转化主要是针对道德遗产之中随时代的变化而改变的部分而言的。

从诠释学的角度来看，继承就是对古代文本意义的态度及体验，是对文本意义的一种理解方式；继承不是对作者的意旨或古代文本意义的复制，而是在后世的语境中放宽文本语句的一般意义以容纳新时代的个别对象。因而继承不是对文本作者意向的重述、体验，而是寻求一种使广大读者共通共感的、可分享的思想文化内容。因为在内容上，作品的意旨本来就远比作者的原意更多，后世的解释就是把其中包含的、更多的东西结合时代之所需展开来讲，故文本、语句作者的原意在这里并不重要。由文字固定下来的文本、语句是开放给理解者的，从而文化的继承就是要通过每一个时代的人们自己的理解来赋予或揭示其中适用于今天的意义。继承的本质在于，真正的真理是文本的过去意义与今天的理解的结合。因此，在继承上，要尽力不去执着于文本语句的具体历史性，而着力阐明其中的普遍的意义、普遍的真理性。对诠释学而言，文本意义的开放性和解释者的创造性是最重要的。每一个时代的人们都面临着自己的新问题，由此不断更新对文本意义的理解，这才是继承。继承是创造性的继承，创造性应是诠释的本质，也是继承的本质。故在诠释学的立场上，继承必然是创造性的继承，而不是还原性的复制。

在文本理论上，诠释学认为，文本作为书写的语言形式，已脱离了时代具体性，文本成为独立于、超出于讲述者各种具体限定的存在。文本的重点是文本本身所说的东西，而不是作者意图，人们可以根据自己的理解对文本的意义加以创造性的诠释，以满足每个时代的实践的需求。这既是创造性的诠释，也是创造性的继承。诠释学所面对的是作为文化资源的文本，它致力于文本的传承、诠释、活用，力求拓展文本的一般性以包含解释需要的意义，并加以创造性的继承与转化。同时，诠释学认为对文本的理解和继承，不是复制、还原，而是应用、实践。照伽达默尔所说，诠释学自古就是使文本的意义和真理运用于当下的具体境况。诠释就是把文本的意义扩张，创造性地用于当下时代的需要，用创造性诠释来结合当下的实践需要，就是创造性转化。创造性诠释包括了改造及转化，如 20 世纪 50 年代有关文化继承问题讨论的参加者都一致认为，不管如何继承，继承的过程必然包括"改造"这一要件，所谓改造就是可以加以重新诠释，使其以往得不到彰显的意义凸显出来。故诠释学理解的传承一定是过去和今天的融合，传承必定包含新理解、新解释，不是原封不动地保持原有的含义，这里所谓"新"

即是理解者的创造性。

　　总之，文化传承是继承和发展的统一，只有通过创造地继承和有继承地创造，才能在文化的发展中使文化的连续性和创新性得到统一。文化的传承、创新应当注重以下几个方面：其一，重视文化发展的连续性，继续倡导继承、弘扬中华文化。其二，重视对古代文化进行辩证的分析和选择，取其精华，去其糟粕，要科学地确立标准。其三，重视典籍文本的开放性和解释者的创造性，古为今用、"承陈出新"。历史传承的文本在每一个时代都面临新的问题、新的理解，而不断需要更新其意义。当代的文化继承，不能停留在文本的训诂层次，而是使文本积极地向新时代开放，把文本的思想和我们自己的思想融合在一起，让过去和现在的视界融合。当代的文化传承，不是把古代文本的意义视作固定的、单一的，而是使今人与历史文本进行创造性的对话，对典籍的文本作创造性的诠释，对传统文本的普遍性内涵进行新的诠释和改造，以适应当代社会文化的需求。

　　"两创"的实践领域非常广泛。从实践来看，创造性转化和创新性发展，主导的方向是现实问题的解决。"两创"的研究要发扬理论联系实际的学风，使"两创"的实践更多地指向解决今天中国的问题，回应时代的挑战，转化为民族复兴、国家富强、人民幸福的精神财富；使"两创"的成果有利于解决现实问题，有利于助推社会发展，有利于弘扬民族精神和时代精神。

　　传承和弘扬中华文化绝不意味着封闭自大，不看世界，中华文化的传承弘扬并不是当代中国文化发展的全部，当代中国文化的发展还包括广泛吸收、借鉴世界文明的有益的经验、成果等多方面。在历史上，中华民族一向兼收并蓄、海纳百川，不断学习、吸收其他民族的好东西，把其他民族的好东西化成自己的东西，成为自己文化的一部分。文明因交流而多彩，因互鉴而丰富，对世界人民创造的优秀文明成果，我们必须要认真学习借鉴，在不断汲取各种文明养分中丰富和发展中华文化。

# 政协大会发言

　　我们今天的一个重要任务，就是大力传承发展中华优秀文化，担当起中华民族伟大复兴的重大责任。

　　我们讲文化自信，主要就是价值观的自信。

　　文化自信不只是党和国家决策层面的事，也是中华民族全体成员的事。然而，文化自信对广大人民特别是青少年而言，并不是自然就有、生来就具备的，而是需要"培育"之功。

## 弘扬中华优秀文化

　　习近平总书记指出："中华优秀传统文化是我们最深厚的文化软实力，也是中国特色社会主义植根的文化沃土。"中华文明是世界文明史上唯一的连续性文明，五千年文明的连续发展是中华文明的重要特征。历史学家认为，中华文明具有如此长久的连续性，证明中华民族的历史发展必有一伟大的力量寓于其中。这个力量就是我们的中华优秀文化和它所滋养的中华民族的民族精神，它赋予了中华民族伟大的生命力和凝聚力，我们今天的一个重要任务，就是大力传承发展中华优秀文化，担当起中华民族伟大复兴的重大责任。

那么，中华优秀文化体现在哪些地方呢？中华文化源远流长、博大精深，而其中最核心的就是中华文化中的一套思想理念、价值观和民族精神。其中主要包括：一、天人合一。所谓天人合一就是注重人与自然的和谐合一，注重人道和天道的一致，不强调征服自然、改造自然，不主张天和人的对立，而主张天和人的协调。二、以人为本。中国传统文化的显著特点是以人为中心，中国古代哲学主张"天地之生，人为贵""人者，天地之心"，肯定人是宇宙的中心。中国传统主流文化不重视彼岸世界，始终关注的焦点是人类社会的有序和谐与人生理想的实现。三、崇德尚义。中国文化自古以来重视人的德行品格，重视德行的培养和人格的提升，历来高度推崇那些有高尚精神追求的人士。孔子说"杀身以成仁"，孟子说"舍生而取义"，这都是主张道德信念的恪守和道德理想的坚持可以不受物质条件的影响，在一定的条件下比生命还重要。除了这些核心理念，几千年来中国文明形成了明确的、独特的价值偏好，即责任先于权利，义务先于自由，社群高于个人，和谐高于冲突。

中华文化的价值观已经成为中华民族最基本的文化基因。我们讲文化自信，主要就是价值观的自信。优秀传统文化的具体表现是多方面的，我们要积极传承发展。如讲仁爱、重民本、守诚信、崇正义、尚和合、求大同的理念，要使之成为涵养社会主义核心价值观的基础和源泉。又如民为邦本、"政者，正也"、德主刑辅、礼法合治、居安思危等思想智慧，可以作为今天的启示和镜鉴，以利于国家治理体系的改进和完善。中华传统美德是中华文化的精髓，如仁、义、礼、智、信五常，孝、悌、忠、信、礼、义、廉、耻八德等，是中华民族在漫长发展历程中生生不息的主要支撑，必须努力传承和弘扬。中华文化中有许多思想理念为解决当代人类面临的冲突提供了有益的启示，孔子在两千五百年前提出的"己所不欲，勿施于人"态度与"和而不同"的精神，有利于处理人与人的矛盾冲突，有利于处理不同文明之间的关系，也展示了中华文明处理人类难题的智慧，要深入发掘和阐发。

优秀传统文化有各种各样的具体表现，而民族精神则是指中华民族绵延发展的深层动力和总体精神，《周易》中的两句话可以作为中华民族精神的集中表达。《周易》里面解释乾卦说："天行健，君子以自强不息"。中华文化主张刚健有为、积极进取、奋发向上、永远前进，这体现了中华民族愈是遭受挫折，愈是奋起进取的精神状态和坚韧意志。《周易》里面解释坤卦说"地势坤，君子以厚德载物"，体现了中华文化特有的"兼容并包""以和为贵"，崇尚和谐统一的宽厚胸怀。

20世纪的中国哲学家冯友兰曾经说："1949年以后，我时常想，在世界上中国是文明古国之一，其他古国现在大部分都衰微了，中国还继续存在。不但继续存在，而且还进入了社会主义社会。中国是古而又新的国家。《诗经》上有句诗说，'周虽旧邦，其命惟新'，旧邦新命，是现代中国的特点，我要把这个特点发扬起来。""旧邦"就是有古老文化历史的国家；"新命"就是其生命不断更新发展。让我们不忘本来、吸收外来、面向未来，不断增强中华优秀传统文化的生命力和影响力，不断创造中华文化的新辉煌。

## 培育文化自信，担当复兴大任

习总书记谈到文化自信时指出："体现一个国家综合实力最核心的、最高层的还是文化软实力，这事关一个民族精气神的凝聚。我们要坚持道路自信、理论自信、制度自信，最根本的还有一个文化自信。要从弘扬优秀传统文化中寻找精气神。"民族精气神就是民族精神。他说："要对博大精深的中华文化有深刻的理解，更要有高度的文化自信。"他还指出："文化是一个国家、一个民族的灵魂。历史和现实都表明，一个抛弃了或者背叛了自己历史文化的民族，不仅不可能发展起来，而且很可能上演一幕幕历史悲剧。文化自信，是更基础、更广泛、更深厚的自信，是更基本、更深沉、更持久的力量。坚定文化自信，是事关国运兴衰、事关文化安全、事关民族精神独立性的大问题。"可见，"文化自信"是事关民族精神的大问题，指向对博大精深的中华文化的高度自信。文化自信是民族精神的一种自觉形式，是体现民族灵魂的力量，直接关系着中华民族的伟大复兴，是实现中华民族伟大复兴中国梦的精神基础。我们必须从民族精神和中华民族伟大复兴的角度深入理解文化自信的意义。

习总书记讲话肯定了文化自信主要是指对优秀传统文化的自信、是对中华民族的历史文化的自信。文化自信就是相信中华文化的伟大生命力和创造力，就是充分肯定中华文化在世界文明中的独特魅力，就是确信中华优秀文化包含的跨越时空、超越国度、有永恒魅力的价值内涵不仅在历史上为中华民族提供了丰厚滋养，也必将在当代的创造性转化与创新性发展中，不断发扬光大，促进中华民族的伟大复兴。对中华文化和文化自信的阐发，是习近平新时代中国特色社会主义思想的重要内容，也表达了一种突出的文化意识。

目前大家多从执政党的理论、理念来理解和强调"坚定文化自信"，我完全同意。我也想从另一个角度来阐发"文化自信"观念在教育工作中的重要引领意义。这与培育社会主义核心价值观在内容上是密切关联、融为一体的。我认为，文化自信不只是党和国家决策层面的事，也是中华民族全体成员的事。然而，文化自信对广大人民特别是青少年而言，并不是自然就有、生来就具备的，而是需要"培育"之功。因此，在讲"坚定文化自信"的同时，从教育界的角度来看，还要讲"培育文化自信"。"培育文化自信"作为教育理念，应当成为教育宗旨的主要部分。培育文化自信主要是教育系统的事，而培育文化自信，涵养民族精神，必须从青少年抓起。2017年1月中办、国办印发了《关于实施中华优秀传统文化传承发展工程的意见》，这个文件非常全面，也非常及时，其中首要的一条，就是要把中华优秀传统文化贯穿国民教育始终。要增强全民族的文化自信，就必须高度重视、认真落实中办、国办发布的这个《意见》，认真研究其中的具体内容和要求，把《意见》真正落到实处。特别是，教育部门应该制定具体落实《意见》的文件，明确拿出课时，妥善制订课纲，创新教学和教材形式，发挥中华文化以文化人、以德育人的积极作用。

我们应该把"培育文化自信"作为根本教育理念，站在这样的高度来引领这一贯彻过程。同时，我们需要有一种制度机制来保障这一文件的落实。国家、各省市教育部门必须有一套明确的政策措施，予以贯彻落实。各地各级学校的校长和老师中蕴藏着很大的积极性，有了制度推行的机制，教材编写的问题、教师培训的问题都不难得到解决。从 2017 年 1 月两办文件发布到现在，已经一年多，但目前还看不到各方面落实的步骤，这不能不令人感到担忧。如何把两办意见真正贯彻下去、落到实处，是教育工作的一项根本要务。

每个时代都强调培养符合新时代要求的新人，今天我们要让中华优秀传统文化更多地走进中小学，走进青少年的心灵，用传统文化内容中向善、向上的力量，培养一代新人，即"培养担当民族复兴大任的时代新人"。

Ⅲ 访

谈

录

中国这一百年来的政治、社会和文化的实践，其实走的是一个特定的步伐。我们并不是完全按照西方的办法走，当然也不是按照传统走，但是从中国的步伐中你能够看到传统的一些影响。

# 天涯并不遥远

——国学如何走向世界

时间：2006 年 8 月 8 日下午

地点：哈佛大学东亚系杜维明教授办公室

嘉宾：杜维明、陈来

## 一

陈来（以下简称陈）：首先我给您介绍一个情况。今年年初，《光明日报》设立了一个国学版，用一整版的篇幅来介绍国学知识。对这件事，从上到下，大家的反应相当积极、热烈。您对这件事有什么看法？

杜维明（以下简称杜）：我觉得《光明日报》此举是开风气之先。所谓开风气之先，可以从三方面来看：知识界、学术界和文化界。设立国学版一方面有学术意义，它倡导真正的学术研究；同时对于知识界，它可以促进形成一种共识；另一方面它还能够提高文化界的水平。从这个角度上，我觉得这件事是开风气之先。

陈：您说得很对。国学版确实是从学术界到知识界、文化界这样一种扩散，它面向的公众面是非常宽的。20世纪90年代中期，曾出现过一次所谓的"国学热"，但仅限于北大，整个社会对于国学的关注程度还谈不上很热。但是这几年，从企业界到文化界、教育界，社会大众，包括小学生家长，都对国学有了更多的关注。

杜：中国的"国学"在海外，不管是在欧美，还是在日本，基本上凸现的是它的文化价值。在日本，早上它的国家电视台时常播放唐诗。先是用现代汉语，然后用日语，最后是解释。所以一讲到中国，大家最深刻的印象就是文化。我也注意到，在国学问题上一开始就有争议，有不同的观点出现，但我觉得无论是从研究角度，还是从文化角度来看，这种争议是一个好事情。而最坏的情况，就是把它当成不相干的东西，把它边缘化、淡化，人们对最深刻的文化传统没有敏感度，这是最危险的。

陈：我记得以前您有一个说法，说由于不少现代知识分子把国学看成不相干的东西，使得中国文化传统对我们来说正在变成一个"遥远的回响"。现在从国学版创刊等情况可以看出，国学在今天已经不是遥远的回响了，而是变成贴近我们生活，存在于我们的社会文化里面一个新的、有活力的文化因素。

杜：是啊。鸦片战争以后，中国的知识界感到屈辱、悲痛、愤怒而又无力。鸦片战争以后一直到五四时期，中国的军事、政治、社会乃至文化认同都出了问题。这段历史记忆非常深刻。现在我们当然从低谷走了出来，但是不要忘了在屈辱感的影响下出现的心灵畸形。确实有一种强势、强烈的反传统心态长期存在于知识分子之中，有些人把传统当作包袱想把它丢掉。对于他们所表现出来的批判精神，我们应该有所肯定，但是我们不能像他们那样。因为传统已经进入我们的生活，进入我们的血液。

陈：我现在比较乐观一些。这一次国学热跟以前不一样，基础比较厚、比较稳。新世纪，对国学的关注，应该说是中国经济迅速发展背景下文化自信和文化自觉的一种表现。

杜：我完全赞同。国学开始家喻户晓。我感觉到，从1994年以来，特别是到了2000年以后，情况明显不同。

二

杜：我觉得现在国学热存在对儒学很重视的现象，但不要忘了道家以及所有先秦文化都是中国文化的组成部分。另外值得注意的是，我认为在中国现代学术中真正的显学是佛教。佛教的研究很扎实，包括从文本的分析到语言的研究一直到佛教和现代化的关系。国学研究牵涉到国学这个提法和中国文化研究的特色到底在什么地方可以结合，又在什么地方有所不同。

陈：西方文化进入中国以前，中国已经有两千年以上的学术文化传统，形成了一个自己的体系。在西方文化大举袭来的情况下，近代中国产生了"国学"的观念，它用来应对西方文化进入后的文化格局，作为与西学、现代学科有区别的一个分类，来指称中国传统的学术。而"中国传统文化"的观念，其范围就广得多了，既包括学术的形态，又包括非学术的形态。

杜：我提一句，一方面是面对西方文化的冲击；另一方面还不只是这样，国学有它自己的核心价值。其实国学是中国学术文化研究的一个特色，比如像经学研究，具有中国特色的儒学乃至美学、文学批评、画论、文论、诗论，还有中国的史学，波澜壮阔。各种研究都跟国学的特色有关系。所以我觉得，要想了解国学的发展过程，我们不要过于狭隘。另外我还想到读经，对于塑造中华民族最重要的经典，我们要尊重它、理解它。西方的学者对莎士比亚、对《圣经》、对古希腊的哲学有一种尊重、理解，把这当作现代知识分子的一个条件，这有什么可争议的？从这个意义上看，国学就是具有本国特色的学问。事实上，各国都有它的国学。美国的国学应是美国研究，德国有独特的哲学，英国有深受爱尔兰影响的文学。比如爱尔兰人说："英国给我们的是语言，但是我们给英国的是文学"。所以从这个角度看，国学的观念有相当深刻的现代意义。

陈：刚才您举了很好的例子。国学不仅是在现代西学冲击下对固有的知识体系的一个简称，同时也是因为这个固有的知识体系里面有一些内在的脉络、一些固有的体系结构，也有它固有的意义，而对此不可以用西方的文史哲的划分来简单地对应。我想补充的是，首先，国学作为传统学术，是一分为二的。

五四运动以来，我们研究中国传统文化或者说关注中国传统文化，主要是从消极的方面，去找它的毛病，想用这个办法去促进中国的现代化。但是现在的态度有了很大的变化，我们今天对待传统文化是要从积极的方面入手，冯友兰先生就讲过这个意思。我们今天提国学这个概念，一方面是要把它变成一个象征符号；另一方面更重要的是发扬它积极的成分来结合到政治、经济、社会生活和教育实践中来，以发展我们今天的人文智慧，来解决我们今天面对的社会文化课题。所以不是一说国学就代表着对传统文化的盲目肯定，这是一个容易产生误解的地方。其次，五四运动以来我们对于国学有过很多的批判，对于其中那些今天看来比较偏激的成分，我们要逐步地对它加以修正，加以反思。但是今天也有一些狭隘的激进主义色彩的提法出现，这一类提法我想我们也要当心。

杜：我也有同样的顾虑。所以我在很多场合都强调各种不同核心价值之间的对话，还有就是轴心文明的对话。把儒家当作一枝独秀是站不住脚的。首先，我根本不相信儒家在中国有过一枝独秀的历史。了不起的事件就是汉代的独尊儒术，但是司马迁在《史记》里就批判以儒学为控制手段的公孙弘是"曲学阿世"。在汉武帝的内心世界里面，方士、阴阳的东西有很多，不能说是信奉儒家的皇帝。即使在大儒董仲舒的思想里，也有一种综合，儒、道、法、阴阳家都包括在内。从 2 世纪到 11 世纪，中国的精神世界中，了不起的大思想家不一定都是儒家。我相信，有史以来中国最有影响的知识分子是玄奘，玄奘的影响最大。唐朝对玄奘极为尊重，因此才能够组织三千多人来参加翻译佛经这一大工程。其次，我认为儒家的批判精神必须要成为儒学进一步发展的动力。我可以肯定地说，儒家的任何一个价值、任何一个人物、任何一种理念都可以被积极地批评。最后，再严格地说，儒家没有教条，所以总是要有所争议。

## 三

陈：2001年联合国发表了关于文化多样性的宣言，去年联合国又正式发表了关于文化多样性的公约。如果从文化多样性的角度来看我们今天的国学热，来看我们今天尊重和发展中国文化的努力，我想它的价值就不仅限于中国自己。

杜：以前把现代化看作是同质化的问题，就是向着同一个方向靠拢，全球化使得西化速度更快。现在看文化全球化，其进程中文化的多样性一直会维持相当长的时间，有人说会维持一百年，我想可能还不止。我希望中华民族的文化认同是开放的，而且具有非常深厚的自我反思能力。各个不同的国家都有代表它特色的民族文化。各个不同地方的文化都可以成为有区域价值的知识。值得注意的是，如何使具有根源性的地方知识、特殊价值，成为有普世意义的知识和价值。以儒学的发展为例，从曲阜的地方知识变成齐鲁的，变成中原的，然后变成东亚的，现在也希望变成世界的。

陈：关于文化认同，有些人认为因为中国近代受到冲击才会有这个问题，这是中国特有的，但是我觉得西方也有。比如近代意大利的维柯很重视民族的独特性和文明的差异性、多样性。德国 18 世纪的赫尔德，很注重民族文化的形式，甚至提出民族精神的问题。他把民族精神看作表现文化多样性的一个特色，把群体的文化认同看作个人幸福的一个条件。如果个人没有特定的语言、民族、文化记忆这样一种特定的归属，就谈不上个人的自由创造。所以文化认同、文化社群、文化归属，不是排斥个人创造发展，相反它要把发展自由创造的问题置于一个有共同文化形式的基础上。

杜：你刚才提到的"认同"实际上是 20 世纪 60 年代初期才有的提法。我把英文 identity 翻译成"认同"。这个概念出现后在西方用得非常广。国学是中国文化认同不可或缺的侧面。国学在国际学术界有没有影响力，要看中国文化圈从事文史哲的学人能否共同努力，既深入研究具有中国特色的学问，如经学，又能广结善缘，和东亚学者、亚洲学者乃至欧美学者共同探讨人类共有共享的文化资源。从长远来看，如何鼓励青年才俊以人文学为志业，以参与塑造中华民族的文化认同为荣，是一个重要的问题。

# 朱熹的历史与价值
## ——法国戴鹤白教授采访陈来教授

时间：2010 年 7 月 15 日

地点：清华立斋

嘉宾：陈来、戴鹤白

戴鹤白（以下简称戴）：陈教授您好！今年是朱熹诞生八百八十周年，中国北京、福建等地都将举办关于朱熹的讨论会和纪念他的活动。我今天要提的问题都是围绕这个在西方既很出名又很陌生的中国宋代哲学家。您对朱熹的研究有很大的贡献，您认为在中国的哲学史中，朱熹占有什么样的地位？

陈来（以下简称陈）：我觉得在中国哲学史上，有两个人的地位最重要。第一个当然是孔子，孔子对夏商周，一直到春秋的文化，对早期中国文化作了一个总结，并把这种总结上升到哲学的高度，这是第一个贡献。孔子通过这种总结和哲学上的提升，开创了儒家这个哲学学派。这个学派成为中华文化的主要部分，影响了后来两千五百年的整个中国文化。朱熹比孔子差不多晚一千五百年，他是中国文化史上另一个集大成者，他的作用可以说和孔子几乎相当。那个时代，一方面，朱熹总结了孔子以来儒学的发展，所以他也起到了总结文化的作用；另一方面，他又有提高，这个提高是新的——面对佛教文化的进入和佛教文化对儒家文化的冲击，他要重建儒学的思想和哲学基础。比如说，宇宙论、心性论、修养功夫，他要做一个重建，这些成就都是集大成式的。所以，孔子可以说是中国第一个集大成的人物，而朱熹则是孔子以后的第二个集大成者。从 12 世纪以后，朱熹的思想一直影响到 19 世纪。从南宋末期到元明清三个朝代，都是以朱熹的思想为正统，当然朱熹的思想也受到很多的批评，面临许多挑战，但我想这都没有关系。另外，如果从整个东亚看，韩国一直到 19 世纪末还受到朱熹思想的影响。日本也有几个世纪，特别是 17、18 世纪，朱子学的影响比较大。所以，我想朱熹的影响和孔子一样，一方面在中国产生过大的作用；另一方面在东亚的思想和文化历史上，也有占有重要的地位。

戴：您把他放在第一还是第二的位置上？

陈：第一是孔子，第二是朱熹。

戴：那么，明代的王阳明，您认为他的地位没有朱熹那么高？

陈：我觉得王阳明的地位没有那么高。因为王阳明的时代比较晚了，已经到了 16 世纪初，这期间差了五百年。有个笑话，进入 21 世纪的时候，有很多人喜欢做这样的事，欧洲是，美国也是。因为现在要进入新的世纪，就看看过去的一千年里，有哪些影响世界的人物。在这个 list 里，有朱熹，但没有提到王阳明。王阳明没有那么重要，时代不同了，因为他和朱熹差了五百年。

戴：您写的著作中有《宋明理学》，其中有朱熹的十个主要概念，理气先后、理气动静、理一分殊、已发未发、心统性情、天命之性与气质之性、主敬与涵养、格物穷理、道心人心、知行先后。你认为这十个概念中，哪个最能代表朱熹的思想？哪个是最重要的？

陈：我看都很重要（笑），因为可以从不同的角度讲。比如说一个纯粹学哲学的人，特别如果是学西方哲学的话，你会容易认为宇宙论（cosmology）的、本体论（ontology）的讲法可能比较重要。因为西方哲学里面，宇宙论、本体论等论题比较重要。但在中国其实不一定，可能最重要的不是宇宙论，也可能是心性论。但不管怎样，我想以前有一个讲法，"宋明理学"可以叫作"性理之学""性理学"，韩国人也是讲"性理学"。在朱熹的思想中，有关性和理的讨论应该是最重要的。

戴：但是这十个概念中，他最有创造的是哪个？他虽然是集大成者，但是有没有一个他自己最特殊的突破？

陈：比如说关于理气的讨论，我觉得这个就非常具有独创性。因为在二程那里，并没有明确地讨论理气问题，他们讨论理和事，理事一源；理和象，《周易》中的象；理和数，但没有直接讨论理气的问题。周敦颐讲到气，邵雍也讲气，但他们没讲理。周敦颐讲太极，朱熹说太极是理，但周敦颐自己并没有讲太极就是理。所以，我觉关于理气的讨论是朱熹的突破。一方面他有总结；另一方面他又有创造。理气的思想对后来的影响很大，元、明、清时讨论整个哲学问题，都不可能离开理气这两个最重要的范畴。

戴：这是个很重要的概念，在您的《宋明理学》中其他哲学家没有提到这么多的概念，只有他有十个，是不是说他创造了最多的概念？

陈：不一定都是创造概念，有的是继承的，因为集大成是综合各家的。比方说"已发未发"，这个问题不是他自己提的，这个问题在《中庸》里面就有了，北宋又开始讨论它。朱熹有他新的理解，但问题不是他的独创，只是对问题的处理方式，他是独特的。当然朱熹的独特观点是通过对前人思想的总结，通过梳理二程特别是程颐的思想，才有了新的看法。比如说知行的问题，知行的问题就更早了，《尚书》就有了，它不断地出现在各个历史时代，宋代理学也有。知行的问题不是新的，但是强调知是先，行是后；知是轻，行是重。这个讲法是朱熹独创的，是他特有的观点。

戴：在这点上，他和陆九渊的观点是否相反呢？

陈：有一些差别吧。我想朱熹所使用的哲学范畴不一定是新的，但是他对这个问题的处理方式是新的。

戴：那么，这十大范畴，会不会构成了朱熹的哲学体系？

陈：我相信是这样的，它们是构成朱熹哲学体系的重要部分，当然不是全部，朱熹的思想非常丰富，涉及面非常广。我们现在就是用我们现代人所理解的"哲学""思想"的观念去理解理学的。比如说什么是最重要的哲学问题，什么是最重要的理学问题，这是根据我们现在的理解所概括出来的比较重要的问题。可能随着我们对理学研究得更深入、理解得更多以后，我们会谈一些作为理学或者儒学的、更特殊的问题。因为以前我们在处理这些问题的时候，中国哲学还是处在一个主要以西方哲学作为参考的背景下。那么朱熹哲学里到底是否还有一些从中国思想自己看来很重要的问题，虽然在西方哲学角度来看不重要，但是从中国哲学的角度来看很重要？比如说我现在要讲的"四德"问题，也许我们在以后写朱熹哲学时需要把这个问题写出来。元亨利贞，在西方哲学中不可能重要。但你看元亨利贞、仁义礼智，这"四德说"也许以后我们再讲朱熹的时候就要讲这些问题，所以我们所谈论的朱熹是我们现在理解的问题，并不等于说包括了朱熹所有的思想。

戴：关于"理"的概念，如果用英文或白话文该怎么翻译呢？

陈："理"这个概念的英文，大家喜欢用 principle。Principle 的中文翻译也有好几个——原则、规律、原理，我们现在基本上也在用。我们基本上用原则、规律、原理这三个词来解释"理"。当然了，这是在"理气论"的意义上。在伦理学上，"理"在不同的语境下有不同的翻译。比如说作为道德的规范，理一分殊，具体的"理"，就是指具体的道德规范。如果一个具体的事物，桌子有桌子的理，这个"理"就不是指道德规范，而是说桌子有桌子的属性，或者本性。我们现在处在白话文的

**语境下，在白话文的哲学语言、体系里，这个"理"要用很多词来解释它。**

戴：能不能用"真理"来翻译？我在翻译朱熹的几封信时，有的时候将它翻译成真理是比较恰当的。

陈：有时候是可以的，因为"理"在有的时候确实表示真理，但不是说所有的地方都能用真理。

戴："理"就是太极，也可以说是本体。那么荷兰哲学家斯宾诺莎认为，有上帝在配合本体这个范畴。那么，在中国，"理"是否可以变成中国人的上帝？

陈：不可以。因为这是整个理学的一个重要特点。古代中国有"上帝"这个概念，但在西周的时候，"上帝"这个概念更多的是用"天"来表达，这个"天"不仅仅是自然的天，它是代表"帝"。所以天是一个主宰，它有人格主宰的意义。但经过西周，这种意义慢慢地发生了变化。到孔子时代，其人格主宰意义慢慢被淡化，但仍然保存着。你看在孔子的《论语》里面，"天"不纯粹是自然的天，它跟老子讲的不一样，"天"仍然带有主宰的意思，只是没有那么强了。在宋代，"天"解释得非常清楚："天者，理也。"就是说"天"不是上帝，"天"只是一个宇宙自然法制，而不是一个宇宙的人格主宰。所以，从这个意义上来讲，它不是一个上帝的概念。

戴：您的《朱子哲学研究》第336页说，有人把朱熹和康德作比较，但是您更愿意把他和莱布尼茨作比较，请问这是什么原因呢？

陈：其实可以有很多的比较，一些新儒家比较喜欢用康德（kant）与朱熹作比较。但因为康德比较喜欢讲主体性（subjectivity），这与朱熹的情况不太一样。如果说朱熹跟谁比较接近的呢？我想古代的是柏拉图（Plato），近代的还是与黑格尔（Hegel）比较接近，比较讲究一个客观的本体，而不是强调主体性，当然他对"心"也很重视，所以我不太赞成从康德的角度来讲朱熹。另外，有一些人用康德的思想来讲朱子的时候，基本上是用它来批判朱子，因为康德有自律（autonomy）的概念，朱熹的思想则没有，二者是不相干的。斯宾诺莎（Spinoza）、莱布尼茨（Leibniz），都比康德更接近朱熹。因为他们都有系统的宇宙论，康德没有一个真正的宇宙论。

戴：朱熹以为去世的皇帝在天上是有灵魂的，这是一个普遍的信仰吗？

陈：古人认为，不仅是皇帝，所有的人死了以后，可能都有魂。但这种魂在朱熹那里，已经用"气"来解释它们，魂和魄都是用"气"来解释。就是人死了后，魂魄不会马上消灭，但也可能慢慢地消灭，也可能很长时间才消灭。那么祭祀的作用，就是希望活着的人与魂气能够相接，能够沟通。所以，格物的"格"字，古代的儒家都讲"祖考来格"，祖考就是祖先死去的魂气，你祭祀的时候，它们就会有反应。灵魂来了以后，它们就能享用你的祭祀品，当然这个享用不是我们日常意义的享用，它们不会用嘴来吃，但是它们会享用。所以理论上，不仅皇帝是这样，所有的人都是一样的（死后会灵魂不灭）。

戴：朱子里面有一个很重要的概念"心统性情"，这是不是说，人能够实现超越，主宰他们本身的命运，获得自己的自由呢？

陈：我想，可能还不能完全说人就可以主宰自己的命运。因为性和情都是属于主体的部分，而命运是外在的网络，它是决定性的。但朱熹很强调心的自由，心不受情的限制，如果心受到情的限制，就没有自由。"心统性情"，是说心能够驾驭性情，控制性情，它才能够从性情的限制中摆脱出来，实现自由。但是这种自由不等于是命运的自由，只是情欲的自由。

戴：朱熹经常和道家、佛家作比较，说心是主动的，而不是被动的。是不是这个意思呢？

陈：我想朱熹更多的不是讲心是主动的，还是被动的，他主要还是讲心有伦理的、道德的内容。因为他认为佛教讲的心是"空"的，空的里面没有"理"，实的里面有"理"。这个"理"当然就是"性即理""心具理"，无论怎么样，心都不能是空的。他就认为，道教也好，佛教也好，特别是佛教，心是空的，因为里面没有东西。佛教、道教的心是空的，就是没有任何作用，而且没有任何有价值的内容，这是理学家特别反对的。

戴：在西方，一般很少敢说中国哲学是形而上学，你认为朱熹的思想是不是形而上学？

陈：我认为理气论就是形而上学。另外像心性论，因为在西方的传统里，自亚里士多德以来，形而上学就强调实体论，但很少讲心性论。但从中国哲学的角度来看，心性论也有形而上的意思（笑）。

戴：那么，形而上学是从朱熹开始的，还是以前就有呢？

陈：这个在朱熹以前就有。老子重视形而上学。另外魏晋时代的新道家、魏晋玄学（王弼等）的思想，都是一种形而上学。宋代，程颐的思想中也有形而上学，只不过那不是他思想的全部，只是其中的某个部分。

戴：在您的著作《朱子哲学研究》中，您说"陆九渊大胆指出《太极图说》与道家的关系是有见地的"，而又说"陆九韶和陆九渊认为朱熹所谓提出'无极'以防止人们误认'太极无极同于一物'的说法是牵强的"。那么您到底是怎么看的？

陈：其实我不是说朱熹所有的解释都是牵强的，也不是说陆九渊所讲的都是有道理的。我只是说朱熹的说法有自己一套独特的解释，陆九渊也有自己的一种解释。只是陆九渊的解释比较简单，朱熹的解释比较复杂。比如陆九渊说"无极"是老子的，乍听起来好像很有道理，道家一直在讲"无极"嘛。但是朱熹的解释说明了概念没有学派的属性，概念是每个人都可以用的，最重要的在于你怎么理解它，怎么使用它，赋予它什么意义。你比如说"无极"，无极而太极，朱熹就把"无极"当作"无形"来理解，"无极而太极"就是无形而有理。这个解释就变成儒家的了，所以朱熹的讲法就比较复杂。

戴：朱熹的思想在近代受到很多人的排斥，是因为他代表了正统。那么，在现代呢？你认为朱熹的思想在现代有什么样的地位呢？有没有很多人研究他？您认为，现在的儒学复兴是一种表面的现象，还是真实的内容？

陈：不，我觉得不是表面的。现在中国人的心情是真实的，希望文化复兴。但一个新的复兴是不容易的，需要有新的朱熹出现，新的二程出现，新的思想家出现。在 20 世纪，已经有一些新的儒家思想家，比如说熊十力、梁漱溟、冯友兰都是 20 世纪新的儒家哲学家。21 世纪应该有新一代的儒家思想家，因为熊十力、梁漱溟、冯友兰等继承儒家的思想著作，都是在 20 世纪的前 50 年写的。到了 20 世纪的后 50 年，整个主流文化是批判儒家文化的，比如批林批孔。在这半个世纪里没有出现新的儒家思想家。现在虽然大家，老百姓也好，知识分子也好，对传统文化有兴趣，也希望了解学习，儒学确实是在复兴，但是这种复兴还是在文化上的复兴，还不是哲学上的复兴。所以现在有小孩子念《三字经》《论语》，这表明文化在复兴。但真正、完全的复兴，必须要有新的思想家的出现，比如像熊十力、冯友兰那样的人，21 世纪儒家的复兴才能真真正正地发展起来。所以这个复兴真的是真的，但现在才刚刚起步。

戴：现在中国社会可以说有一个大的"反转"，甚至有人说是一种"复辟"。那么，现在对朱熹的恢复、平反，刚才说他曾受到批评，这是不是反映了社会的整个反转？

陈：社会变化很大，特别是从毛泽东时代过来，我们到了后毛泽东时代。从邓小平时代开始一直到今天，整个社会结构变化很大。大家在这个变化过程中，对文化的理解也产生了变化。如我刚刚讲的，人民一般来讲，对于他们自己的传统文化越来越有兴趣。但是也有相当多的知识分子对文化传统持一种批判的态度，特别是学习现代文学的学者，受到新文化运动影响比较深的学者，比如说北京大学的一些学者，他们仍然是对朱熹，甚至对孔子这样的人持批评态度，这样的人还不少。但是，我想，虽然这些人还在，但是这种情况正在变化，他们的力量越来越小了，同情传统文化的人越来越多。所以还会有争论，还会有人写文章批评朱熹，但是我想社会形势已经改变了。如果你看未来二三十年，朱熹的地位会越来越高才对。

戴：我最近在法国翻译了朱熹"戊申封事"（写给皇帝的报告），他直接或间接地批评了孝宗皇帝的一些缺点。那么这种方式您认为在南宋时期是普遍的吗？是朱熹个人的勇气非常突出的，还是一般文人都可以封事？

陈：封事这个事情在南宋是普遍的。如果你没有机会和皇帝当面表达你的意见，你就可以写封事，来表达你的政见。我想就朱熹而言，这是需要勇气的。因为孝宗皇帝不太喜欢他，特别是不太喜欢他讲的东西。他明明知道孝宗皇帝不喜欢他讲的东西，他还要讲，这就是勇气。因为在"戊申封事"之前，他在春天的时候到杭州去，路上就有人和他讲，说你这次去，不要再讲"正心诚意"。因为他以前每次都是讲《大学》，"正心诚意""格物致知"。这是什么意思呢？让皇帝加强自己的修养，看看皇帝的心正不正。他这是说皇帝的心不正，因为你的心不正，所以容易受到小人的影响，所以他讲的这套东西皇帝不爱听。三十三四岁时，他见皇帝，就讲"格物致知"，劝皇帝要"正心诚意"。所以在戊申年去见皇帝的时候，有人就劝他说："你讲的东西是皇上最不喜欢听的，你这次就别讲了吧"。他说："我怎么能不讲呢？不讲就是欺骗皇帝，我要把我真正的想法讲出来，如果我不讲，就是欺骗"。因此，他就接着讲。当时可能觉得讲得不够吧，回来在冬天就写了这封封事。在这个之前，十年前，在庚子年，他就有"庚子封事"，当然他那时讲的具体的东西比较多，但也是一贯的。所以我想，当时的士大夫批评皇帝并不奇怪，但朱熹是一个代表，因为他讲的都是皇帝不爱听的，明明知道皇帝不爱听，他还要讲。我想，孝宗皇帝还算是不错的，因为他的封事送到皇帝那里时，已经是夜里，皇帝还要起来把灯点亮，还要一篇篇看。看完之后虽然没有那么高兴吧，我想还是有点感动，心想这个老头，这位老臣，他还是为朝廷，为皇帝着想，所以还是有一点感动吧！你觉得呢？

戴：我觉得是这样的。朱熹的晚年，在他生命的最后五年，即在庆元那个时候，他的学说被禁止了，甚至儒家的著作都被禁止了，因此就有人将其称为封建时期的"文化大革命"。

陈：我想这不能说是"文化大革命"，因为它跟"文化大革命"的所有的方式都不一样。"文化大革命"，如果从它的方式来说，它是从群众开始，动员老百姓来反对领导干部、当权派。它的动员的形式，不是皇帝下一个决定，或者像今天一样，比如说中央政治局下一个决定。它是在大学，让红卫兵起来造反，让厂里的工人起来造反，让学生造校长的反，一级一级往上，它是这种形式，动员的方式是这样的。这在古代是根本想不到的方式。朱熹没有政治权力，他只是一个给皇帝讲学的大儒，他只有道德的象征、知识的象征。皇权的结构与20世纪的政治结构是不同的，因为在古代，皇帝有这个权力，说不要赵汝愚就不要他了。另外，当时主要不是皇帝和赵汝愚的矛盾，而是韩侂胄集团和赵汝愚集团的矛盾，而朱熹受到斗争的影响。另外，"文化大革命"的社会影响很广，因为毛泽东有一套改造社会的方案，他要按着这套方案改造中国，所以所有的干部都到五七干校，学生都到农村去。

戴：朱熹自己是没有受到迫害的，但他的学生受到了迫害。

陈：他也算是受到了迫害，因为罢了他的官，等于没有工资了。

戴：赵汝愚受到迫害了吗？

陈：赵汝愚受到迫害了，他被流放，之后就死了。

戴：您的《朱子书信编年》把朱子近两千封信做了一个时间上的编排，这是一个很伟大的工作。《朱子书信编年》是极为宝贵的学术著作，是一本非常有用的工具书。那么这本书您是怎么做的，从哪年开始的？

陈：就是在1978—1981年，在北大图书馆，因为用书很方便。我当时用的是《四部备要》的文集，它的纸质不太好，快要被翻烂了。我完全靠自己的脑子来记，当时没有电脑，只靠人脑，也没有索引，日本的索引也是后来才引进来的，也不是那时候出版的，而且它所用的版本也不是《四部备要》的本子，所以那时完全靠人的脑子来记这些。当时因为社会很安静，人心也很安静，而且我也没有结婚，也还没有妻子、孩子。我每天早上去图书馆，晚上 10 点才回来，一直都在做朱子书信研究。人在做学生的时候最能集中时间和精力。你看我现在，已经没有这个时间去图书馆了。北大的图书馆，我十年没有去借书，当然我在香港教书期间借书还是很多的。在北京我基本上都是用自己的书，基本上不去图书馆借，也没有时间去图书馆。因为在香港教书，家人不在，一个人很简单。如果在北京的话，就没有那么多时间去图书馆。所以我就是在那几年写了这本书。它最初的时候叫《朱子书信年考》，不是按每年的顺序，而是按照他文集的顺序，在每封信后面标上年份。现在按编年的顺序，做了一个更改。那是因为后来我的老师问是否要变成一个编年的，这样是否会更好一些，这样体例就变了，后来我就改了一些。在 1982—1985 年，我一边写博士论文，一边把它的体例做了调整。调整不费脑子，只要花点体力改变它的顺序，因为它当时比较乱。它是我第一部关于朱子的书。因为书中的序写在 1986年 1 月，那个时候我就交稿了，我把书稿交给了上海人民出版社。我的《朱熹哲学研究》是 1986 年 9 月交给出版社的。《朱子书信年考》是最先完成的书，但是最先出版的是我的博士论文《朱熹哲学研究》，它是 1988 年出版的，因为《朱子书信年考》出版不容易，它的排版、校对都相当有难度。

戴：研究朱熹的人有好几代，老前辈有冯友兰、任继愈；海外有钱穆、陈荣捷，还不包括海外汉学家。

陈：对。

戴：那么，人们说您的《朱熹哲学研究》是一个里程碑。

陈荣捷先生也说，其中的内容、方法俱属上乘，他用了三个异常来表达：叙述异常完备、分析异常详尽、考据异常精到。这本书到现在将近有二十五年的历史，是献给张岱年老师的。那么，回顾这二十五年，您是如何看待这本书的呢？

陈：这本书还可以吧！因为这本书出了以后，很少有人写朱熹的博士论文。不像王阳明，写王阳明的博士论文很多，虽然我觉得我写王阳明写得很好，但还是不断有人在写。但关于朱熹，好像没什么人再写。我的学生说，陈老师写了朱熹以后，别人都不敢再写了。其实也不是不敢写，而是因为他们知道我写这个书花了很多工夫。如果他要写得比我好，必须花更多的工夫，可能是觉得时间不够，这是现在的人不太选朱熹做博士论文的一个原因吧。那么这本书，特别是上海版加了两章，我觉得比较好，代表了我对朱子哲学的整体研究，因为原来中国社会科学出版社出的第一版有两部分没有加进去，这两部分加进去了以后，更完整地体现了我那个时候的研究。但是近二十多年来，我对朱熹的研究不多。朱熹写完之后，我就马上写王阳明了。写完王阳明，我就写宋明理学。宋明理学之后，我就告别宋明理学，进入古代，写了十年古代，从古代回来，我写了王船山（王夫之）。当然其间我也写冯友兰，虽然我写了现代的书，但是我也不断写一点有关朱熹的内容，你看在《中国近世思想研究》里面，也有很多关于朱熹的。另外，我还研究清代朱子学的代表人物，如陆世仪、陆陇其。那么，到后来我写了有关王夫之的书，我想它很重要。我重新解释了王夫之和朱熹的关系，认为他不是一个反对朱熹的人，而是深受朱熹影响的人。

戴：在王夫之写的书中，对朱熹用"子"字称呼，是否已说明他对朱熹的认同？

陈：那倒不一定。王夫之早年写的书叫作《读四书大全说》。他早年的时候对朱子的批评不少，特别是对朱子的学生有很多批评。但是很多人没有很好了解王夫之，他后来写的书就不一样了。他在中年写《礼记章句》《四书训义》时，对朱熹非常推崇，完全以朱熹的继承者身份出现。我的书里面也讲了他和朱熹的关系。所以我后来的研究也不是和朱熹没有关系，比如说王阳明，他反对朱熹。为什么我写王阳明的书大家会认为比较重要，就是因为很多人没有研究过朱熹，直接讲王阳明，讲不清楚王阳明和朱熹的关系。为什么大家认为我讲王夫之讲得比较深入，因为我将王夫之的全部书以及书中涉及朱熹的内容作了一个梳理。我后来的书虽然没有直接写朱熹，但也和他有关系。

戴：这个问题不知道是否该问，就是你的出身是不是文人家庭？

陈：不是。我的家人不是做学术研究的，虽然我的父亲曾经在北京大学受教育，但他学的是经济学。

戴：您研究哲学史，您是哲学博士，您是否认为自己是哲学家？

陈：我觉得这个要看你怎么定义哲学家。因为过去几十年，大家认为只有像黑格尔这样建立起庞大哲学体系的人才算哲学家。但是现在在美国，你只要是一个学哲学、教哲学的人，都是一个哲学家。就好像你学习历史，当教授教历史，就是一个历史学家。所以从这个角度来讲，每个做哲学的人都可以说是一个哲学家，尤其是研究哲学史的人，研究哲学史本身就是研究从前的哲学问题，拿出来再加以思考，加以批评。这样的哲学史学者就是哲学史学家，是哲学家的一种。

戴：您现是清华大学的哲学教授，也是国学研究院院长，这个国学研究院的内涵是什么？

陈：关键是我们去年才重新建立国学研究院，因为国学研究院最早建立在1925年。在那时，清华大学国学研究院有四个重要的人物：梁启超、王国维、陈寅恪和赵元任。如果你了解一下中国现代学术思想史，会知道这四个人是最重要的，他们可能比胡适还重要。首先是梁启超，从19世纪末到20世纪20年代，他是中国最有力量的思想家，他在清华的时候就是讲儒家哲学。然后是王国维，他不仅对甲骨文有着开创性的研究，还最早研究商朝、周朝的历史。陈寅恪，从欧美回来以后，在魏晋南北朝史、隋唐史的研究方面影响特别特别大。一直到20世纪90年代，中国的知识分子还是把他视为一个神话。赵元任是一个语言学家，但在中国现代学术史上，他的资历很老。老的清华国学研究院就是由他们（我们称之为清华的"四大导师"）建立起来的。后来清华在20世纪50年代后没有文科了，到了20世纪90年代慢慢开始恢复。所以现在我们是恢复、重建清华国学研究院。

戴：您在《传统与现代》中说更愿意把自己称为"文化守成主义"者，其具体内涵是什么呢？

陈：文化保守主义（Cultural conservatism），是美国人喜欢用的概念。比如说，从前人们将政治上反对革命的人称为保守主义者。在政治上可能是革命的人，也可能是反对革命的人，也可能是中立的，但他们在文化上反对、否定传统文化。因为五四的时候出现了激进主义（radicalism），完全否定传统文化，彻底地抛弃传统文化，这是守成主义者所反对的，就是因为他们希望更多地继承、传承传统文化。

戴：最后一个问题，您近年的研究转向先秦，达到了什么样的新成就？

陈：先秦的研究已经不能算是新的了，对先秦的研究已经是上一个十年（1992—2002年）的事。现在我又回来了，也还不断地在宋明、现代方面做研究。我最新的研究可能都是当代的儒家思想，可以说是儒家思想和当代的问题。比如说，明年春天我要出一本书，也是一个集子，把我关于现代的文章收集起来，主要讲儒家与人权、儒家与民主、儒家与经济发展等等很多问题。其实很多现代问题，比如儒家与公共知识分子、儒家伦理与全球伦理这些关系，这些都是我所要思考的。

戴：您的成绩跟钱穆先生可以作个比较吗？

陈：可能不行吧。钱穆先生是比较古典式的，所以他对经学、史学、文学有融会贯通的了解。而我对经学、史学、文学的了解就不够。比如朱子，我不了解他的文学，也不了解他的史学，对他的经学只是了解，其中比较突出的部分是他的哲学。所以他是老一代的学者，比较具有古典性，要把老的学问——经、史、文学都贯穿起来。我的风格不同，觉得我还是侧重哲学，以哲学为核心，但是将思想史、儒学史、文化史联系起来，这是我的风格。

（陈德明整理）

# 中国的特定步伐

时间：2011 年 2 月 25 日
地点：陈来老师办公室
采访人：舒春艳

## 文化的主体性

舒春艳（以下简称舒）：我的第一个问题是关于中国文化的主体性的。不管是从大学的学院，还是从思想争辩的角度来看，儒学和儒家思想由于种种原因从 20 世纪 90 年代开始复兴，但是一直还有一种"用西方的眼光看中国"的声音。那么对 19 世纪末"中学为体，西学为用"这一提法，您在今天有什么看法？

陈来（以下简称陈）：这个问题还真挺不好回答的。"中学为体，西学为用"，在 19 世纪到 20 世纪初，在很多情况下，也被表达为"中体西用"，这个问题不是一个文化上的选择、文化上的思考的问题，更多的是与当时中国的政治制度体系有关联，而不仅仅是说中国的伦理精神、道德学问是体，不是这样的。"西用"主要是指船坚炮利等方面，如洋务运动所引进的西方的工艺技术。当然在那个时代，从19世纪后期开始不能说政治没有改革，中国也引进了西洋的议会思想。但是总体来讲，这个"中体"是包含着政治制度、政治价值观的一个东西，一些人还是主张以当时中国的君主体制为"中体"的核心。所以这个提法在当时会遭到革命派的反对。另外，从这个角度去看，无论在体还是在用的方面，都没有西方学术文化的地位，我们需要大量的引进西方的学术，但当时对西方的学术内容介绍得还不够。

19世纪的这个口号，首先它包括了政治的立场，即维护当时的君主体制；其次从当时中国的需要——大量引进西方的思想、学术知识——的角度来讲，它并没有满足这种需要，是反着来的。所以，这个口号比较符合慈禧太后的想法，慈禧太后也不是个坏人，也不是没有改革，但比较慢，而且是步步后退，最后走到1905年才改革。

今天来讲，强调文化的主体性，是不是还是清末的以中学为体？这要看你怎么理解中学为体。在抗战时期，冯友兰先生也有个讲法，认为可以提"中学为体"。但是他这个"中学为体"不是清代后期维护君主体系的那个"中学"，他主要是讲中国道德伦理的精神，以固有的道德为体，把它作为重要的东西。"中学为体"是要保留中国道德伦理精神；"西学为用"则是讲工业化、现代化。中国要现代化，但是要保留中国魂，所谓魂就是道德伦理的精神，他在 20 世纪 30 年代的时候是这么看的。我认为这句话今天也可以讲，但要看你怎么讲。冯友兰先生坚持把不变的道德、有普遍、恒久意义的道德价值继续保持下去，这就是"中体"。

舒：所以可以认为这两个层面是不冲突的，一个是精神层面；另一个是制度层面，而现代化很多时候是指制度层面。

陈：现在讲的文化的主体性比冯先生讲得更广。在今天这样一个全球化的时代，对各个地方的文化冲击都很大，所以维护文化多样性的呼声也越来越高。每个地方在面对全球化浪潮时，会产生对文化主体性的关切。我想在欧洲也很明显，不能够用全球化的、统一的方式来覆盖各个地方的文化，包括他们的传统。

整个社会、思想、学术的综合发展，经过这一百多年来，与西方对我们的了解相比，应该说我们对西方的了解还是蛮多的。西方的很多东西我们都有介绍，特别这三十年来，我们对欧洲、美国的社会科学、人文学，可以说是全方位的、没有禁区的介绍。现在如果真要调查学术书目的情况，应该是蔚为大观的。在这样的背景下，以前所说的清末"中体西用"有些抵制西洋文化的引进。但现在已经不是这样了，我们对西洋文化的了解，当然是一个无穷的过程，西洋文化自身也在不断发展，但是总体来说经过这一百年我们已经了解了很多。

这一个世纪以来我们拥抱西洋文化，我们自己的文化反而丢掉很多很多。而中国这一百年来的政治、社会和文化的实践，其实走的是一个特定的步伐，我们并不是完全按照西方的办法走，当然也不是按照传统走，但是从中国的步伐中你能够看到传统的一些影响。

时代不同了，现在是全球化的时代，过去一百年里还是全盘西化的思想占了上风，或者是某一种西化的思想占了上风。在新的时代，在中国已经在世界重新崛起的情况下，我们在经济发展、社会发展各个方面积累了很多经验的情况下，怎么重新了解自己的文化，怎么重新估计自己的文化和自己的文化立场，是不是还是无条件拥抱西方，在这种情况下需要有一种反思，由此才产生关于主体性的讨论。不能再完全以西洋是非为是非，因为西方有它自己的道路。这个道路可能包含了普遍的价值，但并不是说这个路径就是普遍的，这个路径可能是特殊的。它跟西方的特殊历史经验、特殊历史背景等方面有关，所以它走向了这条道路。这条道路包含的价值可能是普遍的，但是它的路径是特殊的路径。各个地方在发展的时候，都有自己特殊的东西，这是由于历史文化、政治背景、国际状况所决定的。所以今天提出文化主体性这一问题，是在一个更广阔的背景下提出来的。

舒：因此您提出来"中国主体，世界眼光"。

陈：那是我们清华国学院提出来的，因为我们既然叫国学院，国学当然是要以中国为主体；中国人自己研究国学，当然是要以中国为主体。

今天讲文化的主体性，就是说不能够像以前那样，什么事情都完全拥抱西方，用西方的经验来判断中国的事情。这个时代，我们需要改变这些看法，尤其是在文化上。不能说只有西方的审美方式是正确的，而中国的审美的方式是不正确的。在道德、美学、思维方式等方面都是如此。比如，不能说西洋的罗马拼音式的文字才是最好的，大家都应该有自己的选择。从20世纪20年代开始，大家都往这个方向走，觉得只有罗马化的拼音文字才是最好的，对这种观念今天显然要反省。汉字要恢复它的主体性，不能说汉字是没有意义的，也不能认为汉字往下发展就一定要走到拼音文字去。

舒：这是五四时候的一个非常极端的例子……

陈：启蒙主义者和共产主义者都是这样的看法，当年毛主席也是这样的看法。毛主席一直到1949年以后也是这个看法，认为拼音化是汉字最终的方向，简体字只是过渡的阶段。这都是受到五四时期新文化运动的影响，一切文化形式都是以西方的文化形态作为标准。比如说美学，一定要是客观地表现、呈现，才叫审美，主观性的就不是。这一类观点在很多的领域我们都可以看到，这些现在确实都过时了，今天应该有一个新的态度。这个新的态度就是我们要重新再来看我们自己文化的积极的一面。

我想，文化的主体性的突出，固然跟中国经济发展的背景有关系，但是总体来讲，并不是像清末那样侧重在政治方面，反而跟政治基本没什么关系。今天，人们讲文化的主体性，跟现在中国的政治、政府、政策没有什么关系。

舒：那个时候提中体的人还都是儒家的士大夫。

陈：文化主体性主张是文化的反思、思考，而且是在长久的本土文化被压抑以后产生的一种文化反应。在现代化不成功的时候，面对西洋文化，本土文化很压抑。现在要解除压抑，当然就会同时带来民族文化意识的高涨，本土文化的呼声也越来越高，这包含着文化的合理性。

## 儒家文化和精神的独特魅力

舒：请您再具体地谈谈，跟西方文化中一些普世的价值观相比，儒家文化的独特魅力在今天表现在哪里？当然西方的文化有它自己发展的道路和特性，中国文化也是如此。但是在今天社会的变革中，我们受到了太多西方文化的影响，儒家文化要展现它独特的魅力，您认为是不是主要在精神、思想、价值观层面，还是有其他层面？

陈：价值观当然是很重要的，这是没问题的了。因为西方的文化、精神、价值观从古代到中世纪再到近代、现代，随着时代的变迁，主导一个时代的文化和精神都有变化。比如，近代以前还是基督教主导的文化精神和伦理，近代以来虽然基督教还存在，但是已经形成了世俗的人文主义的思潮，自由、民主、人权等观念就变成了现代西方社会的、重要的价值基础。

中国文化也有变化。但是就儒家文化而言，它有一些不变的东西，这些东西只是在不同的时代有不一样的表现。基督教的变化也不是根本性的。近代以来新教跟新的社会发展相结合，教会的权威慢慢降低，个人的自主意识慢慢增强，但总体来讲，基督教基本的价值还是没变，这一点跟儒家当然有相似的地方。如果仅仅讲儒家，当然儒家并不能代表现代中国，正像基督教并不能代表近代整个西方世界一样。比如说资本主义、人权都不是基督教倡导的，基督教现在跟这些观念结合，但这些都不是基督教里的根本价值。儒家的价值有它一以贯之的东西，在比较的时候应该看到这两者的差别。很明显儒家的精神、价值方向跟资本主义、个人权利主张当然是不一样的，如果挑出来说的话，西方突出权利，儒家突出责任；西方突出个人，儒家突出社群；西方突出分化，分化和分裂是近代文化的发展特色，而儒家讲和谐。儒家的重点在责任、社群、和谐这些方面，其实西方的宗教传统也是重视这些方面。儒家思想本来没有超越世界和来生，它对现实的影响更直接。现实世界包括政治世界，它跟人文传统的关联更直接。所以西方的宗教文化跟现代西方的政治世界、政治文化，可能有关联但不是那么密切，可是在中国现代文化里面，儒家传统跟现代的社会文化还是有相当多的结合。

　　舒：您觉得这是两种不一样的世界观和价值观，不可以这样比较是吗？

　　陈：不是不可以比较，我觉得可以比较，它就是我刚才讲的那样。儒家没有受到科学革命的影响，基督教深受科学革命的影响。进化论对基督教有很大的冲击，而进化论对儒家没有影响。儒家本来就有世俗的、人文主义的传统，所有的科学发展对它都不构成什么影响。所以相对来讲，儒家在各种传统里，是最容易现代化的。因为它不是一种一神论的、神本主义的文化，近代以来最重要的就是科学的发展，儒家跟这个都没关系，科学的发展对它没有构成什么严重的挑战。西方跟神本相对立的、从意大利开始的人文主义思潮是近代才发展的，而儒家本来就是人文主义的思潮，它注重世俗社会的人际关系和事务，是人际关系取向的、责任主导的、社群优先的，是以和谐作为它的最高价值。在今天，儒家的基础没有受到很大的破坏，因为它本来的基础不是建立在对神的某种信仰上，它是对人际关系的、对人生的一种透视而获得的理解。

这些特点不一定对儒家所在的政治形态起决定性的作用，但它仍然是社会主要的文化价值。儒家的这些价值并不能够机械地决定政治形态。比如东亚的儒家社会有各种各样的政治形态，韩国、日本、中国，有的是威权体制，有的是民主体制，民主体制也有不一样的形式，但它们都有一个儒家传统。可见儒家传统本身并不独立地决定当代的政治形态。然而不管怎么样，从社会的基本价值仍然可以看出韩国人的社会、日本人的社会、中国人的社会跟西方社会是不一样的，不同之处也就是我们刚才讲的那几点价值观的特色。这些与西方文化不一样的价值取向会影响社会文化的价值方向，至于它对政治形态的影响则是不一定的。

舒：我曾经看到黑格尔在书里批评中国文化，他写这本书的时候，中国和欧洲相比处于落后的时期，他有一些把这种落后当作理所当然的。但是有一点我印象很深。您刚才也提到，儒家文化不一定对政治形态起决定作用，但是他认为中国的政治文化、政治形态却对儒家文化有非常深的影响。他认为基督教是人的心灵与超现实的精神的内在联系，这样使人能超出世俗权利的影响，而与自身心灵的需求相结合。他认为儒家文化却缺少这样一种超然的态度，而是被中国的父权制度所影响，这种影响使儒家在推进政治制度和文化革新的时候，相对于基督教来说，作用要更小。他甚至说孔子的思想不能说是高超的，不能超出平庸。我不知道您现在再来反看这个问题，怎么样回答？

陈：黑格尔讲的当然有他一定的道理，但显然也是不能完全成立的。就西方的传统来讲，其思想文化体系也要受到制度的制约，也不能把基督教讲得那么理想化。整个中世纪的教权至上、教皇主导的欧洲秩序，在那种制度下，你说基督教文化能不受到限制吗？基督教的政治文化能不受教皇、教权、教会制度的影响吗？也要受到影响。它可能不会受到一个世俗的国王或者公爵的影响，但是仍然要受到整体制度的影响。众所周知，中世纪的整体制度是西方近代化要求破除的制度。所以黑格尔讲的基督教政治文化好像从来不受制度影响，都跟个人的需求相结合，这是不符合历史事实的。

另外，他说儒家平庸，这是西方人的偏见。偏见在什么地方呢？儒家对"庸"字的解释是，永恒的东西只能存在于平常的东西里。如果不是平常的东西，就不能永久。只有平常的东西才能永久，永久的东西一定是平常的。这是儒家智慧的体现。一个人天天吃海参鲍鱼是不可能的，只有粗茶淡饭可以天天吃。你天天喝可口可乐是不健康的，天天喝白开水就没问题。同样，在儒家哲学里，超越性存在于内在性之中，而不是超越性独立于内在性之外。因此对学术的形态而言，不能说形而上学讲得越高超越好，一切脱离了人生的实践和社会的实践的学说，儒家认为都是没有意义的。儒家和黑格尔对形而上学的看法是不一样的。黑格尔的这套讲法现在西方已经都扔掉了，现代哲学都不要这种形而上学了。儒家对于什么是真正的智慧，始终有它自己的理解。

任何意识形态都会受到某种"权"的影响。不受到父权的影响，就受到教权的影响，教权依然是对个人意识的一种阻碍。新教的出现也是因为教权与个人意识之间产生了矛盾，教会不愿放弃它的权力，他们主张信上帝不能变成个人的事，必须是教皇、教会、教廷的事情。而儒家产生于父权的社会，在父权的社会里，当然有父权社会的毛病。西方自古希腊以来也是如此。但是我想儒家也好，西方也好，在父权社会中产生的文化都没有把自己仅仅限制在父权的价值上，都是更广泛地讨论人生的课题。

## 中国的世界观

舒：还有一个现象我不是很理解。我认为中国的世界观，一方面强调要跟世界接轨，接受很多西方的东西；但是另一方面又强调中国的独特性，比如独特的历史文化经验等。我在想这是不是因为很久以来中国一直自认为是"天朝上国"，到了近代以来又遭受了外国文化和强权的冲击，近代就变成了百年国耻。从长久的荣耀变成了让人觉得屈辱的历史，就如李鸿章说"三千年未有之大变局"。我不知道中国现在看世界的眼光是不是还受到这种从很高的地方突然掉下来的心态的影响？

陈：这只是一种片面的讲法。当然中国人近代以来的文化的屈辱感、民族的屈辱感是肯定有的。晚清以来，中国处处受挫于西方帝国主义，赫尔德把这种文化现象叫作"压弯的树枝"，由此而产生了中华民族文化的屈辱感，这是很自然的。但是中国人并不是说只是以屈辱的心态来看世界。恰恰相反，我觉得很多时期，比如20世纪80年代，多数中国人还是崇洋媚外的。我觉得一般中国人的看法是，西洋文化是很好，我们也很崇拜。但是，你老想欺负我们，老想压制我们，这是我们不高兴的事。屈辱感的抒发是一方面，但是它并不影响一般人对西方文化的认识，一般人还是承认西方的文化是先进的文化。所以，仅仅讲屈辱感的抒发是片面的，中国人主要不是用这个眼光来看世界。他看世界常常崇洋媚外，觉得西方什么都比中国好。

舒：我觉得有两种截然相反的观点同时存在。一种是非常的自信；另一种是自卑。

陈：赫尔德曾说，20世纪末对应于全球化浪潮，民族主义的兴起如就是"压弯的树枝"的反弹。有些知识分子始终是有一种自信的，即使是自信，他对西方文化也有相当多的认识。

舒：您自己是不是就属于这一种？

陈：不谈个人。对西方文化的长处，大家也看得很清楚。用受屈辱的心情来看世界，这是看世界的一个方面。它只是跟世界东、西方互动中的一个方面，而且这个责任在西方。如果西方一直是和平发展，没有鸦片战争以来对中国、对东方民族的殖民主义、帝国主义的侵略、压迫，东方民族当然都会赞美西方文化的好处，不会有这种屈辱、愤恨。最好是这样，你西方文化好，带动世界都好，这是最好的。可是，像当年毛主席讲，本来学生是要学先生的，先生却总是打学生，学生当然很不高兴。

舒：我也是因为自身的经历，2008—2009年在荷兰留学时候，有这样的世界观：一方面觉得西方说的自由民主挺好；另一方面又总觉得他们高高在上，总是来批评我们。作为一个中国留学生，我有一种很矛盾的心理。我想国内的很多民族主义情绪，是不是也有这样一种心理。

陈：整个西方世界对中国都是这样的。很少看到中国的进步、发展、好的地方，所有的东西都是反着来的，整个西方世界结成意识形态上的统一战线。你事事都是压制中国的话，那自然就有反应。你甭管它叫民族主义，还是叫什么主义。总之，这种反应是包含着合理性的。

## 现代社会和全球环境下的儒家发展

舒：我有一种很粗浅的想法，我认为儒家社会的很多观念都是基于传统社会的大家庭制度的，在那个制度下这套观念很适用。但是在今天，经济变化、社会结构发生了变化，我觉得年轻一代人的个人意识在不断觉醒和增强。儒家的基于传统大家庭的这一套价值观怎么样保持它的魅力？您的书中也提到它是一套价值理性，那这套价值理性怎么样在今天的社会体现其价值？

陈：儒家的思想是不是可以归结为以大家庭为基础，这个另说。儒家对政治的看法，不一定是家庭主义的结果。儒家的政治思想是德治主义，而不是刑治主义，儒家认为用刑罚管理的社会不是理想社会。儒家始终认为，以德治、用道德来引导，用非法律的手段来规范社会，使这个社会在有序的同时，成为一个有羞耻心的社会，一个真正文明的社会。这是儒家的理想。像这类思想跟大家庭没有直接的关系。

另外，即使从家庭的角度来讲，今天怎么看这些观念，怎么来适应发展，还值得研究。现代社会强调个人意识，但是从现代的个人意识是发展不出来现在大家需要的生态理念的。反而从儒家的那种家庭观念倒可能发展出新的生态理念。把自然看作是自己的亲人，看作是这个大家庭的一部分，等等。从儒家的角度来讲，家庭跟个人不是对立的。儒家思想有很多东西并不是直接从家庭发展出来的，即使是从家庭产生的东西，也不见得今天就没有意义。不能认为唯有个人意识才是合理的，才是现代的东西。怎么理解个人意识？儒家里面也有个人意识，主要是个人尊严，但是它不主张个人优先，不是个人的利益优先，个人的权利优先，它不是这样的立场。仅仅用个人意识是不能够批判儒家，也不能批倒儒家的，因为个人意识本身有很多的问题，而且它的局限性很大。

舒：我有一个感觉，比如刚才您提到的儒家的这些特点，比方说儒家认为是平常的才是恒久的、美的，这与西方的文化不同，他们是反着的。在个人意识方面，我认识的一个荷兰人跟中国人解释他所崇拜的自由，那个中国人就反问他说，那你这个自由的意思就是没有人管你了？就是您刚才说的，他们推崇得更多的是自由，而中国人推崇得更多的是责任，互相的和谐。这两种文化，因为出发点不一样，所推崇的东西不一样，体现在文化交流和政治交流方面，就会有很多的冲突和矛盾。这一点我不光在做学术的时候看到，在生活中也能看到，我想在经济领域也会有很多因文化而产生的碰撞。不管我们愿意不愿意，全球化的潮流是一直在往前推的，那这样的问题，我也不是说希望您能给出一个解答，我想知道您怎样看待这个冲突，比方说亨廷顿提出的"文明的冲突"，我不知道您怎么看待这个问题？

陈：这种文化差异当然是存在，但差异会变成什么样的冲突，看法是不一样的，亨廷顿讲的文明冲突，似乎是引向战争的。而坚持文明对话的人认为，这些文明的差异都不足以、也不应该变成战争形式的冲突。对于文化的差异，我想最重要的是相互理解，不能把自己的东西强加给别人。

舒：可能儒家中更强调相互理解，但是西方的文化有一种攻击性、或者说是侵略性，他们认为大家都应该去理解他们……

陈：这个就是文化的自我中心主义。

舒：另外一个问题，跟我原来准备的题目没什么关系。我前两天看报纸，有个人说他调查了一百个孩子，问孩子们长大以后想做什么。有的答科学家、医生……其中十八个孩子想打工，四十一个孩子说想当官，问他们为什么，孩子们说当官才有钱。我很震惊，我没有想到这个价值观在小小的孩子中是这样的一个状况。

陈：其实这个问题没有意义，问小孩将来想做什么，就没意义。这个是教育给他们的，那个年纪根本不会想这个问题。重要的是学习知识，发挥他们的天性。问小孩子们这种问题本身就是非常虚假的。小孩子们知道你要他们怎么答。小孩子们生活在社会里面，当然也知道周围的这些情况。小孩子们认为当官好办事，他们有一些社会经验。我不想说他们答得对，还是不对，我觉得这个问题本来就不应该问小孩，没必要。

舒：但是小孩的答案让我觉得很可怕。

## 对国民性的批判

舒：还有一个问题是关于中国国民性的批判。有个传教士 Authur Smith 写了一本书叫作 *Chinese Characteristics*，写中国人的个性，这几年我发现在国内印了大概五六个不同的版本，突然之间非常的流行，好像大家都开始关注这个问题。再联系到以前柏杨写的《丑陋的中国人》，再以前还有鲁迅对国民性的批判，我不知道您怎么看现在对国民性的讨论又热起来了？

陈：也没有热起来吧。中国人讲的国民性的东西就是比较肤浅，Smith 这个讲法本来是 19 世纪人类学的观察，虽然他不是人类学家，而是一个传教士，他做的那些描述实际上是一种人类学性质的描述。西方人在世界各个地方都是这样做的，做人类学的观察。这些观察大部分都是有根据的，但是可能不全面。

国民性的讲法，容易变成一种对民族性的理解，很多人认为从古到今中国人的本性就是这样，如所谓"丑陋的中国人"，这是不对的。其实所谓的国民性都是一定时代政治、文化、经济、教育等各种环境综合所决定的，而环境是可以改变的。真正的民族性是在各种不同时代的环境里，都不会改变的东西。

国民性应该是一个短暂的时代环境的产物。国民性一定对应着当时的时代环境，是被时代的环境所塑造的一种国民性格。环境变了，它就变了，这就说明原来的刻画是短暂的，是当时社会格局赋予它的、不是恒久的，不代表深层的、恒久的性格。而且这类观察往往也是片面的。比如说鲁迅笔下的阿 Q，但是你想想，阿Q能代表中国农民吗？鲁迅讲的阿Q有一定的经济基础，但是与其说是符合农民的特点，倒不如说是符合某些小知识分子的特点。农民没有那样的阿Q精神，鲁迅所刻画的农民，跟我们在20世纪所看到的中国农民是不一样的。不管是承担了起整个抗日战争时期巨大的民族负担的中国农民，还是经历了合作化人民公社的农民，支持了整个中国发展，甚至包括革命的中国农民，能是阿Q这样的人能承担的吗？这样的人能支持革命，承受民族灾难吗？根本不可能。所以有关国民性的批判需要检讨，我觉得鲁迅的问题意识是受到外国的人类学家影响的。

舒：对，他看过这本书的日文版。

陈：这就是鲁迅的问题。不能从一个外国的人类学家的角度表层地来看中国文化，自己应该有更深的了解。不能把对国民性的批判作为对中国现实不满的一种表达，应该有更深刻的看法。没有积极的农民群体，能有20世纪整个中国社会的发展吗？中华民族的发展不是只靠几个知识分子实现的。所以仅仅从人类学家看到的、短暂的社会文化里凸显的外在特征，是不能把握中国的民族性格的。

舒：请您简单谈谈中国的民族性格。

陈：这个很难用一两句话来说。一些人讲的也不是说都不对，可能是片面的。比如说中国人很世故，这也不能说不对。世故当然有一个比较不好的意思，但是中国人口这么多，这么复杂的社会，人需要有处理人与人之间关系的经验，不能无端地在人际关系中引起矛盾和冲突。这就变成了社会关系的技巧，这是中性的东西，是应社会环境而生的习俗。当然你碰到一个简单的社会不需要这样，但中国人口就是多，那怎么办呢？但是，世故只是国人的一面，你还应该看到其他的方面，比如诚恳的一面、宽厚的一面。愤世嫉俗的人总是抓住一个片面来抒发不满，这不能变成一个全面的论述。当然这类讲法有刺激不足得到改进的作用，促使人们认识到我们有什么问题，然后改进。

## 关于孔子的地位

舒：另外一个问题，我不知道您怎么看天安门广场上立起的孔子雕塑？

陈：塑像根本就没有在天安门广场，是在国家博物馆的北面，也没有对着天安门广场。立这个像我是很赞成的。因为国家博物馆原来是由中国历史博物馆和中国革命博物馆两个博物馆构成的，2003 年合并成一个。如果只是中国革命博物馆的话，当然前面不能立孔子像，但现在中国历史和革命两部分内容都是国家博物馆应展示的。国家博物馆布展、陈列的宗旨是什么？就是中华文明、中国历史文化。在这里立一个雕塑，足以代表中华文明的精神特点，代表中国文化，那只能是孔子了。要不为什么会办那么多孔子学院，为什么不叫别的学院？所以孔子已经（特别是在近代以来）成为中华民族精神的一个标志，已经不是一个普通的个人了。

有些人在讨论孔子是不是个普通人，孔子当然不是一个普通人，要不他怎么成为几千年来所肯定的文化符号、民族精神的标志。所有想把他复原到普通人的讲法，都是没有思想性的讲法，也是没有意义的讲法。孔子怎么是个普通人呢？普通人成千上万，为什么只有孔子成为民族的精神象征？这当然是有理由的。所以在国家博物馆立像，当然是要立孔子的像，要不立谁的像？总不能立个秦始皇的像吧？孔子是上承夏商周三代文明的总结者，下启整个中华文化，集中代表了轴心时代对后来文化的整体影响，其历史地位是没有人可以替代的。

　　即使是在天安门广场里面立孔子像也是可以的，我刚才说，不在天安门广场，现在是在天安门广场的边上，大家就嚷嚷起来了。在天安门广场有什么不可以啊？天安门广场本来就是皇宫的门，在有些人眼里，天安门似乎就是中国革命的象征，跟中国革命不相关的东西都不能在那儿摆着，这个是不对的。今天中国共产党已经执政六十多年了，已经不是一个革命党了，而是一个执政党。中国政府不仅代表全国人民，还有传承中国文明、发展中国文化的责任。革命的时代已经过去了，虽然中国共产党的出身是革命党，但是革命的任务已经完成了，所以在天安门广场立孔子像也是很合理的，表示现代和传统的一种结合。讲一句政治上正确的话，这是马克思主义中国化的新体现。马克思主义到中国来干什么，到中国来就是要把中国的事情办好，就是要尊崇孔子。我觉得立孔子像是一件非常好的事情，正像全世界办孔子学院一样，都是好的事。

舒：对此也有很多说法，有人说，孔子学院以孔子为名，进行文化交流。

陈：这是很自然的。说实话孔子学院主要还是语言教学，而且孔子学院所有的教学，都是跟当地协商来做的。这不像以前的传教士那样，因为传教活动都是以传教士为主体的。孔子学院教学和管理不是以中国人为主体的。在美国建一个孔子学院，它的设计是要跟当地的地方性的组织协商的。

舒：具体的做法我倒不是很清楚。还有一个有意思的现象，在英国有一个孔子商学院，我不知道您怎么看这个问题？

陈：没有必要叫孔子商学院吧，那就是利用孔子的名字，因为孔子不是以阐发经济学为主的。

## 关于传统和现代的论争

舒：我还有一个问题。在写文章的时候会比较关注清末民初新、旧文化之争以及中西文化的争论等。在20世纪八九十年代的时候也有很激烈的学术争论。现在到2011年了，回头再去看，您能不能对这两场争论进行简单的比较，或者谈谈您的看法？

陈：这个问题我在文章里写了很多了，关于五四，关于20世纪80年代等。

舒：您觉得最近十年有没有什么新的发展？

陈：20世纪80年代跟五四时期很像，新世纪当然是跟五四时期和20世纪80年代不一样了。前两次运动就是要指向现代化，推动现代化的，但前两个时期的中国跟西方的差距太大了。到21世纪这十年，中国已经进入现代化了。当然我们只是进入了现代化的初级阶段。

舒：您认为应该怎样去考量，什么是评价现代化的标准？

陈：中国已经进入现代化了，北京、上海还不现代化呀？

舒：这是指经济建设方面。

陈：现代化本来就是以经济发展为标志，其他的意义都是另外附加的。现代化本来就是一个生产方式跟它结果的呈现。有的更专业的经济学家说，现代化就是什么非生命资源和生命资源的比例，那就更复杂了。在现代化的初级阶段，经济发展不平衡，有的地方很落后，看起来还没现代化，还是在前现代化，但是对中国主要的大城市来讲，已经是个现代化的世界了。我们看西方什么时候现代化，找出那个时代来看，双方的发展水平可以比较。假定就拿日本的20世纪70年代来看，现在北京、上海当然达到东京那个时候的发展水平。

舒：我觉得北京、上海现在已经达到任何一个世界大城市的水平了。

陈：中国是在现代化的初级阶段。以前是没有现代化，企求现代化，而且现代化搞不成，总是受挫，所以就有东西文化的讨论等反应。今天当然还有文化的讨论，但是今天的心情不一样了。现在中国跟世界的关系改变了，中国崛起，比如我们是G20（二十国集团）峰会创始国等等，整个中国人的状态已经进入现代化。今天再来看中西文化的问题，就不像从前那么极端了。你仍然可以欣赏西方文化，拥抱西方文化，但是不会像以前一样，把所有的唾沫都吐在老祖宗身上。反而会重新重视自己的文明、历史、文化，非常关心、关注传统，为自己的历史文化感到自豪。现在整个国民的心理已经改变了，国民心理的变化不能不影响到知识分子。所以现在不会重复五四时代和 20 世纪 80 年代那种格局，那种向西方文化一边倒的文化格局不会出现了。

舒：您是不是觉得现在的讨论更加具体化，讨论可以解决中国的具体问题？

陈：现在也有抽象谈论文化问题的，比如你刚才讲的像文化主体性的问题。以前说法国人的革命很成功，德国人不能革命，就是在自己思想里抽象地进行文化思想的思考。现在中国所有的实践领域都在蓬勃地跃动着，行进着，所以这个时代一方面仍然需要更深入地反思中西文明和中西文化的关系，不能像以前那样比较简单地、肤浅地来了解；另一方面我们仍然要学习西方，了解他们的长处。同时，我们也要更深入地了解中国的长处，然后自主地选择我们的发展道路，减少盲目性。在新的时代，我想这种讨论肯定是跟以前有所不同的。

舒：这样看来，您总体来说还是挺乐观的。

陈：就文化的意义上来讲，当然我不是悲观的。因为五四时代和 20 世纪 80 年代那种对传统文化的态度，已经过时了，差不多可以说一去不复返了，从这个意义上讲我是高兴的。但是中国面临的挑战还是非常多的，这些挑战看起来很具体，与文化问题相比，其实都是重大的挑战。比如，北京近五年来的房价，涨得那么高，这是很大的问题。研究中国问题的学者，可能就关心政治什么的，但是房价这类问题对整个社会的影响是非常非常大的。这类问题慢慢变得突出起来。

舒：我1月份在香港中文大学参加了一个博士生研讨会，我发现很多人都在研究很具体的、现实的问题，我觉得这是一个很好的现象，比如房价、农民工的问题。但是我认为政治学家看到这个问题，就会从政治的角度来分析，认为是制度导致存在寻租、买办等问题，文化的角度又有另外一套解释方法。我最近在看这一本书《知识分子与现代中国》，不知道您有没有看过？

陈：这不是研究胡适的那个人写的吗？有什么重大见解？

舒：我也不说什么重大见解，我看到其中一句话，觉得印象挺深刻的。他说："儒家世界中最大的痛苦根源就是，一个在社会和道德问题上认真执着的人，因为不能确定他的原则是否有益于一个堕落的时代而在内心深处发生的斗争。"我也有类似的感觉，觉得中国的知识分子一直就挺悲情的。我看了好多儒家知识分子好像都处在这种矛盾的、悲情的境地，很多人认为自己有满身抱负却不能救国救民。我感觉好像今天已经没有这个现象了，如果知识分子都能这么乐观，那这个问题就不存在了。

陈：没有这么悲情吧……

# 为官要修好私德

时间：2015 年 7 月 31 日

地点：清华学堂

采访人：冯国刚（中央纪委监察部网站记者）

## "领导者要'正己之身'，不是每天想着怎么去纠正别人，而是首先想到怎么纠正自己"

记者（以下简称问）：儒家文化提供了几千年来我们中华民族的共同价值观，塑造了中华民族的基本精神，提供了民族的凝聚力。儒家的治国思想主要有哪些？对我们今天的治国理政有哪些启示？

陈来（以下简称陈）：中华传统文化十分丰富，最突出的特点就是"以德治为本"，这种思想主要针对当时的"以刑法为本"。孔子认为，"道之以政，齐之以刑，民免而无耻"，"以刑法为本"

不是理想的治国方法，只有"道之以德，齐之以礼，有耻且格"，才是理想的社会。因此，从孔子开始，儒家提出了"以德为本"的治国理念。今天的"以德治国"的思想根源就出自儒家。

在两千多年来的历史实践中，儒家强调"以德治为本"，但也强调德法结合。汉代以来，儒家主导的治国理政基本理念是"礼法合治"，不是孤立地、单独地强调德治或礼治，而是把礼治和法治结合起来，礼、法相依不可分。这样的总体思路对今天仍然有借鉴意义。

结合我们的反腐败工作，儒家的治国理念还有一点就是强调正身和修身。孔子说"政者，正也"。领导者要"正己之身"，不是每天想着怎么去纠正别人，而是首先想到怎么纠正自己。

## "如果全社会都能从传统文化中汲取智慧，这对理解人生，用训诫指引做人，都是有利的"

问：中华文化一贯重视做人的道理，不论哪种宗教和学派，都要落实到人生和做人上。这些道理给我们今天的道德建设带来怎样的启迪？

陈：做人的问题，人生的问题，不仅仅共产党员会碰到，所有人都会碰到。古代文化中有很多这方面的传统资源，儒家、道家、佛家都有很多。

儒家文化重视人的德行的培养和人格的提升。孔子说"朝闻道，夕死可矣"，他把对真理和道德的追求看得比生死还重要。

孟子提出"富贵不能淫，贫贱不能移，威武不能屈"，鼓励人们维护坚定、独立的人格尊严，不被任何财富所腐化，不受任何外力所威胁。佛家讲五戒——不杀生、不偷盗、不邪淫、不妄语、不饮酒，这是基本的道德戒律。道家也讲了很多，比如清静无为、知足自得，都是强调清心寡欲。这些都要求我们在做人方面要很好地控制自己，在财富、富贵面前要能够把握住自己。

今天的党员干部，在学习党纪国法的同时，应该更广泛地学习和利用传统文化资源。儒释道中有很多道德的训诫和要求，我们应该学习和了解，对做人都有好处。如果全社会都能从传统文化中汲取智慧，这对理解人生，用训诫指引做人，都是有利的。

## "今天的好多问题，包括干部的腐败，应该说都跟我们忽略了传统文化有关系"

问：您曾说，中华价值观呈现责任先于自由、义务先于权利、群体高于个人、和谐高于冲突的特色。面对全球化，怎样更好地认识并弘扬中华价值观，不断增强我们的自信心？

陈：责任先于自由、义务先于权利、群体高于个人，这三点针对的都是个人主义。如果以个人的欲望、利益为中心，那社会的责任怎么摆、社会的义务怎么摆、群体的地位怎么摆？

总体来讲，我们的传统文化不强调个人主义，而强调个人价值不能高于社群价值；强调个人与群体的交融、个人对群

体的义务；强调社群整体利益的重要性。我国古代思想家用
"家""国""社稷""天下"等概念具体表达社群的意义和价值；
"能群""保家""报国"等众多提法都明确体现了社群安宁、和谐、
繁荣的重要性，凸显个人对社群和社会的义务，强调社群和社
会对个人的优先性和重要性。个人是私，家庭是公；家庭是私，
国家是公。社群的公、国家社稷的公是更大的公，最大的公是
天下的公道、公平、公义，故说"天下为公"，这些都是中华民
族比较好的传统。

今天的好多问题，包括干部的腐败，应该说都跟我们忽略
了传统文化有关系，忽略了传统文化中对个人欲望的控制作用。
我们的传统文化讲究用理性来控制、引导、战胜个人的欲望。
荀子讲"以道制欲"，即用道义来约束欲望；宋代以后，理学讲"以
理胜欲"，即用理性来战胜个人的欲望。怎么用中华传统文化的
价值观来解决我们今天所面临的很多问题？我认为，传统文化
的教育是一个方面，而且这方面非加强不可。

## "我们执政党的执政文化要中国化，就是要更自觉地运用中华优秀传统文化的资源，更自觉地传承中华文明"

问：深刻领会实现中华民族伟大复兴的中国梦，要有历史
的回放和思考。请问您如何看待这个问题？

陈：中国自古以来就有注重历史的传统，很早以来历史的

记述没有中断，而且受到珍视。历史的记述起着承载民族历史记忆、建构民族文化认同的重要作用。中华民族发展到今天，我们不能割断历史，要给予历史一定的地位，要看到中国的今天是从历史上的中国发展而来。

共产党人做中华文化忠实的传承者，就是要自觉地承担对中华民族和中华文化发展的责任。我们作为一个执政党，对中华民族是有责任的，对中华文化是有责任的。我们要使在历史上传承了五千年之久的中华文明，能够在今天焕发新的光彩，随着时代的进步，让它不断有新的发展，这是我们对中华民族的责任。同时，中华民族的历史、文明的积淀也为我们提供了发展的基础。我们要珍视中华文明和中华优秀传统文化为今天的发展积累的历史财富；我们要重视这些财富，使它成为我们面向未来的动力。

问：在推进国家治理体系和治理能力现代化的进程中，我们应该怎样用好中华优秀传统文化中的宝贵资源？

陈：当前，我们确实需要全方位地努力吸收中华优秀传统文化中的宝贵资源。不仅在社会教化、个人修身方面，而且包括历史上很多的管理制度，我们都可以吸取和借鉴。弘扬古代和近代以来以德治国的传统，就是要强调、传承发展中华优秀道德文化，涵养、接续、传承中华美德体系。

改革开放以来，我们党更加注重吸取中华传统文化的精髓来应对碰到的各种问题。我们执政党的执政文化要中国化，就是要更自觉地运用中华优秀传统文化中的宝贵资源，更自觉地传承中华文明。

我们要加强对中华优秀传统文化的挖掘和阐发，深入了解中华民族历久弥新的精神世界，努力实现中国优秀传统文化的创造性转化、创新性发展。我们要把中国文化当中跨越时空、超越国度、富有永恒魅力、具有当代价值的文化精神弘扬起来；我们要把继承优秀传统文化又弘扬时代精神、立足本国又面向世界的当代中国文化创新成果传播到世界。

## "触犯党纪国法，就是知而不行，屈服于自己的贪欲，忘掉了道德规范的制约和党的纪律要求"

问：明代王阳明提出的"知行合一"给当时及后世带来哪些积极影响？

陈：我们研究王阳明可以看出，他强调的是行，他反对宋代朱熹的知行观。朱熹有一个讲法叫"先知后行"。他说，人认识的过程应该是先知后行的过程。王阳明认为，"知行合一"，即知和行要结合，知不能离开行，行也不能离开知。这就是要破除朱熹的"先知后行"论。王阳明看到了很多人知而不行，只求知，不践行，因此他提出"知行合一"。"知行合一"主要是强调行，尤其强调对道德知识的践行。

王阳明当时讲的知和行的范围比较广泛，知包括了很多行的内容，行也包括了很多知的内容。他说，知行互相渗透，行不仅仅是外在的行为。他认为，所有的行为都是从大脑活动开始的，从起心动念开始，行动已经开始，所以他说"知是行之始"。人的意念活动，包括贪污也好，腐败也好，从起心动念开始，不良的行为就已经开始了，所以人要特别谨慎地关注自己的内心活动。

不管在王阳明时代，还是今天，不管是对党员干部，还是一般人，践行"道德的知识"都是现实的要求，因为每一个人都会碰到道德的选择；做好事，还是做坏事，善恶的选择每一个人都会碰到。怎样把知道的东西在践行中体现出来，做到"知行合一"，这是王阳明时代和我们今天共同探讨的问题。

所有的腐败分子，不管多大的官，他们不可能不知道什么是不该做的。为什么一些官员最后违法乱纪，触犯党纪国法？就是因为他们知而不行，屈服于自己的贪欲，忘掉道德规范的制约和党的纪律要求。所以王阳明的"知行合一"，对我们来说仍有重要的现实意义。

## "公德要以私德为基础，没有私德的养成，这个人的公德也不可能养好"

问：您认为，在各种道德缺失的现象中，尤以各级公职人员权钱交易、以权谋私危害最烈。这些违法行为对国家经济、政治生活及社会风气造成了恶劣的影响。对此，您有什么建议？

陈：改革开放以来，我国的社会经济发展在许多方面取得了令世人瞩目的伟大成绩。同时，在巨大的社会变迁过程中，人的道德观念和社会道德生活也发生了很大的变化，其中包括很积极的变化，也出现了不少值得重视的问题。对这些问题简单地加以概括，就是市场经济对道德领域的冲击造成了人们道德观念的迷失，导致人的意识与人际关系的商品化，以及自私意识的合理化。如果官员道德缺失、私欲泛滥、贪赃枉法，就会造成巨大的社会危害，这一现象应引起我们高度重视。

古代社会强调官德。比如清、慎、勤，即清廉、谨慎、勤政，这三字要求被历代官员奉为金科玉律。我觉得除了讲党纪国法以外，怎么按照传统文化中对官德的修养和规范的要求来行事，是我们需要好好考虑和规划的重要工作。

我们要处理好公德和私德的关系，公德即公民基本道德，指向公共生活；私德即个人基本道德，关注个人道德品质。私德作为个人基本道德要求，在中华传统美德中含义非常丰富，在现代社会中仍有重要意义。比如儒家所提倡的"仁、义、礼、智、信"。诚就是要向善去恶，真诚待人，诚信是基本的道德。古代社会对私德有很多具体的要求。一个人的私德好，就能将私德自然延伸到公共服务中，所以公德要以私德为基础。没有私德的养成，这个人的公德也不可能养好。为官要修好私德，私德不好又去为官，必然会走向违法乱纪的歧途。

在私德建设的问题上，我们既要以社会主义核心价值观的培育和践行为核心，又要注重中华传统美德的传承和弘扬，要把二者有机地结合起来。

**"党员领导干部，直接面对国家利益和个人利益、公和私的问题，所有的工作都和国家利益联系在一起，必须要处理好义和利的关系"**

问：《礼记·儒行》提出了包括"强学力行""不宝财禄""刚毅清廉"在内的十六条行为规范，请您谈谈这些规范对今天的党员干部的教育和借鉴意义。

陈：这十六条行为规范是很重要的。《大学》《中庸》强调修身、慎独，重在加强内心修养。《儒行》的"行"，是重在行为上，即行为的规范和德行的指引。这十六条应该说代表着儒家对一个君子德行的全面主张，中心是"义利"问题。《儒行》讲"见利不亏其义"，碰到"利"的问题，首先不能忘"义"，"义"就是代表道德规范、道德原则。我们现在很多问题就出在见利就逐利，跟着利益去追逐，忘掉了道德规范的约束。党员领导干部，直接面对国家利益和个人利益、公和私的问题，所有的工作都和国家利益联系在一起，必须要处理好义和利的关系。

在处理"义利"的关系方面，《儒行》讲"苟利国家，不求富贵"，它讲明了"义"。"义"有一个很重要的内容——国家和人民利益。

刚毅清廉中的廉不仅仅是廉洁，也是一种特别的倾向，就是要把清廉看得非常重要。而要做到清廉，首先要解决"义利"的问题，要把"义"放在"利"的前面。孔子讲"义以为上"，就是要求我们把"义"放在最为崇尚的地位。因此，《儒行》非常重要，它对今天的我们仍有教育和借鉴意义。

## "要像爱自己的家一样去爱国家。家国一体，这是中国古代非常长久的传统"

问：天下之本在国，国之本在家。"国家"是我们民族独有的概念，国与家紧密相连、不可分离。您如何看待中华文化中的家国情怀？

陈：中国古代认为家、国、天下具有一致性，三者不是割裂的，而是一个同构的、统一的整体，适合于家的道德规范、原则，同样也适合于国。比如《大学》里讲"修身、齐家、治国、平天下"，并不是每个阶段都有自己独特的、与另一个阶段完全不一样的一套规范、原则。所以古代讲"忠臣必出于孝子之门"，忠臣要到孝子家去找。儒家也讲"移孝作忠"的观念，这都表现了强调家、国实体上的同构性，规范上的一致性。

古代讲，爱国如家，也就是说人可以把国和家放在一起，放在同等的位置上考虑。提倡要像爱自己的家一样去爱国家。家国一体，这是中国古代非常长久的传统。

家和国不是对立的，家是我们最能真切地感受到，并生活于其中的东西。儒家认为，社会中的各种关系都是同心圆，即个人—家庭—国家—世界，从内向外不断拓展，从家庭到宗族、社区、州县、国家甚至到天下。《论语》讲"四海之内皆兄弟"，《礼记》提出"以天下为一家"。家庭关系是中国人的基本关系，我国古人早就把家的概念、家的关系扩大、扩充了。人们可以把家和国联结成一体，同时赋予家感情、道德等，这是古代的传统。

## "传承孝文化，要求我们结合新的时代要求，使孝道、孝行适合今天的社会发展"

问：孝道在中国文化中具有悠久的历史，当代中国如何传承孝道文化？

陈：孝是中国很重要的文明规范，它在调节家庭的关系，解决子女对父母的赡养，增加家庭的亲情等方面具有重要作用。孝文化传承久远，在中国至少有三四千年的历史。

孝是中国人最重要的观念之一。从理论上讲，孝是血缘、亲属关系之间的伦理道德。而仁、义、礼、智、信已经超越了血缘、亲属关系，是适用于一切社会关系的基本道德。孝是中国历史文化传统，并不能因为仁、义、礼、智、信的普遍性意义更强，而孝只适用于家庭，调整的是血缘、亲属关系，就忽视它的社会意义。我们的社会还是要传承孝文化，要能够结合新的时代要求，使孝道、孝行适合今天的社会发展。

## "我们传统文化里有自己独特的一套监察体系，在对权力的制约、对官员的监督方面，有制度性的要素"

问：请您谈谈对用中华优秀传统文化推进党风廉政建设和

全社会廉洁文化建设的建议。

陈：刚才主要是从伦理道德方面讲的。怎么用中华优秀传统文化来为党风廉政建设提供一些思路？我觉得是制度。我们可以好好总结两三千年以来中国的监察制度。中国古代监察制度的历史很悠久。古代的监察制度有不同的形式，宋、明、清时代，监察体系得到了发展，其中一些做法值得参考。我们的传统文化里有自己独特的一套监察体系，在对权力的制约、对官员的监督方面，都有制度性的要素。我们应该好好学习、挖掘。中国历史上的官僚制度体系，在世界历史上是最为长久的，应该好好总结，看看哪些今天还可以利用。

关于全社会的廉洁文化建设，我觉得还是要重视社会风气的问题。在影响大众的媒体里，应该有自觉监控道德风气的机制，对社会风气进行自觉维护。比如，对送礼广告，媒体应该自觉抵制而不是倡导，这关系到社会风气。培养良好的社会风气，是每一个社会个体应负的责任。每一个公众人物，尤其应该有这样的自觉，要约束自己，这就是自律。全社会都应该从这些基本的要求做起。

## "十八大以来查处的这些大案要案，老百姓和社会各界都认为非常好，应该是大快人心"

问：您如何看待十八大以来的正风反腐工作？对今天治理和预防腐败有什么建议？

陈：十八大以来，党中央对正风反腐工作非常重视，人民群众也特别关注，正风反腐工作所取得的成果大家都是叫好的。我觉得十八大以来查处的这些大案要案，老百姓和社会各界都认为非常好，应该是大快人心。但是另一方面也很痛心，这么多干部出问题，党组织也是很痛心的。

我觉得，一方面要反腐、抓案件；另一方面，一些制度建设要紧跟工作实际。一方面要维护党的纯洁性；另一方面从爱护干部的角度讲，也应该把工作抓好，把制度建设好，使干部不犯或少犯错误，这对组织建设非常重要。其实有些干部，因为制度上存在漏洞，又缺少监督和提醒，结果一步一步走上违法乱纪的道路。所以说，加强党规党纪和法律法规建设，既是对党、对国家、对社会负责，也是对人民、对干部负责。

## "我希望中国成为富强、民主、文明、和谐的现代化国家，这就是我的中国梦"

问：请您说一下心中的中国梦。

陈：现在的中国梦有很多讲法，我所讲的中国梦还是在国家层面，就是我们社会主义核心价值观的第一个层面：富强、民主、文明、和谐。这是建设社会主义中国的目标，是国家的政治价值，表达了我们对未来中国发展的整体期待。我希望中国成为富强、民主、文明、和谐的现代化国家，这就是我的中国梦。

# "惠而不费、劳而不怨、欲而不贪、泰而不骄"

问：请您为广大党员领导干部题写一段寄语。

陈："惠而不费，劳而不怨，欲而不贪，泰而不骄"，这是孔子在《论语》里提出来的，可以看作是对干部"美"的要求。"惠而不费"，是说为政者做对人民有利的事情，成本不高，又可以得到人民的拥戴，何乐而不为；"劳而不怨"，即有些干部很辛苦，但是劳而不怨，如一些干部的理念是"我付出再多是为党工作，我是国家的公务员"；"欲而不贪"，即人可以有欲望，但不能有贪心、贪欲；"泰而不骄"，就是不要骄傲自满。这些在今天仍然有针对性，仍具有现实意义。

（景延安、冯国刚整理）

# 重塑中国人的精神

时间：2016 年 3 月 27 日

地点：新清华学堂

采访人：张小琴（清华大学新闻与传统学院副教授）

## 我愿意成为一个儒者

记者（以下简称问）：您对儒学的兴趣是从什么时候开始产生的？

陈来（以下简称陈）：从做研究生时确定的，我的研究领域是宋代儒学。在此以前的兴趣是广泛的，对哲学、经济学和其他的人文学科有广泛的兴趣，但是没有对儒学产生特别的兴趣。

问：这么多年学习和研究儒学，对您个人的影响是什么？

陈：应该是形成了作为"儒者"的一种自我意识，但这是在不断研究文本的过程中无意形成的。

问：大家通常认为儒学是一门知行合一的学问，研究儒学的人，或者说儒者会身体力行去实践一些儒家的学说，如果按照这样的要求称您为"儒者"是否合适？

陈："儒者"一词对我来说是一个比较高的要求。学术界以外的人来看，好像一个读书人，做一些跟儒家研究相关的事，就可以笼统地称为一个"儒者"。但是从我的内心来讲，"儒者"这个概念不是随随便便提出来的，"儒者"对自己的人格、理想要有一定的要求。在人格的风采方面，"儒者"对别人要有所感召。当这些都能够达到一定的程度，自己才能说，我是一个"儒者"。当然了，这可以作为一个理想，就是说我正在成为一个"儒者"，或我内心认可，我愿意成为一个"儒者"。

问：那说明您对这两个字还是充满了敬畏？

陈：是这样的。从今天的角度来看，国学的概念很大，国学里面包含了哲学。儒学有一部分可以包含在哲学里头，但是有一部分又是哲学包含不了的。作为一个"儒者"，他讨论的是身心实践，但哲学是西方概念，它当中没有身心实践这个东西。所以身心实践虽然是在儒学里边，但是不在哲学的范围里。我们姑且可以说国学这个概念最大，下面有儒学，儒学里面又有儒家哲学。

## 关于文化保守主义

问：我看有的文章里说您是一个文化保守主义者，您觉得有道理吗？

陈：就某一个方面来说是有道理的。相对于文化激进主义，即为了社会进步不惜破坏甚至全盘推翻传统而言，我认为保守是有意义的。在社会发展的同时，我们要支持传统，要珍视传统，在这个意义上，这当然是一种文化保守主义的态度。"保守"这个概念在中国近代以来的意义好像不是很正面，但是在西方的概念里，"保守"不见得是一个坏词，反而能体现出一个正面的价值，比如西方就有很多保守党派。因此，我们在翻译外国书籍里的文化保守主义概念时，为了体现中国的语境，就不用"保守"二字，而译作"文化守成主义"。但不管怎么说，文化保守是一种文化态度——珍视人类在历史上创造和传承的文化；在社会工程方面，不能够随意破坏传统；要使传统不仅能够得到发扬，而且能够得到转化，能够发挥积极作用。

## 哲学家对社会的作用

问：那具体到您个人来说，您所做的工作，对于这个社会的进步，或者对于广大的民众来说，它的作用是什么？

陈：对我来说，我的写作内容，跟当今社会（从政府到老百姓）所关注的是连在一起的。比如我们现在倡导的社会主义核心价值观，三组二十四个字的提法就不是平地起高楼，这个价值观有它的渊源。社会主义核心价值体系一定要与中华文明、中华传统的价值观，中华优秀文化的核心价值体系相对接，以这些为源头才能成为有根的东西。当然，学术研究不见得每一项都跟老百姓的生活实际有明显的关系。比如前一段美国的自然科学界发现了引力波，这是物理学一个很重要的发现，但是这个发现跟普通的社会生活有什么关系？没有什么直接的关系。所以，这就涉及到我们判断一个东西的价值时采用的标准和观点：要仅仅从实用功能、功利主义的角度来看，就不能了解文化，不能了解科学，不能了解知识。这也是我们今天要谈传统的一个重要的出发点：一定要端正认识传统、认识文化的标准，这样才能正确地认识传统，才能了解什么是人文知识和科学知识，才能知道什么是人类发展所必需的、对未知的探求。

问：那您觉得这个标准是什么？

陈：很多的文化是不能直接拿来用的，但文化有文化的价值，知识有知识的价值。最近几十年，大家最直接利用的就是经济。经济能挣钱，但是我们大部分传统文化都不是拿来赚钱的。比如在教育领域重视传统文化的传承，那是用来培养学生的，培养他们的思想、意识、情操、气质和教养，而不是教给他们赚钱的本事。因此，不同的领域标准会不同。

## 对儒学研究的突破

问：您从事儒学研究有几十年的时间了，也有很多的著作，能不能简单概括一下您最大的贡献在什么地方？

陈：举个例子，儒学一般是研究孔子以后，但我是研究孔子以前的，因为孔子的思想是有来源的，这个来源就是中国上古时代的正统文化。以前大家研究孔子时，对儒家思想的根源，对它跟整个中华文明发展的内在关系关注得比较少。从孔子讲起到现在才两千五百年，但是我做的事情就是把孔子跟五千年的中华文化发展做一个深度的连接，比如夏商周的思想如何通过不断发展，最后连接到孔子。这样就给儒家思想——我们国家古代的主流思想，找到了它真正的根源。

再比如"儒"这个字是什么意思？甲骨文里没有这个字，所以通过"儒"字本身是找不到儒家思想真正的根源的。在孔子以前的古文里没有这个字，《论语》里也只有一处讲到这个"儒"字——孔子教导他的学生做"君子儒"，不要做"小人儒"，但是"儒"是什么意思呢？不知道。近代的章太炎写过一篇文章叫《原儒》，里面说"儒"右边是一个"需"字，"需"的上头是一个"雨"，所以看起来这个字在古代应该是一个会求雨的法师，这样一来，"儒"的根源就变成一种求雨的法事。后来，有一些学者支持章太炎的这种讲法。

胡适提出另外一种推测，他说《说文解字》中有言："儒，柔也。"胡适认为"儒"是一种术士，但不是求雨的那个术士，而是传承思想时拥有"道术"知识的术士。为什么是柔软的"柔"呢？孔子长在宋国，但是从族裔上讲他是殷人，因为宋是殷人居住的封地，所以他的祖先应该是殷人。后来殷商又被西周所取代。胡适就据此推测了一个故事。他说很可能是这样，周武王伐纣，建立了西周，原来那些殷人成了俘虏，俘虏里边有一些有知识的人，相当于殷人原来的教士，但是这些人又是俘虏，他们的身份很低，所以比较"柔"，即柔顺、服从。周代看这些俘虏有知识，就继续利用他们去做一些相关的工作，这就是"儒"的来源。比如说古代很讲"礼"，每一项活动都要有礼仪的仪式，古代的儒家懂得这些礼数，所以他们就帮周朝做礼事。

上述讲法都是猜测。其实，我国最古老的历史文献《尚书》中的很多思想，诸如重视礼、德、孝等，都是孔子思想的来源。孔子活着的时候，经常梦见周公。等到晚年梦不见周公的时候，他就很焦虑，觉得是因为自己快死了，所以他有志于恢复周礼。这说明孔子思想最直接的来源是周代的文化，那周的文化从哪里来呢？孔子讲，"殷因于夏礼，周因于殷礼"，"因"是继承的意思，所以儒家的文化思想有一个很长的传承过程。先秦有诸子百家，只有孔子传承了中华民族的上古文明。

问：那您是把儒学发展往前推了几千年的时间？

陈：对，应该至少有一两千年。

问：那您有没有找到"儒"字的起源？

陈："儒"字的起源其实不重要，重要的是儒家思想的元素在历史上的痕迹，而不是仅仅去看这个字在古代是什么时候出现的。对于这个问题，历史学家、语言学家和文字学家都有不同的研究方法，而我采用了很多人类学，特别是宗教人类学与社会学、历史学相结合的综合研究方法。这跟以往的单一的研究不一样，取得的研究成果也不一样。"儒"字的含义是一个文字学、语言学的问题，不是我关心的问题，我关心的是要通过这些问题在中华文明中找到儒家思想的根源。

问：您早期做了很多关于朱熹的研究，后来做了很多跟现代社会有关系的研究，这样做是希望找到儒学在现代的一个出路吗？

陈：我是以宋明理学的研究起家的，进入这个研究领域以后，我写了七本关于宋明理学研究的书，应该说达到了一个比较受大家推崇的水平，但这只是一方面。同时作为一个知识分子，特别是人文学科的知识分子，还要参与社会的文化活动，进行文化思考。20世纪80年代我踏入学术界的时候，当时讨论最热烈的一个问题就是传统与现代的关系是什么，是不是一定要全盘反传统，像新文化运动那样跟传统彻底决裂才能走向现代化。当时的一些人认为传统是封建迷信，我们必须更坚决地反封建，否定"文革"，这样才能走向开放，走向现代。我那时也加入了讨论，我写了一些文章，我的立场是坚决反对把传统完全刨除。一直持续到20世纪90年代我还在写这一立场的文章。这跟我的学术研究是平行的，一方面我有比较纯粹的学术研究；另一方面我也不断介入到社会文化思潮的评述中，参与了讨论和辩论的整个过程。

问：当时您支持的这种声音好像是处在弱势，那个时候很笃定吗？

陈：很笃定。

问：这种笃定来自于哪里？

陈：因为当时我从美国回来，所以我对美国的社会文化有一些了解。我利用哈佛图书馆的资料，对儒学跟现代化的关系也做了一个综合的研究，对各方面的讨论、观点，包括背后的理论依据都掌握得比较全面。

问：从那个时候到现在，感觉人们对儒学的态度有变化吗？

陈来：已经发生了根本改变。可以说是一步一步看着我的主张被认可、被实现。我当时写了一篇文章，讲的是"化解传统和现代的紧张"关系，尤其是那种过度的、不必要的紧张应该被化解。从 1989 年到 1999 年，人们对儒学的态度就已经在相当程度上发生了改变。

## 儒学与现代化

问：儒家传统是阻碍现代化的吗？

陈：不是。1988 年，我在北大和几位著名的知识分子公开辩论时，有一位知名人士就说，儒家在历史上是最保守的，并批判了儒家的学术观点。我就说，这个观点其实是不准确的，缺乏历史依据。汉代的时候就有儒生跟一个主张黄老思想①的人辩论，这个儒生讲"汤武革命"时说，汤革了夏的命，武王革

---

① 黄老思想：战国时的哲学、政治思想流派，尊传说中的黄帝和老子为创始人，尊崇黄帝和老子的思想，故名。黄老之学始于战国，盛于西汉，黄老学派兼采阴阳、儒、法、墨等诸家观点。《史记·乐毅列传赞》称其代表人物有河上丈人、安期生等。

了殷商的命，所以儒家是肯定这种革命的。如果一国之君不是正义的，是昏君，那就可以取而代之，这个就是革命。但是儒生对面的那个主张黄老思想的学者说："帽子再脏，也是戴在头上的；鞋再新，也是踩在脚底下的，这永远是不能改变的。"从这个故事可以看出来，真正保守的并不是儒家，儒家是将正义的、有道德的理念作为其政治思想的。

其实任何时代都应该有不同的声音，如果某种主导的声音不正确却又很大，如果大家不断地从一种激进走向另一种激进，那就会导致社会处于危险之中。1991年我写了一篇文章，其中讲到儒家文化经过一个世纪以来的批判，其中有合理的、理性的分析，但也有非理性的斥骂，这些交叉在一起，使得儒家文化已经从中心退居到边缘。但是我当时又看到近代文化已经走到了谷底，所以认为再往下走就是返回来，重新认识传统文化。我还在一个书评中写过，前几年我们总是纠结于要去解释传统怎么阻碍了现代化，但未来要说明传统怎么支持了现代化。

问：所以您的结论是儒家思想推动了中国的现代化？

陈：有积极的作用。从前我们老找儒家思想的消极作用，未来会更多地找它的积极作用。

问：儒家思想为什么可以促进现代化？

陈：现代人觉得儒家思想不主张有成就的动机，不主张获得经济利益的那种成就。在孔子、孟子的学说中，确实如此。但是，儒家思想是一种立体的文化，它有很多的层面，它也有直接接近老百姓生活的世俗儒家层面，即我为家庭最大程度地去实现我自己，去取得各种各样的成就。唐代以来，有很多人把谋取科举成就当作人生最大的追求，尽管孔子没有讲过这些，但是这些在儒家思想里是被肯定的。这些思想渗透在中国人的生活里，延续至今。

儒家思想为什么是促进现代化的积极因素，这个问题还涉及到"创生和模拟"的分别。从理论上来讲，从马克斯·韦伯到现代化理论，无论是东亚还是世界其他地方，都证明深受中国文化影响的国家和地区可以在学习和模拟的过程中实现现代化。

问：儒学到底在哪里存在着？

陈：这就涉及到我们对传统的理解。有人认为儒学也好，儒学的传统也好，都是附着在从前的政治制度、教育制度和经济制度之上的，所以当这些基础没有了，只能是"皮之不存，毛将焉附"。所以就有人说，这些东西最好存进博物馆，变成博物馆中的藏品。美国学者列文森①就认为应该让儒学走进博物馆，让儒学走进历史，让传统走到历史那边去，让它成为不再对今天还有作用的传统。但我们的儒家思想不是一定要附着于什么东西才能存在，为从根本上来讲，它已经化成了中华民族的灵魂，已经成为中华民族的思维方式、审美方式、道德感知方式和行为模式，它已经内化为老百姓内心日用而不知的东西。不是你

---

① 列文森（Joseph R.Levenson，1920—1969），哈佛大学博士，曾任加州大学伯克利分校讲座教授，美国20世纪50—60年代中国学研究领域最主要的学术代表之一，美国中国近代思想史研究领域的著名学者。

想把它放在博物馆就能放在博物馆的，因为它生活在你的心里，内化在你的血液里。

问：儒学的生命力很强，它有跨越时代的继承性吗？

陈：对。不管是基督教还是儒家思想，它作为一种文化、一种观念、一种道德，除了有适用时代的那部分内容以外，一定也有超越时代的内容。超越时代的东西支持儒家思想不断地在伦理上进行传承，一直到今天。黑格尔说，"任何普遍的东西，在历史上存在时，下降为具体的东西"，意思是说这些普遍的思想能够超越一些东西，但是为了在每个时代生存，它也要有跟那个具体的时代相结合的内容。但是，下降后的内容不是它真正的生命，那是个别的存在，而不是本质的存在。孔子讲，"仁者爱人"，他讲的是人和人最基本的关系，是超越了人的具体伦理关系的命题。它超越了父亲和子女的关系、兄弟之间的关系以及朋友之间的关系，超越了特定的人伦关系，变成一切人之间的关系。因此，任何一种传统只有包含普适性的内容，才能够适应所有的时代，才能不断地传承发展。

## 中国发展需要什么样的哲学或者宗教

问：我看您在很多著作中提到《新教伦理与资本主义精神》这本书，您说在资本主义发展当中，宗教伦理起到了精神上的支撑作用。那如果想为中国现在的发展，或者未来的发展，找到一个类似于像宗教伦理这样的精神支柱的话，您觉得会不会是儒学？

陈：马克斯·韦伯这本书讲的是一种理性的资本主义，不是那种为了满足自己的贪欲而发展的、古老的资本主义。他认为，理性资本主义与新教伦理有很大的关系：做这件事是为了"荣耀上帝"，把这看作是上帝对人的一种召唤，这样一种精神促进了早期资本主义的发展，但是并不代表新教伦理可以永远做资本主义的支柱。韦伯有两个基本的观念：一个是价值理性；另一个是工具理性。韦伯是比较悲观的，在20世纪20年代，他就认为人类发展好像快进入一个铁笼，价值理性越来越式微，所有的东西都被工具理性所独占，比如说科学技术。韦伯没有提出要重新振兴基督教，尽管他很悲观，但是我们依然可以看出他其实是主张加强价值理性的复兴，主张通过对传统的复兴使得工具理性能实现平衡发展。后来，芝加哥大学的著名教授爱德华·希尔斯写了一本书叫《论传统》。他批评韦伯因为对价值理性的信心不够，所以很悲情，觉得人类要走到铁笼子里边去，但实则社会理性和价值理性的传统还是能发挥很大的作用。

在18世纪，伏尔泰就曾惊叹于中国作为一个没有宗教的国家，却有在基督教国家都达不到的高度发达的道德文明。这说明历史上我们以儒家思想为主的文明是非常发达的，我们不需要重建一个像西方一样，靠宗教信仰来支持的教化的体系。中国历史上有宗教，我们叫"三教"，只是不注重它的宗教属性，而是注重其教化属性。你信什么不重要，关键在于有没有形成教化的体系，这种信仰能不能劝诫和引导普通人向善，对社会做出贡献。这些是中国古代历朝历代的皇帝都非常关注的。所以未来我们仍然想吸取过去的优秀文化的经验，建立一个比较好的教化系统。

中国传统的伦理道德思想，主要都是由儒家来建构和传承的，中国社会的基本的价值、核心价值观也都是由儒家奠定的。当然，其他的一些宗教或者思想流派也有一些贡献，比如道教和佛教。就理论认识来讲，应该以儒家为主体，同时关注其他中华文化中有利的部分。

## 对当今社会的忧虑

问：您多年来研究儒学，面对当今社会，会对很多东西都感到忧虑吗？最忧虑的事情是什么？

陈：会。对于传统，对于儒家思想，不能说它就是保守的，应该看到它提供的一种人文视野，一种对现实有批判作用的视野。

最令人忧虑的还是贪欲的盛行。比如对一些年轻人最有吸引力的就是成功，至于是什么性质的成功，用什么手段得到的成功，他们不管。对他们来讲，成功就是第一位的，他们所追求的理想也仅仅是成功。他们所追求的是可以和这个社会所需要的各种道德和价值的观念分开的理想。前一段时间，有消息说一个学生把他的亲生母亲都杀了，在古代来讲，这种情况是很难出现的，因为古代强调对父母的"孝"。

如果在古代，你骂母亲一句就已经犯法了，今天有吗？当然，我们今天也不可能完全回到古代的氛围里面，但是通过这种极端的例子，至少可以看到现代道德教育的失败。从1949年以来，在某种意义上讲，我们的道德教育中有些排斥对父母的爱，"五讲四美三热爱"里面没有父母，没有老师，没有同学，如果某些学校的教育再片面些，恐怕就只有热爱祖国、热爱党了。

最早的"三爱"是什么？爱祖国、爱人民、爱劳动。这个提法与旧社会相比是有先进性的，旧社会看不起劳动人民。但是今天这个观念可能还需要反思，需要讨论。毛主席时代，知识分子一定要上山下乡，要到农村干活，认为这样才能够培养人的道德。其实不见得是这样，会干农活只能说你不是"四体不勤，五谷不分"，但是你的道德水准是不是真正能得到提高呢？

问：如果要让您提出"三个热爱"，您觉得是什么？

陈：我认为爱父母、爱老师和爱同学，这些应该是从幼儿园就开始培养的。"文革"期间讲，"亲不亲，阶级分"，那个时候不讲亲情，更不要说孝道了。直到今天，在很多时候，我们也没有像我们的前人一样，把我们对亲人、对老师的那一份爱表达在教育当中。

问：您一方面怀着很高的理想；另一方面又看到社会现实当中有那么多跟理想完全背道而驰的东西，会不会也有一种"知其不可为"的悲凉感呢？

陈：我倒不见得悲凉，我相信人做的工作总不会白费，关键在于我们做不做，怎么做，因为做了跟不做就是不一样。比如去过台湾地区的人就感慨那里待人处事的态度，跟我们不一样，这应该归功于他们所受的传统文化的教育，这与台湾地区政治上的乱象无关。反观我们的教育里面往往没有讲到怎么做人，如果我们只讲做共产主义接班人，完全消解了人的基本道德伦理的象征，只有一个政治的象征，把人变成一个单向度的人，然后就会有很多很可怕的事情出现。

## 如何塑造中国人的精神气质

问：如果您有机会去影响执政者、决策者，您希望能够把一种什么样的思想传递出去？

陈：应该是怎么进一步弘扬中华优秀传统文化，在今天的政治建设、法治建设、社会建设和精神文明建设方面，发挥中华优秀传统文化的积极作用。同时，要能使中华优秀传统文化成为整个当代中国文化和国民的一种精神气质。

问：为了实现这个目标，就是让中国大部分国民具有一种儒家的风范和气质，您觉得还需要做些什么，有没有对每一步的设想？

陈：我想最重要的就是教育，第一步就是教育。

问：是读经典吗？

陈：那不一定。

问：您怎么看"国学热"现象，比如小朋友读《弟子规》？

陈：我们知道小孩子受的教育是家长主导的，"国学热"的现象说明我们的教育是失败的，家长不相信孩子从小学到大学接受的这套教育。

我们现在碰到的这些问题，使大家开始重新关注儒家的传统，包括儒家文化里的启蒙教育。我们的教育虽然很系统，但是在人格的培养、道德的培养方面，即在培养"完整的人"方面，存在缺失，而国学这种传统教育恰好可以弥补这方面的缺失。所以我们面对的一方面是社会的现代化发展；另一方面是老百姓都关心的伦理道德的重建问题。从国家的角度来讲，就是精神文明教育如何开展的问题。我们要满足人们对邻里关系重建的信心，要适应社会精神文明发展的需求，一定要充分利用中华优秀文化的资源，这已经成为从国家到百姓层面的一种共识。

很多时候，我们的认识还不够充分，我们的措施也不够有力。台湾以前有中华文化基本课程，"四书"是他们的教材，大陆对于"四书"进不进课堂至今都有争论。虽然通过民间力量的推动已经有所改变，但是一些高层、知识分子还是用"文革"时期的心态来看待这个问题。

问：要重建价值体系，尤其是以儒学为核心的价值体系，靠小孩子们读读《弟子规》，靠电视上有些学者做一些推广够吗？

陈：当然不够。小孩子们读《弟子规》肯定是有益的，但是不能靠它解决全部的问题，这应该是一个循序渐进的过程。

你让幼儿园小孩子去背二十四字核心价值观，而孩子们如果不能全面理解，那就不见得有什么意义，但是让他们背《弟子规》里的三句话就会对他们的生活实践有指导意义。我们不是否定前者，而是应该将现代价值观需要的东西，比如自由、民主和法治与教育相结合，因为教育是一个最重要的途径。教育有各种各样的形式，经典是要读的，但是也要把优秀的传统文化纳入到国民教育的体系中，去体现它的价值观和文化修养。

整个社会的文化氛围，包括媒体建设，媒体呈现的东西，要能跟价值观的目标相配合，为实现目标服务。我不赞成现在电视上没有道德意识的广告，不考虑它对整个社会的影响是好是坏，像之前什么"送礼就送脑白金"的广告宣扬的送礼文化，我就不认同。现在也是一样，春晚也开始让大家抢红包，我觉得没有必要。抢红包作为个别现象没法管，但也没有必要在春晚这样一个平台上，鼓励大家争抢红包，宣扬这种"一切向钱看"的价值观，这必然会带来不良心态。现在我们看不到一些真正能够培养国民素质的节目，比如说我们中国游客曾被国外的人批评。我们的媒体什么时候能把旅游教育作为国民教育的一部分？毕竟你出去不仅代表你自己，还代表中国人。再比如，有一些节目搞汉字大赛，最后都变成写一些非常偏僻、很难使用到的字，好像应试教育一样，这就没有什么意义了。我们应该把一些能体现出国民素质的东西拍出来，做成节目，比如坐电梯要靠右，不能在公共场所随地吐痰等等，这样的节目才会有意义。

问：其实不光是到外国去，在自己的国家也应该有这样的规范。

陈：对啊。我们没有一个节目是这样的，比如做一个"公民行为知识竞赛"也可以，但没有这样的节目。

问：这应该是常识啊。

陈：这不是常识。有些时候一个人做出一些行为不是因为这个人不好，而是他不了解，他不知道上电梯要留出左半边给紧急的人用，所以得有人告诉他。我们的媒体整天要不就写一些生僻的字，要不就是搞些抗日神剧，要不就弄什么真人秀，没有什么实质性的教育意义。

问：说起来儒学是一个挺大的概念，让儒学成为中国人的精神气质也是一个很宏大的目标，最后还是要落实在一些很具体的行为上。

陈：学者（尤其是人文学者）的工作性质跟政府部门不一样。我们主要是提出一些理念，这些理念一旦被政府部门了解，他们就会想办法去落实。学者主要还是从比较宏观的角度来看待这些问题，具体的措施以及怎么落实由政府部门操作。

问：现在的道德水平其实很不乐观，如果重建靠儒学支撑的道德文明，还能回到从前那么高的水平吗？

陈：我们也不能笼统说以前的水平就很高，因为它也有不高的地方。今天也是一样，既有水平低的地方，也有高的地方。比如说古代社会的构成以农村为主，农村又以士绅阶层为中流砥柱，所以古代可以通过宗族，或者家族的力量把好的主流文化、主流价值观浸润、传播到基层去。虽然这些士绅也有表现不太好的方面，但是总体还是起到了表率作用。

今天我们是有许多不太好的地方，但是也应该看到积极的一面。比方说 20 世纪 80 年代以前，北京市的公交车很拥挤，大家都不排队，都挤着上车；现在大家都会排队，连小孩子都做得很好。所以不能笼统地说现在水平都是低的，以前都是高的。

问：您对重建以儒学为核心的价值理性还是很有信心的。

陈：重建肯定是比不做好，但是能够做到什么程度，能在多大程度上改变这个社会，谁也没有办法确定。

问：您是一直想要推动儒学在大众当中的传播吗？

陈：应该说不是。我乐于看到儒学的传播，也会写一些文章去呼吁。但是因为我的主要角色是老师、学者，我主要是做研究，所以我不会把自己定位成传播者。

问：您认为自己第一位的工作是当公共知识分子吗？

陈：我自己还是要致力于做出第一流的学术研究，这是我的本职工作。我并不把自己定位为一个公共知识分子，虽然我也会写一些介入社会文化的东西，但是真正我要做的事，还是希望能像理工科学者一样，在自己的专业领域做到最好。在这之外，文科学者可以发挥的空间更大一些，因为他们比较容易介入到社会文化的问题之中。学者和公共知识分子二者的界限有时候好像不是特别清晰，但对我而言还是不一样的。偶尔也会有些外在的东西来拉我，但对我来讲，最重要的还是学术。

# 健康的现代化需要挺立价值理性

## ——陈来教授访谈录

时间：2016 年 9 月 24 日

地点：山东邹城

采访人：戴志勇（《南方周末》评论员）

## 现代性：工具理性与价值理性

戴志勇（以下简称戴）：自 1840 年左右，中国开始进入一个加速追求"现代化"的过程。先后经历了洋务运动、维新立宪、革命共和、两党内战、全盘计划、改革开放等一系列的历程。"摸着石头过河"是一个当代表述，河对岸基本上等于现代化。但是，现代化究竟什么样，不同人有不同的理解。与现代化相类似的一个概念是现代性。站在一个儒家学者的角度，怎么理解这两个对转型中国至关重要的说法？

陈来（以下简称陈）：对现代性这个概念，没有一致的理解，社会学和美学的理解不一样，不太好讨论。反倒是现代化比较容易讨论。我们研究传统文化的人来讨论现代化，主要是讨论传统与现代。

我们所了解的现代性主要是启蒙现代性的观念和价值。从传统文化的角度来讲，这是一种价值和思维方式。现在还是有很多人把传统和现代完全隔离开来。

对启蒙现代性问题而言，在20世纪80年代，大家特别关注的是韦伯的思想。韦伯自己不太用现代性这个观念，但却是现代化理论的祖师。社会学家帕森斯的理论都是从韦伯来的。韦伯在对现代化这一问题进行反省时，提出工具理性和价值理性的观念。他关于"铁笼"的比喻，说明他对工具理性的发展是有担忧的。

戴：用《孟子》中的命题来说，工具理性似乎更注重"利"的这一面，价值理性似乎更注重"义"的这一面。价值理性注重思想与行为本身的价值意义和应该如此的一面，但也不是如董仲舒所说"正其谊不谋其利，明其道不计其功。"而是要容纳工具理性的层面。但的确在现代化的过程中，功利的取向如果太重，就很可能出现往下坠的倾向。韦伯关于"理性铁笼"的洞察，说明他对最先由欧美等地区发展出来的现代性，也存在相对悲观的一面。人在工具理性的指引之下，一方面可能创造大量的财富，对大自然无尽的探索与征服，获得更多的自由发展空间；但另一方面却也可能在计算的理性、科学—技术的理性、科层官僚制的理性统治下，跌入物质与权力的控驭之中，陷入异化、物化或马尔库塞所谓的"单面人"困境。这跟韦伯在谈论理性对宗教的"去魅"时的乐观看法很不一样。我们是否可能有某种"后发优势"，借助自己的思想与历史资源，对此早做反省与纠正，避免一些弊端？

陈：从哲学和美学的角度，现代性是一个被反思的主题。如果从海德格尔等欧洲哲学家的反思来看，主要是反思技术理性对现代生活的控制。现代化作为一个社会发展的方向，基本是被肯定的，在这一点上现代性与现代化不同。

现代性本来是现代化的一个属性，但在实际中却变成了两个方向。杜维明先生讲，启蒙的思潮代表跟宗教传统的完全决裂。东欧的情况另论，法国的决裂比较极端，但英国就不是这样。目前欧洲教皇还在，整个宗教制度的体系还在，教皇在南美洲的影响更大。有一种高度概括的说法叫"世俗的欧洲，宗教的美国"。目前，宗教的影响还这么大，它对人类的发展有很多正面的意义，并不是启蒙现代性所理解的"迷信"。通常认为，最现代化的美国，在某种意义上是最保守的。说美国保守，指的就是其对宗教的态度。这的确不是启蒙现代性所了解的那么肤浅。我们也曾经历了对宗教完全排斥的阶段，这些都还要继续深入研究。

戴：杜维明比较强调儒家的超越维度。他提出了精神性人文主义，以此来区别文艺复兴以后欧洲的世俗人文主义。您对世俗社会中的宗教及其功能怎么看？

陈：我对宗教的看法比较开放。宗教不是完全没意义的，它对人类历史发展有着很重要的作用。儒学强调两条：第一条叫世道，第二条叫人心，这也是以前儒学发挥作用的最重要的内容。名门正派的宗教多有益于世道人心。当然可能在其他方面也有一些需要注意的消极作用。人类社会的发展，总体上是越来越能把控宗教积极的作用，也越来越进步。

宗教对人心的改造、转化能力是劝人去恶行善，这跟社会主流价值观完全一致。如果跟主流价值观相反，就是邪教了。如台湾地区的几个佛教山门都是名门正派，加上通过媒体的传播，对社会有很大的益处。我20世纪90年代初到台湾地区，遇到的一些非常友善的教徒，给我留下的印象非常好。在社会越来越发展、法治越来越健全的情况下，宗教原有的一些消极面在消除，留下来的更多是对世道、人心的积极方面。

改革开放以前，我们已经把宗教打倒在地上；改革开放以后我们还来不及很好地恢复，对宗教没有很好的理解，突然就进入一个金钱的作用暴涨的社会。金钱也用到寺庙里，寺庙已经热闹起来了。但真正能掌握佛教精义的高僧大德还是太少，佛教的好处还不能完全展现出来，有些地方还受制于是科级寺庙，还是处级寺庙的体制以及管理政策。

目前，一些人对宗教与人们生活的密切关系，对它维护社会稳定的作用的认识，跟启蒙时代的认识一样，还是有偏差的。启蒙时代对宗教的批判肯定也有道理，中世纪的教会一统天下，在历史上有很多负面的东西，但正如儒学一样，不能因此就全面否定它的价值。

戴：我们追求现代化，需要引进工具理性的内容。同时，我们对世道、人心也需要有一种价值维持与提升的力量。这可能才是一个更健康的现代化过程。在这方面，儒家能发挥什么样的作用？

陈：价值理性是合乎儒学在历史上扮演的角色的。儒学对工具理性的发达，会有一种警惕，有一种对冲的作用。在工具理性还没有完全发展时，如果价值理性的压力太大，可能对现代化会有一种妨碍，但一旦工具理性发展起来，就需要调控。古人讲"一阴一阳之谓道"，只有工具理性，社会发展可能就是偏颇的。受到韦伯的影响，现在大家都能意识到理性的发展应该是平衡的，而价值理性的挺立，不可能离开传统。在中国文化中，必须主要由儒学来扮演这个传统。

戴：直到亚洲四小龙发展起来之前，儒学曾长期被一些学者认为是会妨碍现代化的。孟子的义利之辨，容易被人误解为不注重利；孔子说"君子不器"，似乎也容易被理解为对工具理性的一种轻视态度？

陈：我们不是要否定工具理性，从经济、科技到社会，很多制度的发展维度都在工具理性里面，现代化的大部分都是工具理性的。但完全靠工具理性，韦伯自己都悲观。如何重建一个合理的理性价值体系？20世纪80年代，我们还不是太了解；现在，大家应该已经比较了解了。举个例子，清华大学原来有个领导，工科出身，现在一说话都是价值理性和工具理性，不再只是重视科技的单向发展。在学校的发展中，除了理工科，如果还知道价值理性的重要，就知道人文学与人文学科会越来越重要。

## 个人主义与现代化

戴：在讨论西方兴起的原因时，除了韦伯说的新教伦理与资本主义精神，很多人把个人主义作为一个最重要的因素。个人主义与现代化是否有必然联系？

陈：个人主义应是现代性的一个内涵，但它并不属于工具理性。韦伯很少考虑这个问题，他可能认为个人主义还不是最深刻的问题，最深刻的还是工具理性与价值理性的问题。

16世纪以来，随着近代社会的形成，市民社会的出现，个性解放的思潮越来越得到发展。不能说西方古代社会一贯如此，在西方近代社会变化的过程中，这种思潮才得以发展起来。个人主义当然有合理性，强调个人权利、个人自由与资本主义的上升时期有一个互相配合的过程。

今天，把个人主义作为现代性的一个内容来反思，也有其不足之处。在西方文化中，通过哲学来论证个人主义以及它与科学的复杂关系，个人主义在本体论上变成了原子主义。原子式的独立是西方的思维。就中国文化而言，在哲学层面，个人不是原子式的独立的，是有机关系体中的一个成分，是各种关系网中的一个纽节。

个人主义有它的重要作用，在市场经济的蓬勃发展时期，就需要个体强烈的投入，社会的经济关系需要相应的法律来保障个体的权利，也需要个体个性的发展。政治方面先不讲，在市场经济条件下，主张个人主义的思想很自然地就兴起了。但什么都怕异化，西方人也不认为这个问题就不应该反思。尤其在宗教传统比较强的地方。比如美国总统竞选，第一条也要谈家庭价值（family value）。家庭价值跟个人主义是什么关系？它不是个人主义呀。

戴：至少共和党很强调家庭价值。

陈：美国有很强的宗教背景，这么现代化的国家，总统选举牵动每一个人。强调家族价值跟整个社会的价值观是联系在一起，不可能其他人都是个人主义的价值观，只有候选人讲家庭价值，否则他就甭选举了。所以在美国价值观的深处，家庭还是重要的，家族价值高于个人主义。当然个人要独立、自强、发展、自立等，这都没问题，但要从价值上来看，家庭价值就是传统价值理性的一部分。

戴：所以个人主义应该分领域？不能将之通用在社会、经济、政治等每一个领域？

陈：是的。个人主义有它适用的领域、适用的环境和适用的问题。不能总体上说，个人主义才是现代的，不是个人主义的都是应该摈弃的传统。这么讲就是启蒙现代性的一种思想方法。

戴：哈佛大学桑德尔为代表之一的社群主义，对原子式的个人主义有一种很强烈的反思，在中国也很受欢迎，这算是对自由主义的批评，还是自由主义内部的一种反思？

陈：如果站在一个国家体制的立场上看，也可以说桑德尔等人都是自由主义的。但那是从政治立场来讲，因为美国社会体制是所谓自由的建制。在思想意识上，不见得他们会把自己的思想归结为自由主义。他们对美国现代政治建制是基本认同的，但不一定在哲学上就自觉地把自己归入自由主义，这可能是两回事。有些人认为，他们都认同美国政治，所以只是自由主义内部的一种分歧，可能不一定是这样的。

戴：在对原子式个人主义的态度上，社群主义与儒家的思路相通吗？儒家强调家庭，是否比一般的社群更为原生，内在的连接更根本？

陈：两者都跟片面强调个人自由、原子式的自由主义不同。桑德尔的第一本书，批判罗尔斯的《正义论》，就是在本体论上论证原子式的个人主义是不可能的。要做一个现代人就必须完全肯定个人主义吗？这其中可以包含反思。对个人主义的反思与争取个人自由和权利并不冲突，要有合理的把握。

戴：从个人主义的视角出发，是否必然包含一个权利论的视角，后面就跟着契约论的视角？

陈：一般的民众也不一定是这样。对个人权利的保护，这只是社会生活的一个方面，不一定就与契约论串联起来。一个人在自己的生活里积极捍卫自己的权利，也可以重视家庭价值、社群价值。在现代社会，任何东西都可以是混合型的。一个现实的人，现实的思想体系都是多元的组合，不是单一的。

戴：狄百瑞说，儒家里也有一种重视个人的传统，他称之为"人格主义"。只不过，它与通常所谓的个人主义有区别。丹尼尔·贝尔则说，自己是一个政治上的自由主义者，文化上的保守主义者，经济上的社会主义者。

陈：还有各种各样的组合。都可以是多层的、多元的。一个单一的思想、看法，不能适应这个现代社会。

## 梁启超的"传统与现代"

戴：1840年以后，我们对西方的理解，有一个从器物到制度再到文化的过程。从张之洞的"中体西用"发展到新文化运动，最后到打倒"孔家店"，少读乃至不读中国书，到现在又重新来肯定中华文明中合理的因素，带有一点轮回的意味。在这个轮回中，究竟怎么去看待新文化运动和五四精神？

陈：五四之前对西方的理解有一个递进的过程。这不是一个替代性的过程，不能说原来讲的不对，后来才是对的。第一波从器物的角度来认识是没有问题的。工艺技术层面的发展非常重要，那一代许多仁人志士不仅认识到这点，而且洋务运动也做得很不错。在福建马尾、威海、烟台都做了很多建设，一度达到相当好的技术程度，这些建设都有必要。

如果仅仅从国家和外部世界的关系来看，在一个帝国主义和殖民主义的时代，假如真正掌握这些技术层面的东西，也可能就有了保护自己国家的能力。当然，仅仅有了军事技术的保卫能力，是否能在整个世界的竞争中立于不败之地要另说。即使在当代，朝鲜就抓军事技术这一条，想据此解决与外部世界关系紧张的问题，它也能发挥一定的效力。虽然朝鲜内部没有制度的改革、思想的改革，但也能在一定程度上解决自己关心的安全问题。当然这个世界已经文明多了，不像19世纪20世纪的帝国主义时代，19世纪的洋务运动希望用军工技术解决我们关注的问题，这也有其合理性。

今天的制度改革，我就不多说了，大家都是赞成的。19世纪的制度改革是维新，还是革命？当时国民党和共产党都赞成革命。现在大家反思历史，也关注维新那一派，假如维新派能够成功，也许能发展出中国现代改革的另一条道路。现在大家对历史的看法都比较宽容，不一定只有一种立场。当时的国民党也是站在革命的立场，对维新派也是反对的。

戴：为何当时会在思想及现实政治上都走上激进的道路呢？

陈：从思想上看，五四时代是一个青年的时代。陈独秀、胡适、傅斯年、顾颉刚都才多少岁？都是青年学者、教员。那时确实是一个青年的时代，青年的想法就一定是激进的，许多文化、革命思潮都是青年特有的。

其实早在五四运动前十年，就有比较成熟的思想。五四运动所要求的自由等，在梁启超的《新民说》里都有了。在《新民说》后面的部分，梁启超已经补充了一个新东西，即传统的道德，他用的是"私德"。公德包括现代性的所有价值，梁启超曾认为中国人最需要的是"公德"。后来，他到美国走了一圈，与革命党人等各类人士见面后，发现问题很大，反而觉得"私德"更重要。

戴：在传统文化里，公德与私德似乎是一气贯通的。比如在讲为政时，孔子就说，书云："'孝乎惟孝，友于兄弟'，施于有政。是亦为政，奚其为为政？"在分封建国的时代，家国固然是一体的；在皇权帝制的时代，私德与公德也不可分。这与现代人对从事政治的人的私德要求没那么严的情况，似乎不尽相同？

陈：梁启超认为公德必须以私德为基础。一个人，如果没有真正的道德理性来支持他，其他的方面都是假的。一个革命者，如果没有道德理性来支持他，革命是假的，连爱国也是假的。在《新民说》里，梁启超特别强调爱国，他认为，传统里的爱国观念不强，在新的时代，一个新的中国人，首先就是要爱国。但他出国见了各类人以后，他认为如果没有道德理性，就都是为了实现自己个人的功利。

戴：假的爱国主义。

陈：这又回到孟子了。爱国本来属于义，但后面若全是利，就不是真正的爱国了。《新民说》后面第十八章，是讲私德的重要性。1915 年后，梁启超讲的内容就比较平和了，一方面还是要拥抱自由；但另一方面要肯定传统道德。1915 年 3 月，梁启超跑到越南要偷渡到两广与护国军会合时写的《国民浅训》一书，自由、爱国、宪法之治等等在里面都有。这本书讲现代公民应有的常识，需要提醒人们的一点是，要讲道德风俗，我国固有的孔孟之道，是道德的正途。新的价值、观念，梁启超都肯定，但在风俗、道德方面，他认为孔孟之道在全世界都是正路，它甚至是无法超越的。梁启超的这些思想就是在讲价价理性，它是比较平和、成熟的，不是激进的。

可见，一方面，梁启超推动现代性的思想要素的引进；另一方面，他非常肯定孔孟的道德。他主张两者要平衡。梁启超比五四那一代青年人思想要成熟得多，平和得多。《新民说》影响了整整一代人，毛泽东、胡适等，谁不受他的影响？

梁启超也是从年轻时代走过来的。他虽然是旧时代的士大夫，但对新的思想理解得也很充分。但那时像他那样的人还是太少了，新的制度一到来，年轻的群体在社会上一下子膨胀起来，力量非常大。五四运动后，新的青年迅速壮大起来了。今天再发生那样的运动已经不可能了，成熟的中年、老年人很多，哪个青年团体有那样的影响？但五四那个时代，要么是老年人，没有新思维，没有说服力；要么就是青年人，有全新的思维，力量大。

现在来看五四青年运动，不能不看到它的片面性。但那时不止这些，以梁启超为代表的群体有比较稳重的、平和的、全面的、理性的思想。但是在与青年群体力量的对比方面，他们的力量相差太大，梁启超的思想在相当程度上就被忽略了。

1920 年，梁启超从欧洲回来，再讲他的思想，听的人多一点儿了，因为世界都变了嘛。讲到现代性，不能不讲世界大战跟现代性有什么关系，因此就要反思现代性。西方人也在反思，梁启超去国外讲墨子、孔子，有西方人对此说："你们有这么好的东西，藏起来不给我们看，你们真是对不起人啊。"这可能是在比较轻松的场合讲的。但当时西方知识分子的忧患意识也是很深的。他们尝试寻找各种不同的资源，包括东方文化。1920年1月，梁漱溟在北京大学讲学。梁漱溟的出现，使社会思想平衡了一些。1926年，傅斯年等成长起来，他们留学回来，人变得成熟了，他们也就不讲原来激进主义调子的那些东西了。

## 冯友兰的现代性与民族性

戴：我曾刊发杜维明与袁伟时的对话，杜先生对五四也还有一部分的肯定。激进的这一面自然是需要反思，但新文化运动和五四运动对皇权帝制的冲击，可能也使原来压抑道统的那个结构被打破，出现了一个新的空间。只是儒者们怎么去用学术思想与具体的行动，在这个空间中让成熟、理性的思想更好地生长出来。在传统文化中，本来就有"得君行道"与"觉民行道"等不同的道路，近来也还有一种"中行路线"的主张，通过建立社区的方式，来践行儒家的主张。

陈：不仅是杜先生，五四运动进步的那一面大家也都是肯定的。梁漱溟讲："科学、民主是谁先提的？我先提的"。他不反对科学、民主。十几年前我写关于梁漱溟的文章，说到当时的青年比较激进，比较绝对，不了解梁漱溟是另一类进步知识分子。他们没看到梁漱溟进步的一面，只看到他保守的那一面。

冯友兰先生也是五四那一代人，他回河南办《心声》，毛泽东办《湘江评论》，都是为了配合《新青年》。冯先生早年讲"以东西为古今"，他是不同意梁漱溟的看法的。东西的问题其实是一个传统和现代化的问题。

20世纪40年代，冯先生六本书的哲学底层思想是强调现代化、工业化的，但他后来增加了民族性。五四时代，许多人只看到现代性，没看到民族性。在《新事论》里，冯先生在抗战时代就看到民族性突显出来了。我们今天不能光讲现代性，传统文化一定跟民族性有关。《新事论》很明显，前面讲的全是现代性，后面讲的全是民族性。就是因为抗战全面爆发了，冯先生的思想有了调整，他主张现代性与民族性两者要结合起来。

冯先生为什么晚年一度接受批孔？这是因为五四那一代知识分子（包括冯先生）是北大出身，尽管冯先生不赞成那些激进主张——完全打倒孔家店，但他认为对孔子的批判是一个正面的历史进程。这就是五四运动的重大影响，百分之九十几的知识分子都接受了这一点。他们认为尽管有批得不对的地方，但还是一个走向进步的、必要的历史进程。只有极少数人坚定地反对批孔，梁漱溟是坚决反对批孔的，几亿人里就一两个，这是为什么？绝大部分知识分子都已经接受了这种世界观。

总有人说："冯先生你怎么参加批孔？"这对冯先生和许多人来说不是个道德问题，是个认识问题。五四运动以来，大家总觉得当时对孔子批判是必要的，是走向进步的一个必要环节，这已经深入人心了。冯先生可能不是很情愿，但可能认为大方面是正确的，加上各种"事""势"的推动，他就会有这样的选择，那个时代都是这样。但钟摆又摆回来，冯先生可能觉得当时讲得过头了，顺着当时的形势讲了。但为什么顺着大家讲呢？从思想根源上讲，还是因为经过了五四运动的人，认为五四运动有它的道理，有正面的推动作用。五四运动对社会价值观的改造作用还是很大的。

五四运动还有一个文化出发点，许多人都认为袁世凯、张勋的复辟都是跟尊孔结合在一起的。在这样的时代背景下，青年学生就认为那就一定要把儒家打倒，不再理会孔子。所以当时也有一部分原因是袁世凯的复辟激起了对孔子的不满的。五四运动之前，翻译康德的蓝公武就有这个倾向，为此而不尊孔了。梁启超当时就写了一篇文章来批评蓝公武。梁启超是第一反袁大将啊，但他不是青年。梁启超一开始就分析得很清楚，袁世凯是袁世凯，孔子是孔子，不能因为他利用孔子，就打倒孔孟之道。

梁启超是 1873 年出生的，那时其实他也才四十多岁。五四运动反映了历史的需要，但的确是带有青年的特点，思维有绝对化倾向，不能真的理解"一阴一阳之谓道"。我们也是从青年时代走过来的，年轻时看问题比较单向度，不那么周全。

## 熊十力的个体"天命感"与家庭观

戴：梁涛教授讲："现在有些讲儒学的人，把五四视为洪水猛兽，拼命反五四，好像把五四否定掉了，才能讲儒学。这不符合历史。"怎么看待五四，在儒家学者里分歧好像还是比较严重的。您怎么看这种分歧？

陈：梁启超1902年开始写《新民说》时，现代价值早就被肯定了，但他也能照顾到另一面。梁任公跟有些青年不一样，他在日本比较全面地吸收了西方文化，他对康德等政治哲学思想、现代哲学思想等做了比较全面的吸收，他在程度上不可能是康德专家，但很多基本的观念他都掌握了。他看待问题、分析问题有一个概念框架的基础，能达到比较深的水平，不是很肤浅。如果对西方文化不了解，只有满腔热情，就不可能看得这么清晰。

戴：熊十力先生认为，中国在传统上还是一个皇权专制的政治结构。但钱穆先生的看法很不一样，他认为传统的政治形态基本是一个士人政府。怎么去理解这种区别？

陈：这个问题比较复杂。任何时候对传统的理解都不会完全一样的。钱先生的《国史大纲》是在抗战中写的，总的来讲是要振奋民族精神，从民族文化里找到更多肯定的东西，大部分是比较积极的一面，但反思的那一面就讲得比较少。

熊先生参加过辛亥革命，青年时代希望推翻皇权专制，走向新的发展。相对来讲，他那时的认识还处于比较一般的状态。

熊先生对中国传统的家庭是不太喜欢的。一般认为，儒家的伦理是很重视家庭、亲情的，将亲情、家庭的原理看成是文化的基础并可以推展到政治，即修身、齐家、治国、平天下。

熊先生虽然不认为"家庭是万恶之源",但他对中国的家庭有一个负面的看法。这个看法值得讨论。

我更多地理解为,对熊先生来讲,他是精英,完全从他个人的角度来看,家庭对个人是个羁绊、负担。在家庭中,要养这么多人,顾及这么多人,要花这么大精力照顾这么多家人,而且要协调关系。顾及太多,就不能有太多的精力专心做一个哲学家。熊先生的很多行为要从这方面理解。他认为自己是能做哲学家的人,尽量要保证自己拥有健康的身体和过硬的能力。这不是一般人看来很自私的想法,而是他真的就认为自己的生命比一般人重要,觉得一个要做大哲学家、接中华文明慧命的人,怎么能跟普通的人一样?这是一个精英的很个体主义的想法,非常急切地想把自己承担的哲学工作做出来,由此产生了家庭是个人的负担的看法。但从整体而言,中华文明能连续发展几千年,就是因为有这样一种家庭成员之间互相支持、互相关联的结构和价值。中国为什么能坚持抗战,原因之一就是当时人们可以投奔自己的亲友,因为当时中国有这种良好的社会结构。如果完全从个人主义的角度出发,中华文明不会是今天的样子。

事物总是一分为二的。家庭式的网络,虽然有梁十力先生讲的那些消极作用,但对于社会文明的发展也有着重要的作用。五四时代只看到了家庭对青年男女婚姻恋爱自由的干涉,青年们最反感这个,但礼教存在了几千年,在历史上没有其合理性吗?恐怕不是这样。即使是今天,青年男女在结婚前,跟家庭的协商仍然非常重要。两个人的结合,不仅涉及两个家庭的关系,也包括其他生活必需的因素。青年男女在冲动时考虑不到很多综合性的因素，我们做父母的，也要替儿女考虑问题。

"只手打倒孔家店"的吴虞与他的父亲关系非常不好。其实五四时期有不少人，父亲早死了，母亲没有工作，都是靠大家庭中自己的叔叔、伯伯的照顾才成长起来的，而不是靠自己的核心家庭，萧公权就是这样。吴虞对家族的理解过于简单、片面。家族有限制人的一面，但也有照顾人的一面。

熊十力有的见解可能也是片面的。前人的见解在某一方面可能是深刻的，但在某些问题上可能并非如此，要做具体的分析。

戴：您觉得可以用"皇权专制"这个词来描绘秦汉以来的传统社会吗？

陈：不能简单这么说。中国这么大，这么漫长的历史，不要老想用一句话概括，没有必要。

## 审慎的教化与独立的学术

戴：在《孔夫子与现代世界》一书中，您提到"儒家在传统上虽不反对思想自由，却始终主张有统一性的道德宣传与道德教化，赞成以国家为主体的教化活动，来'一道德而同风俗'。因此儒家在现代社会不会反对公民及政治权利，不会反对政治思想上的自由，但必定反对道德伦理上的自由和相对主义，仍然会赞同政府在道德伦理方面（而非意识形态方面）的教化与范导行为"。现代社会里，如果恪守中立性原则，最终价值的教育是否还是由社会自身来承担为好？

陈：儒家是肯定由政府来承担教化的责任，这是一贯的主张。中国的历史发展不像西方那样是由基督教来主导、承担社会的教育责任。作为世俗的人文主义的传统，儒家不仅自己身体力行，也通过政府来行使教化的功能，任何一个儒者做地方官，首先关心的是教育和教化。这种选择，首先是根据儒家自己学术性格的特点，其次也是依据中国社会发展的结构。

中国的宗教多是跑到山里修行，就对社会大众的教化而言，佛教、道教主动承担的责任不多，世俗的生活不是它首要关心的问题。儒家首先关心的就是世俗生活的改善，人心的转化，并要通过各种途径来实现。儒家主张，政府必须要承担教化的功能，政府官员要力行实践。

东西方社会是不一样的。就美国而言，所有的宗教内容不能进入公立教育。在学校里，为了避免宗教冲突，就没有必要这样做。在学校之外，却存在另一套教育系统，而且起着很重要的作用。但在中国，从古到今，没有另一套独立的系统来承担教化职能。从提高整个社会的文明程度来讲，教化却又是必需的。这个环节由谁承担？今天这个问题也是一样，儒家必须支持政府的道德教育。

戴：历史条件也还有些不一样。科举以后，官员是儒家士大夫。今天的政府官员可能缺少了这一块的教育背景，在科层制的条件下，也存在一个工具理性和价值理性之间的区分。这部分教化的职能，放到大学或社会去做是否更合适？

陈：大学已经做不了多少了，主要在中小学做道德教育工作。站在儒家的角度，其所肯定的价值和道德观念，希望通过正式的教育渠道，使民众有机会了解、学习、掌握，并成为社会价值的践行者，而不是当了国家干部才去教化。如果社会教育系统不完善，就希望在正式教育体制之外做。现在不是也有很多书院吗？但正式的教育系统里如果讲得好，也不一定要通过民间的机构去做。

戴：王财贵的读经运动您有没有了解？现在书院特别多，讲儒释道的都有，以什么为主更合适？

陈：读经运动中的一些做法我不是很了解。书院不一定仅以儒家经典为主，不过历史上书院是以儒家经典为主的，兼有为科举准备的功能。古代也有很多公立的书院，这些书院主要是为了培养科举的人才。但也有很多私立的书院认为，如果完全都为科举服务，就不能解放学生的心灵，去自由追求他们自己的学问，这是不可取的。真正推行私立书院的都是儒者，当然是讲儒家经典，但跟科举的讲法不一样。同时也有很多书院照顾到现实，让学生学习一些应对科举考试的知识。